自然主義の人権論

人間の本性に基づく規範

内藤 淳
NAITO Atsushi

A Naturalist Theory of Human Rights:
Norms Based on Human Nature

keiso shobo

はしがき：進化生物学の人間理解と法

リチャード・ドーキンスの『利己的な遺伝子』に代表される進化生物学は、自然科学の枠を超えて、20世紀終盤の人文科学や社会科学に衝撃を与えた。生物を動かす根本原理は「遺伝子の複製」にあり、ヒトもまたそうした生物学的な規定の下にあるというそこでの主張は、人間は自然の規定を脱した自律主体的な存在だと信じる多くの人から「遺伝決定論だ！」、「優生思想だ！」、「文化の否定だ！」、「教育の無視だ！」といった激しい非難を浴びた。しかし、これらの非難はいずれも的外れな、誤解に基づくもので、進化生物学の主張は、遺伝決定論や優生思想、文化の否定などとははっきり異なる。それは、多様な文化的・社会的条件の中で経験や教育が個々の人間に与える影響を否定するものでは決してないし、ましてや「適者生存」や自由競争を支持する規範的主張を「自然」を根拠にして擁護するといった「誤謬」論ではない。その主張のポイントは、人間はもともと「白紙」で生まれてくるといういわゆるブランク・スレート説の否定にある[1]。人間の性質や行動は（もちろん「身体」もだが）、誕生時には「真っ白」で何も書かれていないところに経験と教育による「書き込み」がされて出来上がるのではなく、生物学的に一定の「グランドデザイン」がはじめにあるところに「書き込み」がされて形成される。もとのところが「白紙」なのか、それとも人間に共通する一定の仕組みや構造があるかがその焦点なのであって、「書き込み」の影響や、それに基づく個々人の性質や行動の多様性を否定するものではまったくない[2]。

---

[1] この点は、近年の進化心理学などでの様々な具体的研究成果に基づいて Pinker [2002] にて詳しく論じられている。また、Pinker [1997] も参照。

[2] 進化生物学にもいろいろな考え方と立場があり、ここで言う、「遺伝子の複製」という観点から人間やその社会を見る見方は一般に「社会生物学」と呼ばれる（E・O・ウィルソン『社会生物学』より）。しかし、この呼称は、本文で述べたような強い批判を浴びた結果、「遺伝決定論」的イメージや「イデオロギー」的イメージを強く伴うことになってしまった。そのせいか、最近では生物学者の間でも「社会生物学」はあまり使われず、「進化の観点から人間を見る」というように「進化」という言葉が使われることが多い。本書

はしがき：進化生物学の人間理解と法

　このように整理したとき、進化生物学の主張はそれほど無理があったり、受け入れがたかったりするものには思えない。個々の人間が多様な性質や行動パターンを持つ「大元」に、人間に共通の「型」や行動性向があるとしてもそれほど不思議なことではなかろう。例えば、人間は、遺伝的な障害がない限り、上半身の両肩の先に腕を二本備えて生まれてくる。その場所や本数がばらばらだったり、文化によって変わったりはしない。腕の骨や筋力が強いか弱いか、どの程度の柔軟性を持つかは、個々人の生まれてからの訓練や腕の使い方、栄養状態などによって変わってくるが、基本的に腕が二本で上腕に二頭筋と三頭筋があるという構造は生物学的に決まっている。進化生物学の主張は、それと同じことが内面や心の作用にも言えるというもので、それは例えば、赤の他人よりも、自分と遺伝子を共有している子どもや親兄弟を大事に思い、その支援を積極的にしようと思うという心理性向に表れている。生まれてからの環境や家庭内の葛藤のゆえに、自分の兄弟を憎むようになったり、子どもと縁を切ったりする人も確かに存在する。しかし、そうした人も含めて、もともとの性質としては、自分の遺伝子を残すために血縁者を支援する性向が人間に共通して備わっていると考えることは、それほど特異な発想ではないだろう。実際、「遺伝子による規定」という考えは、その後、一般の人の間でもかなり受け入れられたし、以降の進化心理学の研究からは、人間の心の「グランドデザイン」としてどういう性質が見出せるか、人間のいかなる心性や行動性向に生物学的な基盤があるのかが具体的・実証的にいろいろ示されている。

　このように、多くの激しい批判をはね返し、且つ一般的にも浸透した考え方であるにも関わらず、では、進化生物学が人間や社会を考える上でその後も大

でこの後度々引用する進化生物学者のR・D・アレグザンダーも、そうした議論状況を踏まえて「社会生物学」ではなく「進化生物学」を使う方針を打ち出しており（Alexander [1987] pp.4-6）、それにならって本書でも「進化生物学」を使うことにする。但し、進化生物学者の中にも、「遺伝子の観点」や「自然淘汰」を重視するドーキンスなどの考え方を批判する人がいるので（S・J・グールドやR・ルウォンティンなど。その他、自然淘汰ではなく、生物の身体に生じる新しい変異が解剖学的な内的構造に照らして選択される「内的淘汰」を重視する立場として、ポパーの定向進化論、構造主義生物学、自律進化説などがある。Popper [1976] 邦訳248-252頁、柴谷 [1999]、池田 [1997]、Lima-de-Faria [1988] など）、ここで言う「進化生物学」は、正確には、ドーキンスをはじめ、E・O・ウィルソン、G・C・ウィリアムズ、W・ハミルトン、R・トリヴァース、R・D・アレグザンダーなどに代表される「進化生物学において、自然淘汰を通じた遺伝子複製を、人間を含めた生物の形質が進化する要因として重要視する考え方」を言う。

きな影響力を持ち続けているかというと、必ずしもそうではないように筆者には思える。一部でそうした研究を推進する動きはあるものの、そうした観点を踏まえて人間社会を考察する議論や研究はまだまだ少なく、社会科学や人文科学の領域で進化生物学は一貫して「異端」な位置づけに甘んじている。それはどうしてかと言えば、人間に「もともと」どういう性質があり、いかなる生物学的規定が備わっていようが、現実の社会制度、政治、経済、法、文化、国際関係などに関する具体的問題を検討する上ではそうした要素の関与は「遠く」、政治学、経済学、法学などでの具体的論点に進化生物学の観点や知見がいかに関わってくるのかが不明だから、というのが最大の理由だと筆者は思う。一例を挙げれば、最近の進化生物学の研究では、チンパンジーなどの社会に政治的な権力闘争やメンバー間の駆け引きが存在することが明らかにされ、「政治」とは人間だけに特別な非生物学的な営為なのではなく、そこには生物学的な基盤があることが分かっている。しかし、あるセミナーで筆者自身が目にしたことだが、この事実を主張した生物学者に対して、ある政治学者からは「そのことが、一院制がよいか二院制がよいかに関する政治学の議論にどう関わるのか」という反論が出されていた。この反論に明確に表れているように、社会科学で議論される具体的問題は、生物学的ではない文化や制度、個々の人間の思考や利害の計算などが複雑且つ直接的に関わり、その次元での考察が結論を左右するものが多く、それを分析したり解決したりする上では、人間にもともとどういう性質があるか、政治や経済に生物学的基盤があるかないかといった話は「遠すぎ」て参考にならないのである。

　では、進化生物学の人間研究は、やはり我々の社会の問題の考察や解決には使えないのかと言うと、筆者はそうは考えない。一院制と二院制の比較には確かに活用しにくいかもしれないが、人文・社会科学の領域でも進化生物学の知見や観点が大きく関わる問題は多々ある。そのことを法学の分野で示し、進化生物学を通じて人間社会の問題を考える展望を拓くと共に、従来にない新しい観点を法学に取り入れて法理論の発展に寄与するのが本書の意図である。

　人間への生物学的な規定を明らかにするという進化生物学の研究は、言い換えれば、生物として人間が持つ、人間に普遍的な要素を明らかにすることを意味する。ということは、「人間の普遍」が問題になるような事例には進化生物学の人間研究が関与する余地が大いにあるということで、それを突破口として、人間社会に関する具体的な問題に進化生物学を活用する途が拓けるはずである。

はしがき：進化生物学の人間理解と法

　法学でのその典型的な事例として本書で取り上げるのは「人権」である。
　人権は、現代の世界で「基本的価値」としてかなり広く受け入れられている。多くの国の憲法はその保障を基本目的として定めているし、世界人権宣言や国際人権規約などを通じて国際的にもその保障に向けた取り組みが進められている。法の規定の上だけでなく、実際に人びとの意識にもそれが浸透していることは、例えば、どこかの国で政府や権力者による圧制、一部民族への抑圧などがあれば、これに対して多くの国の人たちから「人権侵害」という批判が起きるという現実に表れている。
　しかし、その一方で、人権の正当性・普遍性には強い批判もある。それによると、人権とは、欧米の文化や歴史を背景にした欧米に特有の規範原理（価値）であって[3]、それと異なる文化や歴史を持つ国や地域にそれを押し付けるのはおかしいと主張される。その背景には、20世紀の文化人類学の発展を通じて世界各国・各地域の文化の多様性が示されたことに基づき、「多様性の尊重」という立場から文化の相対性、法や社会規範の相対性を強調して、文化を超えた普遍的規範の存在を否定する考え方がある。こうした主張は、人権の国際的保障への取り組みが顕著になった第二次世界大戦直後からあったが、特に1990年代以降、先進諸国の人権外交に途上国が反発する中で東南アジアの指導者を中心として声高に主張されるようになり、いわゆる「人権の普遍性対相対性論争」として大きな議論を呼んだ。
　人権の「普遍性／相対性」は、このように現代社会において重要な議論の的になっており、この問題に答えることは、法哲学、国際法学、憲法学、さらには倫理学や文化論にまたがる大きな課題である。「人間の普遍」が問われるこの問題に、進化生物学の観点と知見を活用してアプローチするのが本書での作業で、進化生物学を通じて「人間が生物として共通に持つ性質や特徴」すなわち「人間の普遍的本性」を見出し、それと人権との関係を考えることで、人権とは「人間の普遍」に基礎づけられる普遍性を持った規範・価値なのか、それとも単に近代なり欧米なりの文化や価値観に特有の相対的な規範・価値にすぎ

---

[3] 本書では、人権のような規範的・道徳的価値を「大事にすべきもの」というニュアンスの文脈で指す場合に「価値」という言葉を使い、「守らねばならない規則」というニュアンスの文脈で表す場合に「規範」という言葉を使う。これは、文脈上焦点を当てる側面に基づく区別であって、本質の部分では筆者は両者を区別しない。（併せて第4章注1参照。）また、「規範」といっても原理的・一般的なものから個々具体的な規則までさまざまな次元があるので、それに応じて「規範原理」、「規則」といった言葉を用いる。

ないのかを明らかにするのがここでの趣旨である[4]。これは、より一般論的な観点で見れば、「人間社会に普遍的な規範はあるか」という法哲学の根本課題を、進化生物学の人間研究を取り入れて考える試みであり、その点で「普遍的規範」の有無とそれを示す方法を論じるのが本書の議論の大きな柱となる。と同時に、人権論という点から言えば、ここでの議論は「そもそも人権とはいかなるもので、なにゆえそれは尊重され保障されるべきなのか」という人権の基礎や正当化根拠に関する理解を、従来の法学にはなかった進化生物学の知見や観点を取り入れて考え直すことを意味しており、その点で、生物学的な「人間の自然」を踏まえた新しい人権論を提示するのが本書の中心的内容になる。

　こうした趣旨を踏まえ、議論が幅広い領域にまたがることを考慮して、ここであらかじめ本書の議論の全体像を簡単に示しておくのがよいだろう。本書の内容は大きく分けて3つになる。第一のパートは第1章と第2章で、ここでは、人権概念の基本的な整理をした上で、まず、「人権の普遍性」を否定しその「相対性」を主張する共同体主義・文化相対主義の人権批判の中身を示し、そのポイントをまとめる。それを踏まえて、第2章では、従来の憲法学や法哲学での人権正当化論を検討し、文化相対主義の主張に照らしたときのその問題点を明らかにする。文化相対主義の主張に対抗して「人権の普遍性」を示すには、従来とは異なる新しい方法が必要になることを示すのがこの第一のパートの趣旨である。そうした新しい方法を、進化生物学その他の自然科学的な人間研究の成果を活用しながら探るのが以降の議論で、第二のパートにあたる第3章では、そうした領域での知見や観点に基づいて、文化や社会に関係なく人間が普遍的に持つ性質や特性を見出し、「人間の普遍」を事実として特定する。そして最後の第三のパート（第4章から7章）では、その成果を基に、人間にとって普遍的な規範というのがあるのか、人権はそれに相当するのかを考える。そのうち最初の第4章では、前章で「事実」として見出した人間に普遍的な特性からいかに「規範」を導くかという方法の検討を行う。第5章では、その方法を用いて人間に普遍的な規範を具体的に特定する作業を行い、続く第6章で、

---

[4] このように「人間が生物として持つ性質」や「人間の自然」に照らして規範や価値を考えるというと、「○○は人間の自然的本性であるからそれに従うべき（○○であるべき）なのだ」といった形で規範や価値を正当化する、"素朴な"自然主義の主張と結びつける人がいるかもしれない。しかし、そうした考え方が「誤謬」であるのはすでに常識化しているというのが筆者の認識で、本書での「自然主義」はそれとは別物である。このことは以下本論の中で具体的に示されるであろう。特に第4章参照。

それに照らして「人権の普遍性」を検討する。最終章では以上の議論全体の総括をし、その意義を整理して本書のまとめとしたい。

自然主義の人権論
人間の本性に基づく規範

目次

目次

はしがき：進化生物学の人間理解と法

第1章　人権は「普遍」か：相対主義による人権批判 ――― 1

1．人権概念に関する予備的整理　1
  (1) 人権の概念的内容
  (2) 人権の性質
2．マッキンタイアの人権批判　7
  (1) 道徳における実践的文脈の喪失
  (2) 人権の論証の不備
  (3) 個人と共同体の結びつき
3．文化相対主義の人権批判　12
  (1) 文化の多様性と人権の相対性
  (2) 人権の欧米性と非-アジア性
4．相対主義的人権批判への反論　17
5．文化相対主義の「普遍性」否定力　21

第2章　人権の尊重はなぜ正しいのか
：憲法学、法哲学での人権正当化諸理論 ――― 29

1．自律性に基づく人権の正当化　29
  (1)「人間の自律性」と人権
  (2) その問題点
2．「自律能力基底的人権論」への批判　37
  (1)「自由」の効用に基づく人権の正当化
  (2) その問題点
3．その他の人権正当化諸説　45
  (1) ゲワースの「人権の弁証法的正当化」

(2) 平等基底的正当化
　　　(3) リバタリアニズムにおける自己所有権論
　　　(4) 「対話的方法」と「社会契約論的方法」
　4．人権正当化論の問題点　72

第3章　人間の「本性」とは：「人間の普遍」の生物学的探求──75

　1．生物学的観点の活用　75
　2．生物の「目的」　77
　　　(1) 遺伝子の視点と生物の「利己性」
　　　(2) 自然淘汰と生物の形質
　3．人間の「目的」　86
　　　(1) 人間の「目的」としての「繁殖」
　　　(2) 身体器官と「繁殖」
　　　(3) 「繁殖」に向けた行動原理
　4．反論と回答　98
　　　(1) 「学習」・「理性」と「繁殖」
　　　(2) 非「繁殖」的・反「繁殖」的な行動
　　　(3) 個々人の人生の目的と「繁殖」
　　　(4) 利他性の「利益」
　5．生物としての人間　124
　　　(1) 人間と動物
　　　(2) 文化、人間、「繁殖」
　6．集団生活　133
　　　(1) 人間の普遍的生態としての集団生活
　　　(2) 集団生活の理由

第4章　事実から規範は導出できるか：手段としての道徳規範──145

　1．事実からの規範の導出　145

目次

　　(1) 事実と規範の二元論
　　(2) 事実に基づく規範の導出「論法」
　　(3) その一般的妥当性
　2．実践的判断と道徳的判断　155
　　(1)「手段的合理性」論法を道徳的判断に適用することへの批判
　　(2)「間接互恵」下での利益確保手段としての道徳規則
　　(3) 利益の無意識化と道徳

第5章　人間社会に普遍的な規範とは
　　　　：集団存立と「繁殖資源獲得機会の配分」————————— 163

　1．集団成立の条件　163
　　(1) 繁殖資源獲得機会の配分
　　(2)「配分」格差の発生と抑制
　　(3)「配分」が作用する現実
　　(4)「配分」の基準
　2．規範としての「配分」　181
　　(1)「配分」的規範の普遍的正当性
　　(2)「配分」的規範の例

第6章　人権は普遍か：「配分」原理としての人権———————— 191

　1．「繁殖資源獲得機会の配分」を見る視座　191
　2．固定的配分としての身分制　193
　3．固定的配分の構造的難点　200
　4．市民革命と流動的配分としての人権保障　204
　　(1) 市民革命による固定的配分の打破
　　(2) 繁殖資源獲得活動の自由
　　(3) 人間の本性にかなった「配分」形態としての人権
　　(4) その補正としての社会権

5．「配分」的人権論への疑問　221
　(1) 人権の対象として「集団内のメンバー」が想定されることへの疑問
　(2) 別の視座による人権の特徴づけに基づく反論
　(3) ここでの立論の脱−価値性への疑問

第7章　「自然主義の人権論」の意義 ———————— 233

参考文献

あとがき

索引

第1章　人権は「普遍」か：相対主義による人権批判

1．人権概念に関する予備的整理

　はじめに、本書で検討の対象とする人権の概念を簡単に整理しておこう。人権と一言で言っても、視点によってその性格や内容の理解に相違が出てくるので、その中で本書では人権をどういう概念と見るのか、あらかじめ示しておくのが望ましいだろう。

(1) 人権の概念的内容

　人権は、「人がただ人間であるということにより有する権利」、「人間が生まれながらに持っている権利」と定義される[1]。特定の地位や権限、契約などの行為に基づいて発生するのでなく、人間であることに基づいてすべての人が持つ権利が人権である。その具体的な中身についてはいくつかの捉え方があるが、一般的には「自由権」と「社会権」がその柱とされる。人権が法的に保障されるようになる起源は、言うまでもなくアメリカの独立宣言とフランスの人権宣言にあるが、そこでは、財産権、身体の自由、精神活動の自由といった自由権が、「天賦の権利」、「自然的で譲渡できない神聖な権利」として掲げられていた[2]。こうした権利の保障を国家に義務づけ、その侵害を禁じたところに人権の元があり、それは、現在まで変わることなく人権概念の重要な柱になっている。その一方で、特に19世紀の後半以降、資本主義の発展に伴う労働条件の悪化、労働者の生活条件の劣悪化といった社会経済的問題が深刻化する中で、社会的・経済的弱者に一定の生活レベルを保障するために国家の積極的配慮を求

1　宮沢［1971］77頁、佐藤［1987a］145頁。
2　杉原［1992］第2章など。

第1章 人権は「普遍」か

める社会権が各国で導入された。これは、（特に社会的・経済的強者の）経済的自由に一定の制限を加えつつ、生存権や教育を受ける権利、労働基本権などを労働者を含めたすべての国民に保障するもので、現代の福祉国家に特徴的な20世紀的人権として広く認められるようになった。社会状況の変化に伴う人権の拡充はその後も続き、第二次世界大戦以降には環境権や日照権、自己情報コントロール権など様々な「新しい人権」が提示され、また、人権の国際的保障の動きが進む中で「発展の権利」などいわゆる「第三世代の人権」が主張されるようになった。しかし、これら「新しい人権」や「第三世代の人権」に対しては、「人権のインフレをもたらす」、「個々の人間の権利という人権の特徴づけから逸脱する」といった批判もあり、こうした権利の「人権」性については不確定的な要素が残る。本書ではそうした権利の位置づけに踏み込むことまでは目的としないので[3]、ここでは、そのように人権の中身には議論の余地があることを踏まえた上で、抽象的権利としての自由権と社会権を基本的な柱として人権概念を捉えることとする[4]。

これらの権利の基礎には、「政治権力と市民との関係などにおいて一定の権利ないし自由がすべての人に対して平等に一貫して配分されるべきだという規範的要請」である「人権原理」がある[5]。自由権も社会権も、その各々に含まれる諸々の具体的権利も、この「人権原理」を中核としてそこから派生する。成文化された法的権利として「重みづけ」を異にする諸々の人権が存在したり、あるいはその内容が歴史的に変化したり、新しい人権が唱えられたりするのは、この原理の中の「一定の権利ないし自由」の内容が、そのときの社会状況に照らして変容するがゆえであって、個々具体的なレベルで人権の内容や重みづけが変わる背景に、変わらず存在する人権概念の柱がこの「人権原理」である。

こうした整理を踏まえて、本書では、人権を、上述「人権原理」に基づいて

---

[3] むしろ、本書で述べる「人権の基礎」理解を踏まえて、これら「新しい人権」や「第三世代の人権」の「人権」性を改めて論じる余地が出てくる。後述第7章参照。

[4] これらに加えて、「参政権」も人権概念が提起された当初より主張され、また20世紀の社会権概念の導入と共にその強化が図られた人権の重要な要素である。しかしながら、この権利は、政治的な意志決定や立法過程への個々人の関与を保障することを通じて各種人権の保障を国家の中で確保するための、いわば「手段」として個人に認められるものと意義づけられる。加えてここでは、人権概念の把握をなるべく簡潔にする意味もあって、自由権と社会権という2つの柱を基本に人権を捉え、参政権は（その中核には置かずに）これらを補完する権利と位置づけて理解しておく。

[5] 深田［1999］106-107頁。

成立する概念として、「人が人間であるということに基づいて持つ権利」と定義する。その中身としては、自由権と社会権という2つの抽象的権利を主に想定し（それを補完する権利として「参政権」を位置づける、前述注4参照）それら自由権、社会権の具体的な中身として「財産権」、「身体の自由」、「思想・良心の自由」、「生存権」、「労働基本権」といった具体的権利を想定する。

なお、「人権」に類する用語としては、「基本的人権」、「基本権」、「自然権」などがあり、憲法学ではこれらが区別されて用いられることも多いが[6]、用語の混乱を避けるためここでは統一的に「人権」を用いる。「基本的人権」、「基本権」は使わない。他方、「自然権」は、「人権」と同一に使われることも多いが、もともとは18世紀の自然法思想で用いられた言葉で、その場合の中身は自由権を指す。この点で、本書ではロックなどの自然法思想に言及することがあるので、その場合に、自由権と社会権の両方を含んだ「人権」とは区別して、すなわち文字通りの意味での自然権に限定してこの言葉を使う。

(2) 人権の性質

こうした内容を持つ人権は、人種、民族、性、言語、宗教、思想、出自、財産などに関係なく、すべての人に平等に認められるという「平等性」を特徴とする。そしてそれは誰かに譲ったり放棄したりできるものではなく（いわゆる人権の「不可譲性」）、さらに、社会全体の利益や多数者の利益などによって容易には凌駕されず、それに対抗して保障されるという「切り札性」を持つ。といって、個々具体的な人権すべてが、それと衝突する他者の権利や他の社会的な価値・目標に対抗して常に完全に保障されるわけではなく、具体的な状況に応じてそれらとの間で相互調整する余地は認められるが、しかし、少なくとも「権利を否定すれば社会全体の利益がごくわずかでも増えるであろうといった考慮だけではその権利を否定する正当化理由にはならない」というのが人権に認められる重要な性質である[7]。

---

[6] ドイツなどでは、憲法などで規定された法的権利を「基本権」と言い、それ以前の「自然権」的権利を「基本的人権」と区別する用法がよく用いられる。初宿編［1981］、田口［1985］、佐藤［1987a］、樋口・佐藤・中村・浦部編［1984］。この他、法律や契約に根拠を持つ権利と違って、直接憲法の規定に基づいて認められる権利を「基本権」、人類各個人に普遍的に認められるもので、自然法的な根拠をもつものを「人権」と区別する見解（田上［1985］）などもある。

[7] 人権概念の特徴については、深田［1999］第4章にて整理されている（引用は同書122

第1章　人権は「普遍」か

　もうひとつ忘れてはならない人権の性質は、その「前‐実定法性」である。法的権利は、普通、実定法にその規定があることをもってそれが認められ現実に適用される根拠となるが、人権は、憲法に規定されているがゆえに成立するのではなく、憲法その他の制度的規範に先立って成立する前‐実定法的権利であって、憲法の規定はそれを実定法上確認したものと考えられる。
　このことは、18世紀の人権宣言において、「すべての人は平等に造られ、造物主によって一定の奪うことのできない権利を与えられ、その中には生命、自由及び幸福の追求が含まれる」(アメリカ独立宣言)、「人の譲りわたすことのできない神聖な自然的権利を、厳粛な宣言において提示する」(フランス人権宣言)といった具合に、人権が「造物主によって与えられた」「神聖な自然的権利」と性格づけられていたことにすでに表れている。人権のこうした性質は、現代に至るまで広く認められており、例えば、宮沢俊義は、

　　　人たちは、はじめ、この人権は、神によって与えられたものだと考えた。神によって与えられたものであるから、人によって奪われることはない。神の意志にもとづくものであるから、人の意志でゆずりわたすこともできない。そう考えた。
　　　ここで神をもち出すことを好まない人たちは、この人権は、人間が自然状態 (state of nature) において、自然法にもとづいて、もっていたものだと考えた。人間は、この人権の享有を確実なものにするために、契約を結んで国家を設けた。であるから、人権は、――歴史的に、または、論理的に――国家に先立つものである。その結果として、国家の権力によって、人権を制限したり、禁止したりすることは許されない。
　　　ここで、人権の根拠として神や自然法をもち出したのは、ひとえにその人権がすべての人間の一身に専属的に附着しているものであり、これを実定法によって奪うことが許されないものであることを根拠づけるためである。人権を実定法によって根拠づけようとすれば、その実定法によって人

頁より)。その中では、本文で示したもの以外に、「人権の内容は固定的ではなく、現実に即して調整されうる」という「一応性」と、「人権の保持・享受の条件、対象、範囲、ウェイトなどは歴史的に変化ないし発展する」という「歴史性」とが挙げられているが、これらは規範原理としての人権概念全体に関わる特徴というよりは、個々具体的な人権についてあてはまるものなので、本文では挙げなかった。なお、権利の「切り札性」については、Dworkin [1977] pp.90-94, 邦訳 [1986] 110-115頁参照。

権を否定することも可能だという結論になるから、神とか、自然法とかいう実定法を超えた権威によって、それを根拠づけようというのである。だから、ここで重要なのは、神だの、自然法だのではなくて、人権はすべての人間に生来的に、一身専属的に附着するものであり、実定法で制限することができない、ということである。人権に関するこの命題が成立しさえすれば、その根拠は、神でも、自然法でも、そのほか何でもさしつかえない[8]。

と述べて、人権の前-実定法性を強調している[9]。こうした捉え方は多くの法学者に共有されており、例えば憲法学者の芦部信喜は、「基本的人権とは、人間が社会を構成する自律的な個人として自由と生存を確保し、その尊厳性を維持するため、それに必要な一定の権利が当然に人間に固有するものであることを前提として認め、そのように憲法以前に成立していると考えられる権利を憲法が実定的な法的権利として確認したもの、と言うことができる」（傍点原文）と言って、前-実定法的権利としての人権を憲法が確認するという構造を認めている[10]。同じく憲法学者の清宮四郎も、人権（正確には「基本的人権尊重主義という原理」）を「憲法の根拠となり、またその内容を規律する」「根本規範」に含まれるものと位置づけてその前-実定法性を認めているし、法哲学者の田中成明も、人権は「もともと何らかの法的その他の制度的規範に先立って、それとは独立に存在するという意味で、本来的に道徳的権利と理解するのが妥当」と言っている[11]。

8　宮沢［1971］77-78頁。
9　他方、ここで宮沢が「実定法で制限することができないという命題さえ成立すれば、その根拠は何でもいい」と言うのは、「人権の基礎」及びそれと解釈論との関連性をあまりに軽視した議論で、それに対する問題意識が本書のような議論を試みるひとつの契機になっているわけだが、それについては以下の議論の中で、特に第7章で触れることにする。
10　芦部［2002］80頁；［1993］74頁。
11　清宮［1979］33頁、田中［1994］164頁。その一方で、人権を道徳的権利と捉えるのを批判する学者もいる。憲法学者の阪本昌成は、人権を道徳的な意味合いで捉えると、「人格」とか「理性」といった「人間の倫理的な属性」に依拠して人権が理解されることになり、「日常的に卑近な目標を排除する、不可解な道徳的主体」を前提とした「合理主義的な超越論」に陥るので望ましくないと言う（阪本［1993］62-67頁）。しかし、その阪本も、人権の前-実定法性を否定してそれを純粋な実定法上の概念としているわけではなく、それが憲法で規定されていることを「国家と個人との関係」の考察などを通じて正当化する議論を示している。つまり、阪本は、人権の「道徳性」と「前-実定法性」とを区別し、

第1章　人権は「普遍」か

図1-1　人権概念とその基礎の関係

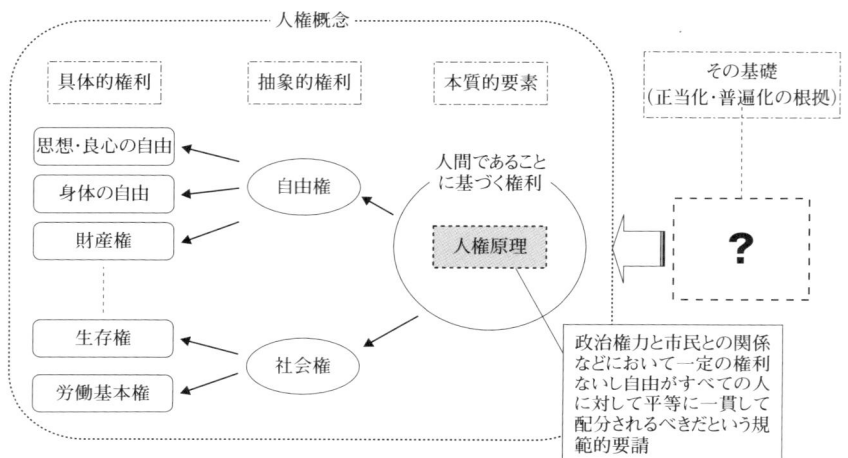

　このように、人権は、実定法に基づいて成立する規範原理（法価値）なのではなく、実定法に先んじて成立している規範原理であり価値である。とすると、「人権はなぜ尊重・保障されねばならないのか」を考えるには、「憲法や国際法で規定されているから」と言うのでは十分な答えにならず、憲法以前の道徳理論その他の根拠が挙げられなければならなくなる。この意味での「人権の正当化根拠」、すなわち、人権が「人間であることに基づいて」すべての人に認められ保障される（べきだ）というのはなぜなのか、その正当化根拠はどこにあるのか、そしてそれは人びとの文化や価値観の相違を超えてあらゆる社会に通用する普遍的な正当性を持つのか、が以下で検討する問題である[12]。（前節と

　前者の意味での人権の性格づけや正当化を否定しつつ、後者の意味で、実定法を超えたところでの「法的権利を正当化する内的原理」の必要性と可能性は認めている。その意味で、阪本の主張も含めて、人権の前-実定法性、前-実定法的な基礎と正当化の必要性は法哲学者・憲法学者の間で広く認められていると言ってよい。（「道徳性」と「前-実定法性」の区別は興味ある問題ではあるが、一般的には、「法的権利を正当化する内的原理」とは「道徳」的な正当化原理と捉えられるし、実際、上で示した宮沢、芦部、田中などもそうした厳密な区別はしていないと思われるので、本書ではこれらを区別せず、「権利の実定法以前の正当化」を「道徳的正当化」と同一視して話を先に進める。）この阪本の人権論については後で詳しく検討する。

[12] 本書では以下何度も「普遍」という言葉を使うが、それはここで言うように「文化や価

本節で述べたことを図示すると図1-1のようになる。）

2．マッキンタイアの人権批判

　この問題を検討するにあたって、まず、人権を西洋文化に特有の価値として、その普遍的な妥当性・正当性を否定する主張を見ることから始めることにしよう。こうした主張は、いわゆる共同体主義の立場や文化相対主義の立場から出されることが多い。中でも、共同体主義の代表的論者であるマッキンタイアの主張は、人権の普遍性をはっきり否定した先駆的議論としてよく知られているので、まずはその内容を見てみよう。

(1) 道徳における実践的文脈の喪失

　マッキンタイアは、人権とは合理的基礎を持たない「虚構」だと断言するが、その主張は、近代以降の道徳のあり方に関する彼の分析を背景になされる。それによると、道徳とはもともと、「未教化の人間本性」、「理性的な倫理学の教え」、「自らのテロス〔引用者註：目的のこと〕を実現したならば可能となるところの人間本性」の３つの概念を前提に成り立っている。人間はそのままの状態では「偶然そうであるところの」「未教化の状態」にあるが、それを教え導くことによって、その人が本来もつ「テロス」を実現し「理性的幸福という善」を成就した状態に達する。その教化を行い「前者の状態から後者の状態への移行の仕方を人々に理解させるべき学知」が倫理学であって、「私たちの欲求や情動は、そうした教えを用いることによって、そして倫理学の学習が指示してくれる行為習慣を養うことによって、秩序づけられ教育される」[13]。

　道徳の前提には、このように、「たまたまそうである状態」から「本来のテロスを実現した状態」へ向かうという目的論的な人間観が本来ある。この場合、道徳的な「よい」「悪い」とは、「何らかの与えられた特定の目的あるいは機能を事実としてもっている」か否かという事実的判断として語られる。例えば、「ある時計をよいと呼ぶことは、『その時計は、（例えば猫に向かって投げつけるためではなく）正確に時間を守るために時計を求めている人が選ぶであろう

　　値観の相違を超えて人間に共通して当てはまる（こと）」という意味である。この言葉の用法に関する注意は、この後、第４章第１節冒頭、第５章第２節(1)でも改めて触れる。
13　引用箇所は、MacIntyre［1984］邦訳65-67頁より。

類いの時計だ』と言うこと」を意味するが[14]、道徳的な「よい」「悪い」もそれと同じだとマッキンタイアは言う。時計が正確な時間を示すという本来的機能を持つように、人間も「本質的なあり方（an essential nature）そして本質的な目的（purpose）あるいは機能」を有している。「人間であること」とは「各々それ自身の意味と目的をもつ一揃いの役割——ある家族の一員、市民、兵士、哲学者、神のしもべ——を満たすこと」であり、そうした機能や役割を満たしているのが「善い人間である」。つまり、「善い」という道徳的言明は、もともと規範的評価の問題ではなく、当該機能・役割を満たしているか否かという事実的判断なのである。

「たまたまそうである」人間本性を機能的に矯正し、「テロスを実現した状態」に向かわせるという道徳のこうした基本的枠組みは、アリストテレスに起源をもち、中世ヨーロッパで確立した。しかるに、近代になって「プロテスタントとカトリック双方の神学を世俗が拒絶したこと、アリストテレス主義を科学と哲学の世界が拒絶したこと、この両方の結果が合わさって、〈自らのテロスを実現したならば可能となるところの人間〉といった観念は一切除去されてしまった」。つまり、この枠組みの前提である人間の本質的な目的・機能の観念が消失してしまった。代わって、「それらすべての役割に先立ち、それらを離れた個人（individual）として人間が考えられる」ようになったが、そうなると、道徳判断はそもそもの基盤を失って「道徳判断を事実言明として取り扱うことは首肯できないと思われ始め」、道徳的な議論や言い回しは、かつての実践的文脈を失った「言語上の残存物」にすぎないものになってしまった[15]。（「『である』前提から『べき』結論は導き出せないという原則」が真理になるのはそれゆえである。）こうした状況に対して、道徳の存在を新たに基礎づけ、その意義を合理的に立証しようとする動きが生じる。それを試みたのが功利主義とカント主義なのだが、もともとの存在枠組みを失った中でその再構築がそうそうできるはずもなく、そのいずれも失敗したというのがマッキンタイアの分析である[16]。

---

[14]　MacIntyre［1984］邦訳74頁.
[15]　前段落からの引用箇所は、MacIntyre［1984］邦訳68、73、74、75頁より。
[16]　MacIntyre［1984］邦訳78頁.

（2）人権の論証の不備

　「権利」や「人権」とは、こうした流れの中で、道徳を「合理性」から基礎づけようとするカント主義の試みの一環として提示された概念である。それを行っている論者は多いが、その中で、他の論者の主張を踏まえつつ権利の論証を綿密に行っている代表者として、マッキンタイアはアラン・ゲワースを挙げる。

　そのゲワースの権利の論証は、「行為者は、自分の上首尾の行為の一般的特質を構成する自由（freedom）と安寧（well-being）を必要な善と見なすゆえに、自分がこれらの一般的特質に対して権利を持っていると論理的に考えているはずである。こうして彼は暗黙のうちに、それに相当する権利要求（rights-claim）をしているのだ」という形でなされる。これは、「あらゆる合理的な行為者は、ある程度の自由と安寧を、合理的行為者として振る舞うための先要条件として認知しなければならない。それゆえ、各々の合理的な行為者は、これらの善をその程度は所有することを、いやしくも意志することがある以上は意志しなければならない」という論理を柱に「権利」の存在を実証しようとしたものである[17]。ゲワースのこの理論は日本の憲法学者からも評価されており、本書でも後で（第2章第3節(1)）その中身を詳しく検討するが、これに対してマッキンタイアは、「合理的行為者として振る舞うための前提条件は必要な善である」と考えることと「自分はこれらの善に対して権利を持つ」と考えることとの間の論理的飛躍を指摘して、その論証を批判している。マッキンタイアによると、「私は何かを必要としている」「何かを欲している」ことが示されたからといって、その人がそれに対する「権利」を持っていることにはならない。あるものに対して「権利を持っている」という主張は、「それが私自身の善のためであろうとなかろうと、何であれそのことを私が行なったり持ったりする試みを他の人々は妨害すべきでない」という帰結を伴うが、こうした帰結はそれを「必要としている」「欲している」という主張だけからは導かれないからである[18]。

---

[17] 以上の引用は、MacIntyre［1984］邦訳83頁より。ここでの記述は「権利」の論証となっているが、マッキンタイアはこれを「人権」の「権利」性を批判するという文脈で述べており、ここでの「権利」批判は「人権」批判と読み換えて差し支えない。同書邦訳86頁。

[18] ここでの説明と引用は、MacIntyre［1984］邦訳83-84頁より。

第 1 章　人権は「普遍」か

　ここでマッキンタイアは、権利の主張は、(主観的な「必要性」の認識だけからは導かれず)「社会的に確立した一揃いの規則の存在」を前提としていると指摘する。権利とは、「資格〔権限〕に対するある根拠を表す観念を前提する」もので、その「権限の根拠」を定める社会制度や実践の存在があってはじめて主張可能な観念である。しかるに、そうした制度や実践は人間社会に普遍的に存在したわけでは決してない。のみならず、「権利」という言葉さえ、中世の終わりに初めて現れたものであって、それ以前の英語はもちろん、ヘブライ語にもギリシア語にもそうした表現はないばかりか、日本語においては19世紀中葉に至るまで存在しなかった。よって「生命、自由、幸福を追求するにあたって妨害されるべきではないという主張の理由として引き合いに出される類いの権利」が「たんに人間である限りの人間に属する」、といった考え方が人間社会に普遍的にあったのではないことは明らかで、「人間としての諸権利」や「自然権」といった普遍的権利の存在は事実として認められない。実際、「そうした権利が存在すると信じるための十分な理由を与えようとする試みは、あらゆるものが失敗して」おり、自然権を擁護する主張は、その存在を「自明の真理」といった言い方で「直覚」に訴えるしかなくなっている。しかし、「道徳哲学者が『直覚』という言葉を導入するのはいつも、ある論証にひどくまずいところがあったと告げる信号」なのであって、「そのような権利など存在しないのであり、そういった権利を信じることは、魔女や一角獣を信じることと同じなのである」と言って、マッキンタイアはこうした主張を却下する[19]。

　このように、人権の道徳的な基礎づけが不可能であることの大元は、前述のように、人間の本質的な目的や役割が否定され「個人」として人間が捉えられるようになったことにあり、それに伴って、道徳が本来の機能的意味あいを失って個人の恣意的な意志や欲求を表現する情緒主義の産物となったためだというのがマッキンタイアの分析である[20]。道徳が単なる情緒の表明にすぎなくなっているにも関わらず、そうではなくそれは合理的に基礎づけられるものだと示そうとして(その一環で)人権の普遍性が唱えられる。だが、その論理に無

19　引用箇所は、MacIntyre [1984] 邦訳84-87頁より。
20　マッキンタイア自身は、情緒主義的な道徳を支持しているわけではなく、アリストテレス的な「徳」を柱にした道徳の復興を主張している。ここで言っているのは、近代以降の道徳の実態をマッキンタイアが情緒主義だと捉え、そこで試みられる権利や人権の合理的正当化を否定しているということである。

理があるのは上述の通りで、人権も道徳も合理的に基礎づけることはできないと彼は言う。

(3) 個人と共同体の結びつき

その上でマッキンタイアは、個人と共同体との結びつきを重視する共同体主義の立場から、道徳の基礎を共同体の文化や伝統に求める。

> 私が何であるかは、その主要な部分において、私が相続しているものである。それは、現在の私にある程度まで現存している特定の過去である。私はある歴史の一部として自己を経験している。それは一般的にいえば、好むと好まざるとにかかわらず、また認める認めないにかかわらず、自己をある伝統の担い手の一人と見ることである[21]。

マッキンタイアをはじめ共同体主義者の多くは、個人の自我や価値観に対する共同体の文化・伝統の影響を重視し、これらを不可分なものと捉える。各人にとって「善き生」が何かということは、その人の生が展開する環境がどういうものかによって変わる。のみならず、その環境そのものが、各人が自我や価値観を形成する出発点となり、その人自身を構成する重要な要素になっている。マッキンタイアは、「たとえ人間の生に具現されるのは〈善き生〉という同一の概念そして諸徳の同一の組み合わせであっても、〈善き生を生きる〉ということが何かは環境によって具体的には変化する」ことを強調してこう言う。

> 前五世紀のアテナイの将軍にとって善き生であるものは、中世の修道女や十七世紀の農民にとってのそれとは同じではないだろう。ただしそれは、生活する社会環境が個人によって様々であるというだけではなく、私たちは皆、特定の社会的同一性の担い手として自分の環境に接近するということでもあるのだ。私は誰かの息子か娘であり、別の誰かの従兄弟か叔父である。私はこのあるいはあの都市の市民であり、特定のギルド、職業団体の一員である。私はこの一族、あの部族、この民族に属している。したがって、私にとって善いことは、これらの役割を生きている者にとっての善

21　MacIntyre [1984] 邦訳271頁.

であるはずだ。そういう者として私は、私の家族、私の都市、私の部族、私の民族の過去から、負債と遺産、正当な期待と責務をいろいろ相続しているのである。これらは私の人生の所与となり、私の道徳の出発点となっている。私の人生に独特の道徳的特性を与えるものは、部分的にはこういったものである[22]。

この引用から示されるように、人間は、自身で独立した個人として存在するのではなく、家族、部族、近隣社会、都市、職業団体といった共同体の一員として、常にその規定を受けて存在する。その意味で、あらゆる人間は、特定の共同体の「特殊性」に規定された存在であり、それを脱した「一般的」な人間などはいない。この「特殊性」は、各人にとって何が「善」となり、何が道徳にかなうことかを決める重要な出発点となる。といって、個々の人間の道徳的な実践や探索が絶対にその「特殊性」の枠内で――自分の属する部族や都市の中で――しかなされえないというわけではなく、その始点から前進して、善そのもの、不変的なるものを求める探索を各人が行うのはもちろん可能である。しかしそれでも、かかる特殊性が置き去られたり抹消されたりすることはない。「〈特殊性から逃れて、人間そのものに属する完全に普遍的な格率の領域に入る〉という観念は、18世紀のカント的形態においてであれ、何人かの現代の分析的道徳哲学者の提示形態においてであれ、一つの幻想である」。こう言ってマッキンタイアは、共同体の特殊性から離れた客観的な道徳的価値規準の存在を否定する[23]。

3．文化相対主義の人権批判

(1) 文化の多様性と人権の相対性

個々の人間に対する共同体からの規定を強調し、道徳や価値の基礎を共同体

22　MacIntyre［1984］邦訳269-270頁．
23　MacIntyre［1984］邦訳271頁．但し、マッキンタイアは、道徳が客観的に正当化できなくなったのは近代の話で、それ以前に目的論的な枠組みが健在であった時代には、「本質的なあり方そして本質的な目的あるいは機能を有するものとして理解された人間という概念」（同書邦訳73頁）の下で、客観的な道徳論証がありえたと主張している。同書第5章、第6章。

3．文化相対主義の人権批判

（の文化や伝統、歴史など）に求めるマッキンタイアのこうした主張は、文化相対主義につながる。マッキンタイア自身は、相対主義を否定しない旨の記述をしているのみで、こうした立場を自ら打ち出しているわけではないが[24]、彼の主張が西洋文化を相対視する立場に立った文化相対主義の人権批判に通じるのは明らかである[25]。

　文化相対主義にも個別に見れば様々な立場があるが、日本の代表的な文化人類学者である青木保によれば、その基本的な主張はほぼ次の7つにまとめられる[26]。

1．西欧文化中心主義に対する対抗的な概念として文化の多様性を主張する。
2．文化はどれほど小規模の単位のものであっても、自律していて独自の価値を有している。
3．人間の行動や事物の価値は、それの属する文化のコンテキストに即して理解され、評価されるべきである。
4．人間と社会に対する平等主義的アプローチ。
5．文化と文化の間に格差はなく、人種や民族の間にも能力や価値の差はない。
6．文化と人間の価値判断に絶対的基準は存在しない。
7．何よりも異文化・他者に対して寛容であること。

　ここから分かるように、文化相対主義では、地球上の各地域の多様な文化がそれぞれ対等で独自の価値を持ち、文化的価値観やその中で個人が持つ価値観をまたいだ客観的な価値規準は存在しないことが主張される。こうした考え方に立つと、人権も、欧米の（あるいはキリスト教の）文化の下で成立する相対的な規範原理のひとつとみなされ、文化的背景を異にする非欧米社会では妥当しないものと考えられる。そのことがはっきり打ち出されているのが、人権の国際的保障への動きが加速した第二次大戦終了直後の1947年に米国人類学会

24　MacIntyre [1984] 邦訳338頁．
25　マッキンタイアなどの共同体主義の主張と文化相対主義との関連性は、深田 [1999] 130-136頁でも指摘されている。
26　青木 [1987] 112頁。

(American Anthropological Association)が出した「人権に関する声明（Statement on Human Rights）」である[27]。この声明は、国連にて「世界人権宣言」制定への動きが進む中で、それに対する一種の提言の形で出されたものだが、そこでは、従来想定されてきた個人の権利としての人権は欧米社会のみに妥当するにすぎず、それを超えて普遍的な「世界人権宣言」を出すには、欧米とは異なる文化や伝統を持つ社会の価値観や正義を反映させた形で人権の概念・内容が変革されるべきことが強く言われている。これは、人権の修正を主張する形をとっているが、実質的には、既存の人権概念を欧米文化に基づく相対的規範と位置づけ、その普遍性を否定する内容である。

同「声明」での人権の相対性の主張は、①個人の人格は、その人がいる社会の文化の中でそれを通じて作られるもので、個人の相違の尊重は文化の相違の尊重と一体である、②個々の文化の質を客観的に評価する方法はなく、そのことが「文化相互の尊重」の正しさを表している、③価値や規範は文化ごとに相対的で、人類全体に妥当するはずの「人権宣言」をそのうちのいずれかの文化的基準に基づいて規定したのではその有効性が失われる、という3つの原理に基づいて提示されている[28]。ここに典型的に表れているように、

「個人の人格に対する文化の規定、個人（の価値観、自我）と文化の不可分」

➡「個々の文化の独自性、その中身を客観的に評価する方法・基準の不存在」

➡「多様性の尊重、特定の文化的価値・規範の普遍化否定」

というのが文化相対主義に基づく人権批判の基本的な論理である。「個人の行動はもちろんのこと、それを方向づけ正当化し、生活全般に意味を与える各人の考え方や願い、目標、道徳的価値観なども、彼が属する集団の慣習体系によって作られる」のであって[29]、個々の人間は、自文化に基づいて自らが受容した「ビリーフ」を基に物事を判断する（そういう判断しか行いえない）から、それと異なる慣習や考え方を否定的に評価しがちである。しかし、それはあく

---

[27] American Anthropological Association [1947].
[28] American Anthropological Association [1947] pp.541-543.
[29] American Anthropological Association [1947] pp.539-540.

3．文化相対主義の人権批判

までその人が生まれ育った文化を背景に生じる評価であって、別の文化の影響を受けた人からはそれと異なる評価が出されうる。ある社会では人権の行使として「正しい」と思われることでも、別の社会の人には「反社会的」と見られる場合が十分あるのであり、善悪や正不正の基準は個々の社会ごとに異なっている。その場合、(個々の人間が不可避的に自文化の規定を受けている以上、それを脱した価値判断や評価の規準は見出しえず)文化個々の内容やその優劣、先進／後進を客観的に評価することはできないから、そうした基準のいずれが「正しい」かを脱-文化的に判断することはできない。すなわち、文化を超えて妥当する価値や規範は存在しないのであり、以上のことを根拠として、同学会は、欧米文化を背景に生まれた人権の概念や内容を普遍化し、別の文化を持つ国や地域に規範として適用することの「不当」性を訴えている[30]。

(2) 人権の欧米性と非-アジア性

こうした立場に立って、より具体的に且つはっきりと人権を「欧米的価値観」の産物と位置づけ、「アジア」での妥当性を否定した主張が、1990年代の「人権の普遍性対相対性論争」の中で、シンガポールの元首相リー・クアンユーから出されている。リーは、日本を含めた先進諸国が人権や民主主義の尊重を途上国への援助供与の条件とすることに反対する中で、人権や民主主義は、欧米においても長い歴史的葛藤を経て様々な経済的・教育的・社会的条件が整備された上ではじめて確立したものであり、そうした過程を共有していないアジアやアフリカの途上国では妥当しないことを強く言う。「それぞれ社会の歴史や文化及びその背景となっている事柄を無視してはなりません。人間の社会はそれぞれに、何千年もの間、異なる速度で別々の道を歩み、発展してきました。だから、当然、それぞれの理想も基準も異なる。20世紀後半のアメリカ及び欧州の基準は、けっして普遍的なものとはいえないのです」というのがリー

---

[30] American Anthropological Association [1947] p.543. なお、この場合、同学会は、普遍的な規範の存在をまったく認めていないわけではなく、「多様性の尊重」を「世界標準 (world-wide standards) の規範」と言っている。しかし、それは「その社会で自由と考えられる形で各人の自由を保障する」といったきわめて抽象度の高い次元での話で、実質的には個々の社会の中ではいかなる内容の規範があり規則があっても肯定されることとなって、内容的な意味での価値・規範の汎文化的規準は否定される。よって本書では、文化相対主義の主張を「普遍的規範を否定するもの」と位置づけて以下話を進める。

の考えで[31]、先の米国人類学会の主張と同様に、個々の社会の歴史や文化の相違を重要視する立場に立って欧米の考え方や基準の普遍化に反対するという論理で「人権の相対性」が主張される。

　リーは、「民主主義と人権は、確かに価値のある理想であるが、真の目標は『良い政府』にあることを明白にしておかなければなりません」と言い、人間社会に普遍的に求められるのは人権ではなく「良い政府」だと言う。ではその「良い政府」とは何かというと、

> それは何よりまず人々の価値観によるでしょう。アジア人の価値観は、必ずしもアメリカ人やヨーロッパ人の価値観と同じものではない。欧米人は、個人の自由をその価値と考えるが、私は、中国文化の背景を持つ一人のアジア人として、正直で、能率的な政府、人民を守るために効果的な働きをする政府を支持します。人々が自らよい生活をし、子供を自分以上の生活ができるように育てることができる、安定した秩序ある社会、そこで人々が自らを向上させることができる機会を全ての国民に与えるような政府を支持します[32]。

と言い、そこで目指されるものがアジアと欧米で相違することを強調している。欧米人は民主主義と人権を「人類普遍の理想」視するがそれはまちがいで、「良い政府」こそが人間社会に共通する理想である。そして、その「良い政府」の中身は文化的価値観によって異なるのであり、その欧米版が人権と民主主義だが、アジアの価値観ではそうではなく「正直で、能率的な政府、人民を守るために効果的な働きをする政府」（別のところでは「清廉で公正な政府、能率的な政府、人民の面倒をよく見る政府」とも表現されている）がその中身になるというのがリーの主張の基本である。そこで大事なのは「国民が生産的な生活を送れるように、よく教育され、訓練されている秩序と安定性のある社会であるかどうか」で[33]、具体的には、国民の衣食住と健康への配慮、法治主義の下での秩序と正義、人種・言語・宗教による差別がないこと、個人の自由、経済発展、良い教育、道徳的水準の高さ、良いインフラと知的生活、などがそこ

31　リー・クアンユー［1993］148頁。
32　リー・クアンユー［1993］145頁。
33　リー・クアンユー［1993］146頁。

で達成されるべき価値の指標となる。

　上でリーが挙げている具体的な価値は、特にアジアに限られず、欧米でも十分重要視されうる事柄であって、この項目だけ見ると、リーの言うアジアと欧米の価値観の違いはそれほど感じられないようにも思える。しかし、例えばこの中の「法治主義の下での秩序と正義」の中身には「極端な金持ちが存在しないこと」が含まれており、ここでの「秩序と正義」とは、欧米的な「個人の自由な活動を尊重することを基調とした秩序」よりも、もっと「平等」に重きを置いた内容が想定されていることが分かる。また、「個人の自由」についての説明も、「個人の自由ができる限り尊重されること。しかし他人の自由を侵害したものではないこと」（傍点筆者）となっていて、単純に「個人の自由が侵害されないこと」を想定するのでなく、他の人々の自由や社会全体との調和に重点を置くニュアンスがうかがえる。さらに、リーがこれらの「具体的価値」を述べたすぐ後で、アメリカを例に挙げて、個人の自由を過度に重視する社会が「犯罪の頻発」、「富の格差」、「犯罪者の人権の過剰保護」を招いていることを批判していることから見て、彼が重要視しているのは、個人の自由が集団の秩序や他者の自由と調和することで、「個人の自由」と言いつつも、それよりは「個人と社会との調和」とでも言うべき内容だと解釈できる。

　こうして、リーは、アジアと欧米との文化的価値観の相違を強調し、欧米の価値観の下では人権は社会的な価値・目標となるが、アジアの価値観によるなら必ずしもそうはならず、それと別の目標があることを示して、人権の「普遍性」を否定する。これと同様の主張は、ミャンマーやインドネシアの指導者からも出されており、そのいずれも、アジアでは、社会や国家と個人との調和を大事にする集団主義的な文化があることを主張し、個人とその自由を重視した欧米的な人権観は相対的な規範のひとつであってアジアには妥当しないことを言う内容になっている[34]。

4．相対主義的人権批判への反論

　以上見てきたように、共同体主義や文化相対主義の立場からは、個人の人格や価値観への文化的規定が強調され、また個々の文化の独自性と対等性が認め

---

[34] 菊池［1997］84-86頁。マハティール・マレーシア首相による人権宣言見直し提案（『朝日新聞』1997年7月30日）。

られることから、文化の「特殊性」を脱した普遍的な価値規準・道徳規準などは「ない」ことが主張される。それに基づいて、人権も普遍的ではなく、欧米文化に基づく相対的な規範原理のひとつと捉えられるわけだが、しかし、こうした主張に対しては、当然ながら反論も少なからずある。主なものとして、以下の3人の法哲学者による指摘と反論を見てみよう。

（ⅰ）「個人と文化の関係」に関する反論

共同体主義・文化相対主義では、「個人の人格はその人がいる社会の文化の中でそれを通じて作られる」ことが強調され、「個人と共同体（その文化）との不可分性」が言われる。しかし、では個々の人間というのはその人が属する共同体やその文化と完全に一体の存在かというとそんなことはない。周囲の文化や伝統の影響を受けつつも、それらと一線を画して独自の思考や価値観を発展させる「自分」が誰の中にもいる。この点を指摘して、共同体主義や文化相対主義——とりわけマッキンタイア——を批判する主張が森村進に見られる。

森村によれば、個々人の自我がその人の経験的属性と不可分で「集団の一員であることが本人の価値観と関係している」ことは確かだが、その一方で、「個人の人格の中には集団への帰属によって特徴づけられたり決定されたりしていない、いわば純粋な個人とでもいうべき部分がある」。「たとえば人が天体観測なり野鳥観察なり美食なりを生きがいとして」いるとき、それは別に「民族や人種や性に属して」いることからくるのではなく、本人の嗜好と選択によるところが大きい[35]。また、「人は同時にある家の跡取りであり、ある神社の氏子であり、ある寺の檀家であり、ある会社の主任であり、ある労働組合の執行委員であり、ある団地の自治会委員であり、ある学校の同窓会役員であるかも知れないが、彼がこれらのうちいかなる絆を重視するか——会社への忠誠か、学歴か——は本人が選ぶこと」に他ならない[36]。そもそも、「自分の属する文化に反発を感じ、他の文化を賞賛する」人だっているのだから[37]、個人の人格や価値観にその人の属する文化が影響するとしても、それらが全面的に文化によって規定されるわけではない。各人の中には「純粋な個人」として主体的な嗜好を持ち選択をする部分がある。その点に目を向けずに、個人と文化とを過度に「一体」視する点で、共同体主義や文化相対主義の人間理解、「個人と文

35 　森村［1989a］25-26頁。
36 　森村［1989a］21-22頁。
37 　森村［1989a］19頁。

化の関係」の理解には問題があると森村は指摘する。

(ⅱ)「文化」の括り方への疑問

　共同体主義や文化相対主義では、「共同体」やその「文化」が、個々人の人格や価値観、ひいては社会的な価値・規範の基盤とされるが、その場合の「共同体」、「文化」の捉え方にも疑問が呈せられる。「共同体」の「文化」といっても、リー・クアンユーが示すような「アジアの文化」「欧米の文化」といった括り以外に、「シンガポールの文化」「日本の文化」「アメリカの文化」のように「国」単位で文化を括ることもできるし、さらに細かく「関西」や「九州」といった地方ごとに特有の文化を見出すこともできる。その中で、例えば「アジア－日本－関西」の文化に必ずしも一貫性があるわけではなく、関西に住んでいる人の人格はすべからく「アジア的」で「日本的」で「関西的」なわけでもない。一言で文化といっても地域・国・地方など多元的な捉え方ができ、その各々の次元で「文化の多様性」が存在するし、その各々が個々の人間の人格や価値観に影響しうる。だとすると、共同体主義や文化相対主義で言われる「共同体」や「文化」とは一体どの次元のものを指し、どういう範囲の「文化」をもって社会的な価値や規範の基盤と見るのか、大きな疑問が生じる[38]。

　このことを、リー・クアンユーなどの「アジア的価値」論への批判として述べているのが井上達夫で、そこで井上は、「アジア」という広い括りで「文化」を一般化して「欧米」と対比したり、「アジア的」な「共同体主義」を想定したりすることの無根拠性を鋭く指摘している[39]。例えば宗教を見ても、アジアでは、儒教やイスラム教に加え、仏教やヒンズー教などが強い影響力を持ち、フィリピンや韓国ではキリスト教が深く浸透するなど、きわめて多様な様相が見られる。世界観や価値観を異にするこれらの宗教が混在する中で、「アジアの文化的価値」などを一般化して想定するのは「不当な単純化」なしにはなしえないと井上は言う。また、リーなどが、欧米の個人主義に対して「集団主義」を「アジアの価値観」と特徴づけている点にも疑問を呈し、宋明代の中国

---

[38] のみならず、「関西」の中で、あるいは「九州」の中でも、地域や職業、宗教、世代などによってそれぞれ独特の「文化」があるし、それが人々の価値観や考え方に影響する。「関西」の中でも都市部とそこから離れた山間部では人々の意識や考え方に違いが見られるだろうし、「農民の文化」「商売人の文化」がその中で育つ個人に色濃く影響することもある。だとすると、価値観や規範の基礎となる「文化」とは一体どういう次元を指すのか、なおさら疑問が深まる。

[39] 井上 [2000]、特に39-51頁。

における新儒学運動では「個人の主体的な自己陶冶」が重んじられたり、仏教で「内的自律」や「自己への帰依」が強調されたりというように、アジアの文化や伝統にも個人主義的な要素は多々見出せることを井上は指摘している。

「アジア」という次元で「文化」を括ることへのこうした疑問から明らかなように、ある地域なり国なりの中にもさまざまな次元で文化の多様性が見られるのであり、その中で一定の範囲で「文化」を特定するのはきわめて難しい作業である。とすると、あたかも「文化」の存在を自明のように捉え、人々が持つ価値観や道徳、規範の基盤をそこに求める文化相対主義の主張は、井上の言う「不当な単純化」によって成立する誤った考えのように思えてくる。

(ⅲ) 文化の「相対性」「等価値性」への反論

さらに、国なり地域なり、何らかの単位で「文化」を括ったとしても、その「文化」の各々が中身を異にする「別」物で、しかもそれらが互いに同等の価値を持ち比較評価不能だと言えるかというところにも疑問が生じる。これを指摘している深田三徳によれば、まず「事実レベルの問題として、国ないし社会の文化が違っても、共通の道徳的諸原理・ルールは多い」。例えば、応報原理や犯罪比例処罰の原理、生命・身体・財産を保護する諸ルール、財産制度や契約についての諸ルール、紛争解決のための仕組みなど、「あらゆる国ないし社会に共通する」道徳的諸原理・ルールというのが実際にある。とすると、文化の中身は完全にばらばらで多様なのではなく、その奥に共通する要素や原理が存在することも十分考えられる。

加えて、「国ないし社会の文化が違っても、その事実だけから、文化の全部分が全く等しい価値をもつという結論が出てくるか」も「疑問」で、文化の「事実レベル」の多様性からその「等価値性」「相対性」を導くことにも問題があると深田は言う。「一定の文化に関係した慣行や制度があるとしても、その事実だけからそれらが全く改革の余地のないもので、正当化されうるものだということにはならない」のであって、文化的基盤を伴う規範や制度、慣行でも、なんらかの根拠に基づいてそれを批判したり、「よくない」と評価したりするのは決しておかしいことではない。実際、文化的な慣習や制度の中には、「個人の生命、身体、自由などを害する危険のある邪悪な慣習、不合理な慣行や制度」も見られるのであって、そういうものも他の文化的慣習や制度と「同じように価値あるもの」として尊重を要求し、批判を封じるのはかえって間違いである。そもそも文化とは他文化との接触・交流の中でどんどん変容するもので、

人類の歴史を見ても、自文化と他文化との調整はいろいろな地域や文化で見られ、その中で「より合理的な、またよりすぐれた慣行や制度が摂取・受容されている」[40]。「文化」に多様性があるからといって、それを絶対的に「相対」視して相互批判や比較評価を否定するのは誤った「文化絶対主義」だと深田は言い、個々の文化やそこに内包される価値観や制度、慣行の間の「よい」「悪い」を評価し、価値の差をつけることは「できる」と主張している[41]。

5．文化相対主義の「普遍性」否定力

これらの疑問や反論は、いずれも文化相対主義の問題点を鋭く指摘したもので説得力に富む。しかしながら、これらの指摘によって文化相対主義の主張が覆されてしまうかというと、そうではないというのが筆者の考えである。これらの反論には文化相対主義の立場から一定の再反論が可能であり、特に、これによって文化相対主義で言われる「文化の相対性」が否定されるとか、逆に文

---

[40] 以上の引用箇所は、深田［1999］134-135頁より。
[41] これと似た主張は、前出の森村進にも見られる。森村は、「異なった首尾一貫した価値観が、根本的な点にせよ比較的細かい点にせよ対立するとき、その優劣を定める客観的な基準はない」ことを認め、「自己の文化の価値観から離れた」評価を人が他の文化に対して行いえないという共同体主義や文化相対主義の主張に一定の理解を示す。「しかしだからといって、Aの文化とBの文化は等しく価値があるということにはならない」のであって、「A（引用者註：「Aの文化の中にいる人」の意）から見ればAの文化の方が、Bから見ればBの文化の方が優れている」。これは文化の影響を脱却した評価ではないが、「われわれが現実に何らかの価値観を持っている以上、それによって異文化の優劣を判断することには全然矛盾がない」のであり、「ある文化に属する人は、他の文化を自己の文化の価値観に照らして評価できる」。そして、そうした評価に基づく批判や議論を通じて、「両立しがたい価値観を持った異文化の衝突にあたって」一定の指針を見出すこともできるのであり、「あらゆる文化や価値観にはすべて等しい価値があるとか、自己の価値観によって他の文化を批判することはできないとかいうのは文化人類学者の迷信である」と森村は言う。「実際われわれは、南アフリカのアパルトヘイトは南アフリカのユニークな歴史の産物だから非難できないとか、中世初期のヨーロッパ文明は古典古代のギリシア文明に比べて遜色がないなどと信じられるだろうか？」（森村［1989a］17-19頁。）但し森村は、各人が他文化を評価・批判できるとは言うが、そこから文化に通底する普遍的な価値規準や規範原理が導けるかどうかには言及していない。本注冒頭で示した引用箇所にあるように「価値観の優劣を定める客観的な基準はない」と言っているところから、「議論や批判はできる（と共にそれによって文化を調整する「ひとつの」指針は見出せる）が汎文化的・普遍的な価値規準は見出せない」というのが森村の見解のように思える。

化相対主義が否定する「汎文化的・普遍的な価値規準」が肯定されることにはならない。文化相対主義が提示するこれらのポイントは、上での問題点の指摘にも関わらず有効である。

(ⅰ)への再反論：「純粋」でない個人

まず(ⅰ)に関して、森村の言う通り、個人は共同体やその文化と完全に一体化しているわけではない。自分が身を置く共同体のうち、会社を大事にするか地域の人間関係を大事にするか、学生時代の友人との一体性を重んじるか、趣味のサークルにコミットするかはなるほど「本人の選択」である。また、日本人でありながら周囲との調和や謙譲といった「日本」的価値を否定して自己主張を重んじる人、大阪で生まれ育ったにもかかわらずお笑いや阪神タイガースが嫌いな人も当然存在するわけで、自分の国や故郷の文化を否定するという「選択」が各「個人」によってなされることもある。その意味で、各人の中には文化と一線を画して「純粋な個人」として行う「自己」の嗜好や選択というのがあるという森村の指摘はもっともに思える。

しかし、ではその「純粋な個人」が本当に「純粋」で、そこには文化の影響が及んでいないかというと、そうではないと筆者は思う。確かに、意識の上では我々は、自分を取り巻く社会関係や個々の文化的価値観を主体的に評価しそのいずれかを支持する「自己」を持っているし、そうした「選択」を自覚的に行っている。しかし、その「自己」なるものが持つ評価や選択の基準にも、その人が生まれ育ってくる中で接した家庭の、地方の、国の「文化」が（意識下で）影響している可能性は否定できない。自分は「純粋な個人」として団地の自治会や寺の檀家の人間関係より会社と仕事を「選択」しているつもりでも、それは戦後日本の会社中心主義の「文化」を無意識に自分が内面化したためかもしれない。親族や地域とのつきあいよりも自分の趣味を優先する「選択」も、現代的な個人中心主義の価値観が自分に反映されたことの帰結で、同じ自分が中世の村落や、あるいは現代でもアフリカのマサイの共同体などに生まれていたなら、趣味よりも親族との結びつきを優先する価値観を持っていた可能性は十分ある。

こうした意味での「個人への文化の影響」は、我々が普通に想定するよりずっと根強いものと筆者は思う[42]。もちろん、個々人の自我と文化がどこまで結

---

[42] このことを示唆する研究の例として、王雲海による日中文化比較の研究を挙げたい。王によれば、日本は「文化社会」であって、法や社会体制を含めた社会の原点は文化にある。

5．文化相対主義の「普遍性」否定力

びついているかを厳密に示すことは社会心理学や発達心理学の大問題であろうから、ここで確定的な答えを出すことはできないが、いずれにしろ、選択主体としての「自己」意識も含めて、「文化」的な価値観が個々人の人格に相当深くまで影響を及ぼしている可能性は大きい。「純粋な個人」として我々が自分で「選択」している部分は、本人が思う以上に狭い（もしくはない！）かもしれず、個人の価値観や価値判断とその人の属する社会の文化や慣習との結びつきを強調する共同体主義や文化相対主義の主張は、一概に否定できるものではない。

さらに、「純粋な個人」による「選択」が仮にあるとしても、それが道徳や規範という領域でどの程度作用するかも問題である。森村が挙げる「天体観測」「野鳥観察」「美食」といった趣味や娯楽は、そもそも社会的・文化的な強制や規制が少ない領域で、「純粋な個人」による選択の余地が大きくありうる。この地方では野球が盛んでみんな野球が大好きだが、自分は野球にまったく関心がない、ひとり野鳥観察に没頭しているという人は珍しくないし、多少寂しい思いをするかもしれないがそうやって毎日を過ごすことはさほど難しくない。これに対して、道徳や社会規範についての評価・意識などは、文化的・社会的な規定や強制をより強く受けるはずで、「純粋な個人」による選択が入る余地は少ない。「長幼の序」や「先輩後輩の関係」を重視する社会の中で、周りの人との年齢差をまったく気にしない、年上年下に関係なく誰に対しても同じ態

当然、人びとの意識にも「文化」が大きな影響を及ぼしており、文化的な観念や慣習への人びとの一体性も強い。これに対して、中国は「権力社会」であって、「文化」の社会的な影響力が弱い。文化的に共通の意識や行動様式は人びとの間に乏しく、個々人がきわめて「個体」的で個別的存在であるという。これは、「個人に対する文化の影響」が国によって異なることを示した興味深い分析であり、一見すると「個人への文化の影響が根強い」という本文での筆者の主張への反証になりそうである。しかし、この分析は、裏を返せば、中国には「文化の規定力が弱いという文化」があるがゆえに、それが中国人を規定して人びとが「個体」的意識を強く持つことの指摘と受け取ることができる。そして実際、「文化ではなく権力に基づく社会」的特質から派生する中国人に共通の意識や行動様式として、王は「打砲不平」（強者に反発し弱者を尊重すること）、「（形式ではなく）中身至上」、「（過去ではなく）将来に基づく権威の導出」など多くの例を挙げている。このように、文化の規定が弱く、個々人の独立性が強い社会であっても、その「文化的規定の弱さ」が（一種の「文化」として）人びとの意識に影響し、それを反映した価値観や行動様式が個人の中にはできあがる。このことから、社会のあり方や文化がいかに不可避的に個々人の意識を規定しているか、それを脱した「純粋な個人」を想定するのがいかに難しいかが分かる。王［2006］。

度・話し方で接するという生き方をするのは容易ではないし、よほど神経の鈍い人でない限り、その中にいて年齢や上下関係への意識を持たずにいることは不可能である。そうした意味で、共同体やその文化と独立した「純粋な個人」の部分が仮に相応に各人の中に認められるとしても、道徳や社会規範に関しては人びとは「純粋」でいられず、その領域での各人の価値観や価値判断には周囲の文化や慣習が特に強く反映すると考えられる。とするとやはり、個人への文化の影響を重視し、道徳や社会規範の文化ごとの相対性と、汎文化的・普遍的な価値規準の不存在を言う文化相対主義の主張には妥当性が認められる。

(ⅱ)への再反論：文化はある

他方、(ⅱ)で指摘されるように、地域にしろ国にしろその「文化」が内部に多様性を含んでいることは間違いなく、「文化」とその中身をなんらかの次元で厳密に特定することは確かに困難である。しかし、ではアジアなり日本なり、あるいは関西なり九州なりのいずれかの次元でそこに特徴的な文化を特定することはすべて「不当な単純化」で、各々の次元での文化の存在は否定されるのかと言えばそうは考えられない。例えば、日本の中にも、自己主張が強く自分の意見は積極的に言うという人、そういう風潮のある会社とか地方などが少なからず存在する。しかし、だからといって日本には自分を抑えて周囲と意見を合わせたり、謙遜したりすることが推奨される、美徳とされる文化があるという指摘が「誤り」になるわけではない。個々具体的にはある地域や国の中に多様な考え方や風潮があっても、全般的・一般的傾向としてその地域、その国に特有の文化を見出すことは「不当な単純化」を伴わずとも十分可能であろう。そして、そうした「文化」がその地域や国の道徳や規範、人びとの価値観に影響することも否定できない話で、個々に見ていけば自己主張の強い日本人、年齢差を気にせず他人と接する日本人、そうした風土の会社や地方は多々存在するだろうが、しかし、日本には「周囲との調和に気を配るべき」、「年上の人には敬意を払うべし」という道徳規範があり、それが多くの日本人の価値観に反映されていることは間違いない。

さらに、地域や国の内部に「文化」的な多様性があるという事実は、それら多層な次元での「文化」各々が「相対的ではない」ことを示すものではないし、ましてや汎文化的な普遍的価値規準・規範原理が「ある」ことを示すものでもない。むしろ、地域、国、地方など（その他、職業や社会階層などに応じて）さまざまな次元でさまざまな「文化」があるということは、規範や価値観がそ

5．文化相対主義の「普遍性」否定力

れだけさまざまな次元で多様化するということで、まさに文化相対主義が言うように、それら相互の「相対性」と「普遍的規準の不存在」を主張する一層強い裏づけになる。従って、どういう次元かで文化を括りその中身を厳密に確定するのは確かに困難ではあるが、どういう次元かで文化的に共通する価値観や規範意識が存在し、それが個々の人間の人格や価値観に影響していること、そのそれぞれが他の文化的な意識・価値観と相対性を持つことは、決して否定されない。

(ⅲ)への再反論：規範とその評価への文化的規定

その反面で、(ⅲ)で深田が言うように、多くの国や社会に共通する道徳的原理やルールが実際見られるのは事実だろう。しかし、それだけでは、「価値や規範の基礎は個々の社会の文化にある」、「文化を超えて普遍的な規範や価値規準はない」という文化相対主義の主張への反証にはならない。なぜなら、内容を同じくする道徳規則やルールが複数の国に見られるのは、それらの国々の文化に共通の要素があるからかもしれず、だとすればその要素を共有していない文化に対してはやはりその規則やルールは妥当しないからである。例えば、現代の世界では、アジア、欧米などの地域によらずほとんどの国で「暴力による掠奪」は不当とされており、それによって財物を入手しても所有が認められる正当な根拠にならない。では「掠奪による所有の不承認」は人間社会に普遍的な規範かというと決してそうではない。その規範は、現代の多くの国が暴力を忌避し掠奪を不正視する価値観や観念を共有しているがゆえに成り立っているのであり、そうした観念が存在しなかった中世のヨーロッパでは「掠奪」は所有の正当な権原として認められていた[43]。このように、「事象」として「ほとんどの国に共通して見られる道徳規則やルールがある」としても、その背景や基盤を分析すればやはり一定の文化的・時代的な価値観や観念がその奥に存在していて、そうした価値観や観念を共有していない社会にはその規範は妥当しないということは十分に考えられる。だとすると、複数の社会に共通の規則が見られることは文化相対主義の主張と矛盾しないし、むしろその事実は文化相対主義の主張の枠内で十分説明される。その点にさらに踏み込んで文化相対主義を論駁するには、特定の規範が多くの社会に共通して見られるという事実の指摘に加えて、当該規範が個々の社会の文化ではなく、それとは別の、人間社

---

[43] 山内［1993］。

会に共通する何かの要素を基礎に成立している（あるいは、人間社会のあらゆる文化に必ず内包される何かの要素から成立するものである）という構造的な分析まで示されなければならない[44]。その意味で、深田の指摘は、文化相対主義で提示される「文化による規範の相対性」や「汎文化的な価値・規範の不存在」を否定するには不十分である。

　もうひとつ深田が言う、「文化の多様性を認めた上でも、よくない文化的慣行や改められるべき制度を指摘することは可能だ」という主張にしても、文化相対主義の立場からすれば、そうした評価や指摘こそが、それを行っている人自身の価値観——及びその背景にある共同体の文化や伝統——に基づいてなされる、「特定の共同体の文化」的価値観からの相対的な評価のひとつということになろう。深田は、「個人の生命、身体、自由などを害する危険のある邪悪な慣習、不合理な慣行や制度」が存在するという指摘を、文化の相対性と対等性を否定する根拠として持ち出しているが、こうした慣習や慣行を「邪悪」「不合理」と評価すること自体が、深田個人の価値観とそれを規定している特定の文化（日本文化？）的価値観に基づく評価に他ならず、「ある文化による別の文化への批判」であって文化を超えた客観的な批判や評価ではない。ここで深田が「邪悪」で「不合理」な慣習として具体的に何を想定しているのかは記述がないので不明だが、「個人の生命、身体、自由などを害する危険のある慣習や慣行」がすべからく「邪悪」で「不合理」と捉えられるかというとそれは甚だ疑問で、それに対する評価はそれこそ文化によって様々なものになりうる。実際、日本の「ハラキリ」は欧米その他外国では野蛮で邪悪で不合理なイメージで受け取られるが、日本の武士にとってはむしろ名誉であったり礼節にかなうものであったりする。

　その一方で、深田の言うように、ある文化が他の文化と接触・交流する中で変容することは事実であり、文化的な慣行だからといってそれがその社会の中で絶対不変であるわけではない。しかし、それはあくまで「変容」であって、そのことと「善い悪い」の評価は話が別である。変容した後の文化にコミットしそれを「善し」とする価値観を持つ人からすればその変容は「善いこと」と評価されようが、変容する前の文化にコミットしてそれを「善し」とする価値

---

[44] それ以外にも、一定の規範が文化と時代とを問わずすべての社会に共通して見られること、それと異なる規範を持つ社会は人類史上一切存在しないことを実証するのも規範の普遍性を示すひとつの方法だが、現実的にそれは難しいだろう。

5．文化相対主義の「普遍性」否定力

観を持つ人からすればその変容は「悪いこと」である。例えば、日本では、昔は「家」を大事にし家の存続や名誉のために個人が犠牲になる考え方が強かったが、第二次大戦後、欧米の個人主義の影響で「家よりも個人」を重視する考え方が浸透した。この「変容」は、筆者を含め個人主義的価値観を内面化した人にとっては「善いこと」と評価されようが、「家」中心の価値観を持つ人にとっては「悪いこと」であり、現に、お年寄りや、若者でも武士道などにあこがれる人の間では、日本のこうした「変容」を「自分本位な堕落した考え方」と見て嘆く声が今でもある。まさに現代の日本で個人主義が浸透しているように、ある時代、ある集団でＡではなくＢの価値観が多くの人に支持される、浸透することはあろうが、そうであってもＢの主義・価値観がＡよりも客観的に「正しい」ことにはならない。それは文字通り「価値観の問題」で、それを比較評価する客観的な規準はないし、いずれを支持する考え方も他方に対して相対的な主張・立場であるにとどまる。

　このように考えると、ある文化やそこで見られる道徳や規範を、個々の人間が評価したり批判したりできるのは確かだが、そうした「評価」や「批判」もその人とその背景にある文化的価値観に基づく「相対的」なものにすぎない。もちろん、上述のように、現実にはそのうち特定の考え方がある地域や集団の多くの人に支持されたり、旧来の考え方が新しい考え方に取って代わられたりすることはあるが、だからといってそれが絶対的で客観的な価値や評価だとは言えない。むしろそのように、個々の文化的価値観や慣行に対してさまざまな立場から評価や批判が可能であり、またひとつの文化が他の文化との交流・接触の中で「変容」していくということは、それらひとつひとつの価値観・慣行、評価・批判、そのときどきで変容する文化の様相・あり方などがすべからく「相対的」なもので、「そのいずれかを普遍化することの困難」を浮かび上がらせるもののように筆者には思える。

＊

　以上のように、文化相対主義へのこれらの反論には一定の説得力が認められるものの、文化相対主義の主張を論駁するには至らず、そこで主張される「文化の相対性、文化的価値観の相対性」や「普遍的価値規準の否定」は有効である。個々の人間が（どういう次元にしろ）文化の規定を実際に受けていることは否定できず、また、各人・各文化が持つ価値観の優劣は客観的に判定不能で

ある。よって、特定の価値や規範の正当性は、それにかなう価値観を持つ人、そういう文化の影響を受けた人にとっては妥当するが、そうでない文化の下にあってそれとは別の価値観を持つ人には妥当しない「相対的」なものにとどまる。言い換えれば、なにかの価値規準や規範の「普遍性」の主張は、文化に基づく「価値観の相対性」の「壁」に阻まれる。そしてこの「文化的価値観の壁」は、本書で問題にしている「人権の普遍性」を否定する論拠としても大きな力を発揮する。

第2章　人権の尊重はなぜ正しいのか
　　　　：憲法学、法哲学での人権の正当化諸理論

　文化相対主義から提示されるこのような「文化による価値観・規範の相対性」を踏まえたとき、人権には文化を超えた正当性——普遍性——が認められるだろうか。人権の正当性についてはすでに多くの法学者や哲学者からさまざまな理論が提示されているので、本章では、それらの理論を順次検討し、それらが、「文化や価値観の相対性」を克服して「人権の普遍的な正当性」を示すものになっているかどうかを見ていくことにしたい。この種の理論として、日本の憲法学では、「人間の自律性」に依拠して人権を正当化する理論が最も一般的なので、最初にこれについて検討し、次いでこれに反対する憲法学者の理論を見て、その後、その他の「人権の正当化」論のうち主なものを見ていくことにする。

1．自律性に基づく人権の正当化

(1)「人間の自律性」と人権

　現代の日本の憲法学での人権理論の土台となっているのは宮沢俊義の人権論である。宮沢は、自然法思想の考え方に即して、人権を「『人間性』からいわば論理必然的に生ずる権利」、「人間がただ人間であるということにのみもとづいて、当然に、もっていると考えられる権利」、「人間が生まれながらにもっている権利」と定義し[1]、その基礎を「人間性」あるいは「人間の尊重」に求めた。人権は「人間性」を基盤としてそこから「論理必然的に生ずる」というこ

1　宮沢［1971］77頁。

の考え方はその後広く浸透し、日本での一般的な人権理解となったが、しかし、この説明は抽象的すぎてあいまいな部分を多々含んでいる。その点での疑問を示して、人権とは何に基づいて成立するもので、なにゆえ正当性を持つのかをより厳密に提示したのが佐藤幸治である[2]。

　佐藤は、まず、憲法の人権規定を「法的権利－背景的権利」という構造の下で捉え、法的権利としての人権の背景にその母体となる道徳的観念としての人権があるという理解を示す。これは、本書で言う「人権概念の前-実定法性」を言ったもので、人権が憲法の規定以前の道徳的・規範的正当性を含んだ概念であることがここで確認される。その上で、佐藤は、道徳的権利としての人権を、

　　「人が人格的自律の存在として自己を主張し、そのような存在としてあり続ける上で不可欠な権利」

と捉える[3]。つまり、人間の「人格的自律性」を人権の基礎とするわけだが、ではその「人格的自律」とはどういう意味かは、次のように説明されている。

　　　人格的自律についての狭い捉え方は、自律をもって専ら外部からの独立ということに求めようとします。消極的自由モデルに基づく自律観といえましょう。しかし、自律は、社会的文脈の中で、現実に則して、もう少し広く、自己支配ないし自己決定といったより積極的なものとして捉える必要があるかと思います。人が自己の生活を方向づける程度が高くなればなる程、その人の自律の程度は高くなる。そのためには、「自律的生の条件」

---

[2] 佐藤は、「人権」を「『人間性』から論理必然的に生ずる権利」とする宮沢の見解に対し、それが「具体的にどのような筋道をたどってそうなるのか」が示されていないと言い、「『人権』がそこから論理必然的に出てくる『人間性』とは一体いかなるものか。『人間性』というようないわば事実的次元から、いかにして『人権』というような価値的なものが生まれるのか」という疑問を示す。そして、自然法思想による「人権の基礎づけ」についても、「現代における『人権』を『自然法』のみによって基礎づけることは適切か」、「『人権』の観念につき『理性の必然』ということが指摘されるが、そこにいわれる『理性』とはいかなるものであり、どのように『必然』なのか」といった問題提起をし、「人権の基礎づけ」に関するより厳密な理論的検討の必要性を述べている（佐藤［1987a］145-147頁）。

[3] 佐藤［1995］392頁。佐藤［1997］36-37頁にも同様の記述がある。

1．自律性に基づく人権の正当化

といったものも考える必要があるかと思います。理性的な思考と行為をなすことができ、それにふさわしい生の環境、特に人生の色々な段階で十分な選択肢をもつことができることが必要であります。
　〔中略〕いかに生くべきかについての各人の判断を尊重するためには一定の共通の社会的ベースが必要と解されますが、そのような共通のベースを作るためには「理性」の一定の役割を認めぬわけには行かないでしょう。もちろん、自律における理性的要素を過度に強調することには警戒を要します。自律は通常人の生を前提に広汎な内包性をもつ必要がありましょう。自律とは、要するに、人が他者の意思に服することなく、"自己の生の作者である"ということであり、そのためには、人にとって社会的に多様な選択が開かれていることが必要です[4]。

　ここから伺えるように、佐藤の言う「自律」とは、他者からの強制を受けないことを含め、個々人が自分の生活を自分で方向づけることを意味する。それは単に、「特定の状況の下で人が自律的に行動する」という「そのときそのときの自律感」にとどまらず、「人の人生設計全般にわたる包括的ないし設計的な自律」、「人の人生に統一性と秩序を与える類の自律」を指す[5]。その核となるのが「理性」に基づく思考と行為であり、これを強調しすぎることの危険性を踏まえた上で（自律を盾に個人は野放図に何をしてもいいとする主張に釘を刺したものと思われる）、それに基づいて各人が自分の考えや価値観に依拠して行動し生活を設計・実践していくのを尊重する、尊重すべきだというのが「人格的自律」の柱となる考え方である。この意味での「自律性」を発揮して「各人が自律的に自分の生を設計・実践すること」を価値とするところに佐藤の人権理解の根幹があり、この価値——各人の自律性を尊重すべきという規範的命題——を実現するために必要な「自律的生の条件」を各人に保障することが人権の正当性の根拠になる。
　このように「人格的自律」を価値とすることの意味を、佐藤は、手段的価値説と即自的価値説の2つの立場を対比しながら論じている[6]。手段的価値説とは、自律の価値を何が選択されるかという結果によって評価する考え方で、

---
[4]　佐藤［1990a］86頁。同様の説明は、佐藤［1988b］11頁にも見られる。
[5]　佐藤［1988b］11頁。
[6]　佐藤［1988b］11頁；［1990a］86-87頁。この段落での引用は前者より。

「いわば幸福の実現にとって大事だからという功利主義的発想」に基づいて自律を価値とするものである。他方、即自的価値説とは、「自律が何をもたらすかではなく、自律それ自体に価値がある」という考え方で、「自律は本質的に価値あるものであり、自身の人生を形成する存在であるということは本質的によいことなのだという発想に基づくもの」である。佐藤は、後者の即時的価値説に立ち、「自律こそ人の人たる道徳的基礎をなすものであり、自立・自尊の道徳的基礎を与えるものだ」という考え方から「自律」を価値とする。「本質的価値とは何かという場合に大事なことは、それ自身のためにもちないし経験するに値する価値であるかどうかということ」だと佐藤は言い、「美、健康、愛、友情といったものはそれ自体において価値があるが故にわれわれが得たいと望むもの」であって、「自律もそのようなものとしてわれわれが得たいと望むもの」であるために「本質的価値」とされる。要約すれば、「価値」を「それ自体として我々が得たいと望むもの」と捉えた上で、そうした「価値」の一環として「(人格的) 自律」を置き、この「自律性の価値」を基礎に、その実現に必要な条件整備として人権を位置づけるというのが佐藤の人権正当化論である。

　佐藤ほど厳密ではないが、同様の見解は奥平康弘にも見られる。奥平も、従来の人権論は、人間存在という「事実」と、(「規範」的原理である)「すべての人間は人権を享有すべしという普遍的原理」とをいかにして結合させるのかという問題を十分説明しきれていないことを問題視しており、その点に踏み込んだ議論として、後で取り上げるゲワースの理論を高く評価する。その上で、奥平は、人権を、「自発的に目的適合的な行為をなしうる者」すなわち「一人前の人間」を「中軸」として保障される権利と捉える[7]。ここでの「一人前の人間」とは、具体的には、「自分の行為の目的を自主的に選択し、目的適合的であるためにはなにが必要かということを自主的に判断して、自己の責任において行為する主体」という意味なので[8]、これは「自律」を基盤とする佐藤の人権理解と相当程度重なる立場と言える。このほか、樋口陽一も、人権の「基礎」や正当化根拠そのものに関する詳しい議論はしていないが、人権観念は、「身分制共同体から解放された意思主体としての個人、自己決定をし、その結果に耐えることのできる自律的個人」を想定したものと述べており、人権の基

7　奥平［1988b］137-139頁。
8　奥平［1988b］137頁での表現。

礎を個人の「自律性」に求める立場に立っていると考えてよかろう[9]。このように「人間の理性的な存在形式、自律性によって人権を根拠づけよう」というのが、近年の日本の憲法学での「人権の普遍性を論証する支配的なスタイル」である[10]。佐藤に代表されるこの種の「人権の基礎づけ」論を、以下の議論の便宜のため、ここでは「自律能力基底的人権論」と呼ぶことにする[11]。

(2) その問題点

こうした「自律能力基底的人権論」に対しては、十分な「自律性」を持っていない人、「一人前」でない人には人権が認められなくなるのではないかという反論がすぐに思い浮かぶ。これに対して、奥平は、老人や子供など「一人前」でない人間は、一般的な人権は持たないが、その分、それぞれの事情に相応する特殊的な権利が承認されるのだと答える[12]。他方、佐藤は、ここで言う「自律」は、個々人のそうした能力が現実にどの程度展開されているかという「現実の自律」「能力の現実化」ではなく、人間としての「自律に対する能力」を指すもので、その能力は「潜在能力で十分」と見ることで、子どもを含めたすべての個人に人権は妥当すると言っている[13]。

しかし、この点はそう簡単に割り切れるものではない。奥平の解釈のように、「人権」は「一人前の人間」だけが持つとしてしまえば簡単だが、それでは人権主体として認められない人間が多々出てきてしまい、「すべての人間」が持つものという人権の定義に反する。奥平が「一人前」の基準として言う「自分の行為の目的を自主的に選択し、目的適合的であるためにはなにが必要かということを自主的に判断して、自己の責任において行為する」能力は人によって差が大きく、子どもや老人のように年齢的な理由でそれが十分でないとみなせる者はもちろん、青年・中年のいわゆる「現役」世代の人でも、友人や同僚か

---

[9] 樋口［1994］23頁。樋口［1996］にも、人権の担い手として想定されているのは、「それぞれに自己決定をする」「自己決定の結果を自分自身にひきうけるという」「自立して自律する個人」だと述べた箇所がある。同書50頁。

[10] 小沢・村田・笹沼［1996］187頁。

[11] この呼び方は、小沢・村田・笹沼［1996］187頁より。笹沼は、この「自律能力基底的人権論」をさらに奥平、樋口の「真正自律説」と佐藤による「拡張自律説」に分類している。しかし、本書ではそこまでの分類には踏み込まず、これらの論者の説をもって、人権の基礎を「自律性」に求める立場としておく。

[12] 奥平［1988b］137-139頁。

[13] 佐藤［1987b］7-9頁。

第2章　人権の尊重はなぜ正しいのか

ら「あいつのやることは支離滅裂で、自分が何をしたいかとか何をしたらいいかとかが全然判断できていないし、そのくせ都合の悪いことが起こると人のせいにしてばかりで責任などという観念はまったくない」などと評価される人がたくさんいるはずで、そう考えるとかなりの数の人が人権主体から外れてしまいかねない。これに対して、佐藤の言うように、「自律」の能力を現実の能力でなく「潜在能力」として見るとか、「理性」や「合理性」を形式的に見るといった考え方をすればほとんどの人間に人権が認められることになるだろうが、ではそうした「潜在的な能力」さえも欠いている人（重度の精神障害者や脳損傷患者など）はどうなるのかという再反論が生じる[14]。そもそも、佐藤も、人権を「人間が人間であるという自然的事実にもとづき当然に認められている権利」とする定義を認め、「人間である」ことと「人権」とを結びつける「論理必然」を問題にすることから「人権の基礎づけ」の議論を始めているのであって、だとすれば条件付きではない、「すべての人間」に人権を認める根拠が提示されなくては答えにならない。その意味で、この「自律能力基底的人権論」には、すっきりしないところが残るのは否めない[15]。

　しかし、本書の観点から、より大きな問題としてここで指摘したいのは、「自律性」の価値性である。自律性は本当に価値なのか。誰にとっても価値なのか。この点、佐藤は、「それ自体として我々が得たいと望むもの」を「価値」として疑うことなく「自律」をその一環に位置づけているが、「自律」が本当に「我々が得たいと望む」「価値」と言えるのか、筆者はかなり疑問に思う。と言っても、我々の誰も「自律」など望んでいないと言いたいわけではなく、意識的にも無意識的にも佐藤の言う意味での「自律」を大事に思っている人はたくさんいるだろうし、他ならぬ筆者自身もそう考えている。だが、世の中に

---

[14] この点は、森村［1998］285-286頁でも指摘されている。
[15] もっとも佐藤は、病気など特殊な事情で「自律性」を欠く人がいたり個々人の「自律」能力の程度に差があったりするとしても、基本的には「自律」的に思考や行動を行うところに人間という存在を特徴づけ、その意味で「すべての人間」に共通する性質として「自律性」を見ているのかもしれない。しかし、文化相対主義で言われる通り、我々人間は、「純粋な個人」として主体的に、ではなくむしろ周囲の社会の文化や慣行の規定を受けて考え方や価値観を形成するのであって、その意味で「自律」的というよりかなり受動的な存在である。もちろん、文化が個人を規定する程度に議論の余地があるのは先にも述べた通りだが、少なくともそうした規定が認められる以上は、単純に人間を「自律的」存在と特徴づけるのは、文化相対主義の主張に照らして素朴すぎる人間理解のように筆者には思える。

はそうでない人もいると筆者は思う。自分のことを自分で判断するとか、自分の生活を自分で方向づけるといったことはやりたくないし大事でもない、むしろ、流れや運命のままに自分は何も考えずに生きようとする人や、「自己の生の作者たる」ことなどは人間の思い上がりであって価値でもなんでもない、この世界のすべては神の御心にあるのであって、自分自身もその神の意志を見出しそれにかなう人生を送りたいという人も（特に宗教の影響の強い国や集団の中には）かなりいるだろう。あるいは、部族や村落などの共同体の中で、自我や自律といった概念すらないままそこでの慣習やライフスタイルと一体化して一生を過ごす（そしてそのことに無意識に満足している）人だってたくさんいるだろうし、脳や精神の障害のゆえにまったく自律的な生を送らない人もいる[16]。（だからといってそうした障害者は「価値がない人」なわけではなく、むしろそういう人の生き様に触れ、心を動かされてそこに価値を見出す人だって少なくないのではないか。）そうした生き方ではなく、自分の生活を自分で方向づけ「自己の生の作者である」ことがなぜ価値なのか、他者や偶然に依存し行き当たりばったりに受動的に生きるのではなぜだめなのか。ましてそれが「自律」を自覚したり望んだりしていない人も含めて「すべての人」が持つ「人権」の基礎だと言えるのはなぜか、ここでの立論には大きな問題が残る。

　これを先の文化相対主義に即した形で言えば、「自律性」を価値と思う人は確かにたくさんいるだろうし、そういう文化・風土を持った社会も多々ある。

---

[16] 「何も考えず生きる人」や「神の御心のままに生きようとする人」も、そうした生き方をしていることの前提に、かかる生き方を自分で選んでいるという「自律性」があり、その意味でそうした人を含めてやはり「自律性」は価値だと言えるのだ、という反論があるかもしれない。しかし、生まれ育った環境において例えば「神に従う生き方」が当然視されており、それ以外の考え方に触れることすらなくそれを内面化して「神の御心のままに生きようとする人」もいる。こういう場合、彼の生き方には「本人の選択」や「自律」は関わってこない。が、だからといってそうした生き方が必ずしも「価値がない」わけではない。「本人が選択するしないに関係なく、とにかく神の御心のままに生きること自体が大事なのだ」と考える人からはそうした生き方も価値あるものと評価されるだろうし、本人自身もそういう生き方をして十分幸せで（無意識に）価値を認めているという場合だってあるので、この反論は成立しない。（本文後段で、自律の概念自体を持たずに自らの生き方に無意識に満足する人の例を挙げているのは、この点を踏まえてのことである。）なお、佐藤の議論は、そもそも、「価値」を「我々がそれ自体として得たいと望むもの」と位置づける時点で、自らの欲求に基づく選択を行うことがそこに含意されており、「価値」を考える上で非-自律的であることを想定外とする、「自律」へのコミットに偏りすぎた議論である。

第2章　人権の尊重はなぜ正しいのか

図2-1　人権の自律能力基底的正当化の問題点

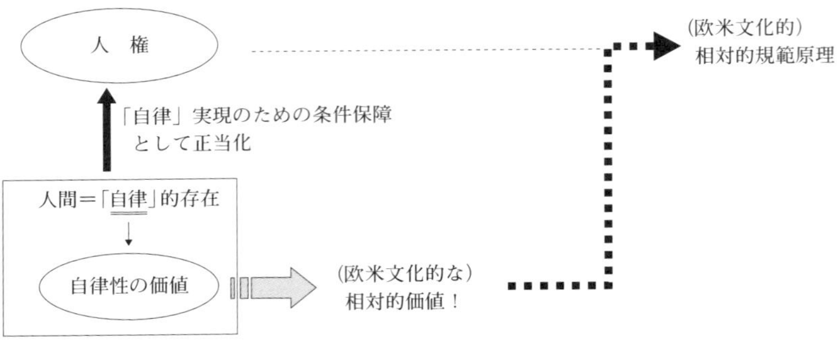

自律能力基底的人権論では、人権の基礎が人間の「自律性」に求められ、その価値性が人権の正当化根拠となる。しかし、「自律」を価値とは見ない価値観や文化もありうるので、これは相対的な価値にすぎず、よって人権も相対的な規範原理のひとつにすぎなくなる。

とりわけ欧米の文化はそうだろう。しかし、だとすれば、人権は「自律性の価値」という特定の文化的価値観（欧米の価値観）を基盤に成立し、それに照らして正当化される相対的な規範原理のひとつということになって、「自律性」を価値としない社会、文化では必ずしも正当なものではなくなる。先に紹介したリー・クアンユーは、まさにこの意味でアジアでは人権よりも「社会の調和」が価値だと言うのであり、こうした形での人権の正当化は、人権の「相対性」を示す典型的な理論ということになる。それでも「自律性とはある社会や文化に特有の相対的価値なのではない。普遍的価値なのだ」とあくまで反論する人がいるかもしれないが、特定の価値（観）を客観的・普遍的と示すことがきわめて困難なのは「個人への文化の規定性」に即して前章にて述べた通りである。先に挙げたような、運命や他人に依存して生きるのをいいと思う人、神の意志を見出しそれに即した行動をとりたいと思う人、共同体と一体化してその規則や慣習を指針として生きる人に対して「自律性のよさ、重要さ」をいかに説いたとしても、「それを私はよいとは思わない。酋長（あるいは神様など）の言うことを聞く方が大事だ」と言われればそれまでで、これらの考え方の優劣を「個人への文化の規定」を離れて客観的に判定することはできず、結局これは「価値観の相違」に帰着する。とすると、この自律能力基底的人権論は、「自律性」を価値と考える人や社会において人権の正当性を示す「相対的」人権論ではあっても、そうでない人や社会に対してまで妥当する人権の汎文化的

正当性を示すものではない。つまり、人権の普遍性を示すものではない（図2-1参照）。

2．「自律能力基底的人権論」への批判

(1)「自由」の効用に基づく人権の正当化

　他方、日本の憲法学者の中には、佐藤などの自律能力基底的人権論を批判し、それとは異なる人権の正当化論を提示する者もいる。代表的なのは阪本昌成である。阪本は、「人格」や「理性」を持ち出して人権を「自律性」に基礎づける議論を、「人間の主体性と能力を過信する」「合理主義的な超越論」と切って捨て、そのような「日常的に卑近な目標を排除する、不可解な道徳的主体」を想定した議論ではなく、現実の「ありのままの人間」を経験的に把握することによる人権の正当化理論を提唱する[17]。

　その阪本の理論は、人間の置かれた主観的条件と客観的条件を次のように定めることから始まる。

　①　人間は、高度に合理的・理性的ではなく、誤りを犯しやすい、自己愛を最重視する存在である。人間は、究極目的を知ることなく、また、そ

17　阪本［1993］66-67頁。阪本は、自律能力基底的人権論に反対する根拠として次の4点を挙げる。①「自律的個人」という観念は、専制による他律を否定するところに眼目があったのであって、それ以上の内容をもたせるにはあまりに茫洋としている。（「弱い概念（消極的な概念）」を「強い概念（積極的な概念）」として）用いることは正しくない）。②現実の人間は、実際には自律的でなく、「私は他者のようでもある」といわざるをえない。③自律的という茫洋とした概念が、倫理学でいう「人格」と合体して、道徳的・合理的な存在であって初めて人に値する、という限定的な人権概念となりやすい。（換言すれば、「正しい一つの答」を求めるために、「正しくないと思われる個人の選択」、すなわち、自立的でない人間をはじき出してしまいがちとなる）。④人権なる概念は、本来、他者関係的で、(a)主体としての人、(b)それをとりまく物理的環境（物を含む）、(c)それらを受容する第三者、という「人－環境－第三者」という三項関係のなかで理解され、発展させられてきたものであって、主体性とか自律性に言及するだけでは、不十分である（同書64-65頁）。そもそも実際の人間が自律的でも合理的でもないことは、20世紀の諸学問を通じて明らかになった事実なのであり、にもかかわらず「自律性」や「合理性」を仮想して「合理主義的な超越論」として人権を基礎づけるのは避けるべきだというのが阪本の立場である。

の結末を正確に知ることなく、ある行為に従事しながら自己愛を実現するのである。個々人の誤りは、自己愛を追求する過程のなかでのみ徐々に明らかになり、訂正される。

② 人間は、個別的で多様な存在である。また、その個別性・多様性がもたらすものについて誰も確実には知らない。

①が「経験的にみた『人間の主観的条件』」にあたり、②が「経験的にみた『人間の客観的条件』」にあたる。この2つから、

③ 究極目的も結末も知らず、人の個別性・多様性も知らない他者は、ある人の自己愛追求過程に介入する正当な理由を、基本的には、もたない。各自の実験過程は、閉じられていてはならず、誰も他の人間に対する全面的な強制権限をもってはならない。だからこそ、すべての強制的または排他的な権力はきびしく制限されなければならない。

ということがいえ、さらに「人間の客観的条件」として次のことが加わる。

④ 人間は、独力で生きてはいけない。人間は共生のなかで互いにうまく生活し、集団としてさらにうまく生活することを試みてきた。個々人の自己愛の最大化と、全員の共生を維持する「個と全との両立」のために、一方で、国家という機構に強制の権力を与え、他方で、国家を「法の支配」のもとに置いて、国家の侵害してはならない領域を明示するよう試みてきた。この国家が侵害してはならない領域を「国家からの自由」という[18]。

ここで「自由」とは、「国家（統治者）の作り出す強制・障害を排除する利益」を言い[19]、そうした自由を、阪本は、道徳的な正当化としてではなく、実体的価値判断を避ける立場から根拠づける。そこでは、「法や憲法典の存在理由は、……各人が、有限知のなかで、それぞれの個別性を基礎にしながら、自由にその自己愛を最大化できるよう共通の条件を整備することにある」という

---

18 阪本［1993］68頁；［1994］225-226頁。
19 阪本［1994］226頁。

2．「自律能力基底的人権論」への批判

認識を基に、自由は「人間主体の道徳的価値」とは離れて次の論証により正当化される。

① 私の知りうる知識は、多くの人びとや集団に分散されており、私の知得できることには限界がある。
② もっとも、私の望む結果は、私をとりまく環境・条件を詳しく知らない他者よりは、私のほうがうまく予想できる。
③ それでも、私の追求する結果は、私を含め、誰にも確実にはわからない。ただ、私は、私をとりまく直接的状況を勘案しながら、実験を重ねて実践知を習得していくうちに、少しずつ、見通しを開いていく。
④ 自己愛に満ちている私は、私の知りうる知識を自己目的に利用できれば（他者の恣意的な意思によって強制されることなく私の行動を処すことができれば）、私の断片的知識を最大化できる。このように、自由は、一個人の獲得する知識を最大限利用できる機会と誘引との双方を個人に提供する。
⑤ 以上の自由の効用は、あなたについてもいえる。
⑥ したがって、自由は、個人にとって望ましいばかりでなく、社会全体にとっても望ましい効用をもつ。

こうして、自由の正当性の論拠は、「一個人の限られた知識を最大限利用できる機会と誘引との双方を個人に保障する」という「効用」に見出される[20]。

この阪本の主張によると[21]、「人権」と呼べるのは、「自由を基底としながら国家への妨害排除として機能する自由権だけ」である。それ以外の、「国家の積極的な介入によって実現・提供される『生存権』や、国家によって設置され

---

20 以上の引用は、阪本［1993］66、69、70頁より。
21 以下この段落の引用は、阪本［1993］74頁より。阪本は、「憲法典という実定法によって保障されている主観的利益」を「基本的人権」または「基本権」と総称し、その中に「人権」と「制度化された権利」とがあるという構造で人権を捉えている。このうち、「独特の存在としての人間が、客体に対する法益とは別に、人間として存在するための基本的に必要な条件」である「自由」を基底としこれを可視化したのが「人権」であり、そうではなく、人々の意思に基づいて設計された勤労権、国家補償権、生存権などは「制度化された権利」と説明されている。なお、こうした区別は、「本来的に不可侵・不可譲の人権を説く自然法思想と、実定的権利のみが存在すると考える法実証主義との違いに対応しているように見える」が、ここでの立場は、「自由は人間の本性を淵源とするものでもなければ、

た制度または施設を前提としてはじめて有意となる『教育を受ける権利』」等は、『人権ならざる基本的権利』または『制度化された権利』である」。

人権が成立するのは、人びとが「自由な行為主体」であることを相互に承認しあうことによる。その理論過程はこうである。

① 私が行為主体として、私独自のさまざまな目的を追求し、実現するには、自由が必要である。
② そのためには、あなたは私の自由を侵害すべきではない、と私が主張してよい。
③ 上〔引用者註：原文は「右」〕の①、②から、私は自由という利益を有する、といえる。
④ 上〔引用者註：原文は「右」〕の③を普遍化するためには、私はこういわなければならない。あなたが行為の主体である限り、私は、あなたについても、自由という利益を有することを承認する。
⑤ かくして、行為主体であれば必要である自由が、私にも、あなたにも、基本的利益として分配される。その利益を「人権」という[22]。

つまり、阪本は、人間を「ありのまま」に見るとそれは「自由な行為主体」と捉えられることに基づき、そういう存在であることを各人が「相互承認」することによって、普遍化された利益（自由）としての「人権」が成立するという形で人権を正当化している。

(2) その問題点

阪本は、そもそも「道徳的・政治的原理の究極的な合理的正当化は不可能」という立場に立っており、そこから（「自律」のような特定の価値を持ち出すのではなく）「ありのままの人間」把握に依拠した「経験的な」議論として人権の正当性を提示しようとする。具体的には、まず（佐藤流に）「自律性」や「合理性」に人間を特徴づける見方を否定し、人間の個別性や多様性を強調する。同時に、人間を「自己愛を最重視する存在」と捉え、各人が自らの生活の

　国家の承認によってもたらされるものでもない」という「第三の道筋」であることを阪本は強調している（同書75頁）。
[22]　阪本［1993］105頁。

2. 「自律能力基底的人権論」への批判

中で行う「自己愛追求」の過程を阻害しない、それを全うさせるための条件整備として「自由」が基礎づけられる。自由の正当性の根拠は、「一個人の限られた知識を最大限利用できる機会と誘引との双方を個人に保障する」という「効用」に求められ、その「自由という利益」が相互承認されて「私にも、あなたにも」認められることから「人権」が生じる。(よって、人権の中身として想定されるのは自由権のみである。)

ここで、阪本が人権の「合理的正当化」は不可能と言っている点は、本書の観点から注目に値する。価値や規範の正当化において「特定の道徳論が正邪の絶対的規準を与えることはない」と阪本は言う。これは、価値・規範を合理的に正当化しようとすると、その根拠が次々と別の価値・規範命題に求められる「無限の循環論」に陥り、しかも、そこで出てくる個々の価値は絶対普遍ではなく相対的なものでしかないことを言ったものと思われ、「価値観の相対性」を言う文化相対主義の主張とつながる。その上で阪本は、人権の正当化は、「人格」や「理性」に着目した「あるべき」人間像でなく、「ありのままの人間」に基づいた経験的な検討を通じてなされるべきことを主張している。この点も、本書の観点から評価できるところで、「すべての人間が持つ」はずの人権の基礎が、人間のもつ性質の一部や一側面のみを「理想化」した人間像を基盤にして語られるのはおかしい[23]。(前節で指摘したように、そうであるならその性質を持っていない人には人権は認められないのかという問題が不可避的に生じる。)人権とは、その定義から言って基本的にすべての人間が人間であることから持つものだから、すべての人間に当てはまる性質なり特徴なりに依

---

[23] もっとも、自律能力基底的人権論の立場からは、「自律性」や「目的志向的な行為主体性」こそが、すべての人間が持つ特性であり人間の本質的要素なのだという反論がなされるであろうが、それが疑問であることは前出本章注15参照。なお、この点に関連して、佐藤幸治は、阪本の主張に反論して「『ありのままの人間』の特性によってどうして規範的な権利を基礎づけうるのか疑問を覚える」と言う(佐藤[1996] 42頁)。前後に説明がないのでその意図ははっきりしないが、この佐藤の主張は、規範的な性格を伴う「権利」の基礎には何らかの規範的要素がなければならず、「人間は自律的存在たるべし」という規範命題があるからこそ、そのための条件整備をす「べし」という論理が導かれて人権が成立するという趣旨だと思われる。(人間がこう「である」という要素から規範的性格を持った権利を導出するのは「誤謬」だという意味で。この「事実と規範の関係」については本書でも第4章で扱う。)だが、それだとその元にある規範的要素、すなわち「人間は自律的存在たるべし」という価値(規範)命題の正当性や根拠がさらに問われることになり、これが普遍的価値とは言いがたく相対的価値にすぎないため、この理論から「人権の普遍性」は見出せないことは前節で述べた通りである。

拠して考えられるのでないと説得力のある基礎づけや正当化にはならない。その意味で、人権の基礎や正当化を論じるにあたって、「ありのままの」人間を経験的に把握することの重要性を言う阪本の主張の意義は大きいと言える。

　しかしながら、阪本の理論にもいろいろな問題が含まれている。まず、人権の捉え方として、これを自由権に限定し、社会権などをそこから除外するところがひとつ問題になるが、ここでは阪本の「人権の正当化」の立論上の問題点に話を集約させたいのでそこに踏み込んだ言及はしない。むしろここで第一に問題にしたいのは、阪本が、「ありのままの人間」像として、人間の多様性や個別性を強調しつつも、基本的に人間は「自己愛を追求する」存在だという見方を示すところである。と言っても、筆者はここで人間が「自己愛追求」的存在ではないと言いたいのではない。「自己愛追求」という言葉が適切かどうかはともかく、多くの人間にそれに類した要素があてはまることには筆者も賛同する。（そのことは、次章で行う生物学的な人間分析からも示されるであろう。）筆者が疑問なのは、阪本が、「人権の基礎づけ」にあたって「ありのままの人間」を経験的に把握することの重要性を強調していながら、「自己愛追求」的存在という自らの人間観の提示にあたっては、なんの根拠も経験的・事実的検討も示していないことである。阪本は、37～38頁（本節(1)）①～④で挙げたように人間の主観的条件と客観的条件を示すが、これらをなぜ人間の「主観的条件」「客観的条件」と考えるのかも、それがどう「経験的」なのかもそこでは示されず、単に「経験的にみた『人間の主観的条件』はこうである」、「経験的にみた『人間の客観的条件』はこうである」と書かれているにすぎない。これは、「人間」の経験的把握を主張する立場としてはあまりにお粗末な記述で、ここで示される人間理解は、「経験的な」ものというより、阪本の主観的理解にすぎないと見られても仕方がない[24]。

　加えて、ここでの人間理解には、阪本の主張の根幹に関わる大きな問題が潜んでいる。上で述べたように、阪本は特定の価値に基づいて人権を正当化することを批判し、「ありのまま」の経験的な人間理解に基づく人権正当化を提唱する。そして、そうした人間理解として人間を「自己愛を追求する」存在だと言い、その自己愛追求を全うするための条件として「自由」を挙げて、それを

---

[24] それともここで阪本が言う「経験的」とは、自身の経験から捉える人間観という意味だろうか。しかしそれでは「人権の基礎」は、百人百様の主観的な人間理解から考えられるということになってしまい、説得力ある「人権の基礎づけ」にはなるまい。

2．「自律能力基底的人権論」への批判

個々の人間の間で相互保障するものとして人権を基礎づける。しかし、この論理には、経験的な人間理解として提示されたはずの「自己愛追求」が、暗黙裡のうちに規範的に肯定されているという「誤謬」が見られる。仮に人間が事実として「自己愛を追求する」存在と捉えられるとしても、しかしそれを規範的評価として「よくない」と価値づけし、従ってその「自己愛追求」を妨げるよう、「自己愛」を追求するための各人にとっての条件を抑制するような規範を設定することも、考え方としてはありうる。しかし、阪本はそうではなく、「自己愛追求」を全うするための条件整備として「人権」を導いている。その前提には「自己愛追求」を規範的意味で肯定する、少なくとも「すべきでないとは評価しない」態度がすでに存在しており、阪本の理論は、本人が経験的な議論だと言うのと裏腹に、「自己愛追求」の価値性を基礎としてそれを実現するための条件として人権を正当化する、特定の価値に依拠した立論になっている[25]。(しかもそこでなぜ「自己愛追求」が規範的・価値的に肯定されるのか、その根拠は提示されない。)

このように、阪本の人権正当化論は、人間を事実的に把握しようとするのはいいとして、(a)そこでの「自己愛追求」的存在という人間把握が根拠を示されないままになされ、且つ(b)そこで「事実」として把握されたはずの人間の性質がそのまま (その根拠は示されないまま) 価値的にも肯定されてしまい、人権は「自己愛追求」というその性質を実現するための条件整備として、すなわち、根拠のない「自己愛追求」の価値性を基礎として正当化されるという2点で問題がある。この2点は、人間を「自己愛を追求する存在」と捉え、各人のその「自己愛追求」を全うさせるための条件整備として「人権」(「自由」)を正当化する阪本の立論が成り立つか否かを決める、決定的に重要なポイントである。というのは、まず(a)に関して、人間が「自己愛追求的存在」と捉えられないなら、この理論は根底から崩れる。そして(b)に関して、「自己愛追求」が価値的に肯定しえず、そこに正当性が認められないなら、そのための「条件保障」として導かれる人権も正当化しえなくなる。加えて、この点で、仮になんらかの形で「自己愛追求」は価値的に肯定される――「やってよい」「すべき」ものだと――と示せたとしても、それが普遍的な価値と言えるかどうかが本書の観点からは大きな問題である。「自己愛追求」を普遍的な価値だ

---

[25] この意味で、阪本の立論は、「自律性」を価値と見て、それを実現するための条件保障として人権を正当化する佐藤の人権正当化論と実は同じ構造になっている。

第2章　人権の尊重はなぜ正しいのか

と言えず、特定の社会や文化の価値観に照らして肯定される価値だと言えるにとどまるなら、この立論による「人権の正当化」は、そうした社会や文化においてのみ妥当する「相対的」な正当化であって人権の普遍的な正当性を示すものにはならない。

　これについて、筆者は、(a)の点では、佐藤らの「自律的」人間観よりも「自己愛追求的」人間理解の方が正確だと考える。それはこの後第3章で筆者が提示する人間観に後者の方が近いからであるが、その議論は当該章に譲る。他方、(b)に関しては、「自己愛追求」を肯定する（少なくとも「やってはいけない」とは考えられない）価値観は、多くの人から、あるいは多くの社会や文化で支持されるだろうとは思うし、筆者自身も「自己愛追求」はおおいに結構な、各人が「追求」していいことだと考えている。しかし、そう考えない人や社会や文化もあるだろう。自分ではなく他人のために尽くすことを価値と考える人、愛を向けるべきは自分ではなく神だと考える人、「個人」や「自己」の観念を持たず共同体への愛に生きる人などは、人類の歴史上たくさん存在しただろうし、今の世界でも相当数いると考えられる。そうした人、社会、文化

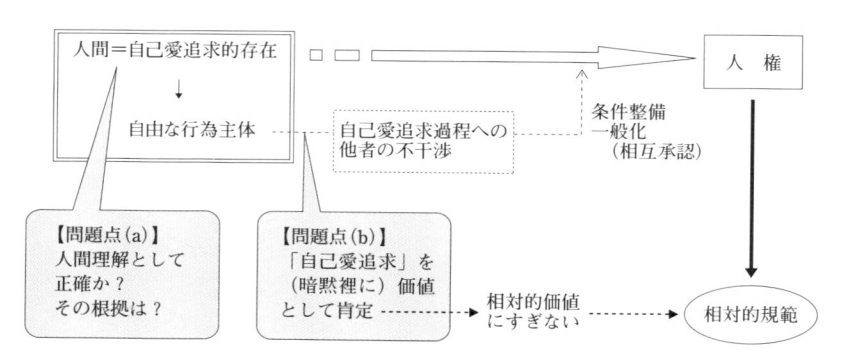

図2-2　「自由の効用」に基づく人権正当化理論とその難点

阪本は、人間を「自己愛を追求する存在」と見て、各人が「自己愛追求」を現実に行っていくための条件整備として人権を捉える。（「自己愛追求」には「自由」と「他者からの不干渉」が必要であり、互いの「自由」を人びとが承認することで人権が成立する。）これに対しては、(a)「自己愛追求」的存在という人間理解は正しいか？という疑問が生じると共に、(b)立論の中で「自己愛追求」が暗黙裡に価値として肯定されている、という問題点が指摘できる。「自己愛追求」は、仮に価値性が認められるとしてもせいぜい相対的な価値のひとつにすぎず、とするとそれに依拠して成立する人権も相対的規範であるにとどまる。

の価値観が「誤り」で「自己愛追求」を価値とすることが正しいのだと論証することは困難で、話はここでも「価値観の相違」に帰着して「自己愛追求」はせいぜい相対的価値のひとつだと言えるにとどまるように筆者には思える。とすると、(仮に「自己愛追求」的人間観が正確だと示され、また「自己愛」に一定の価値性が認められるとしても)この阪本の理論は、「自己愛の価値性」を認める人や社会に妥当する「相対的」な規範原理として人権を正当化するものにすぎず、その普遍的な正当性を示すものではない。つまり、阪本の理論でも、文化相対主義に対抗して「人権の普遍性」を示すことはできない。(以上の阪本理論の特徴と問題点を図示すると、図2-2のようになる。)

3．その他の人権正当化諸説

このように、日本の憲法学で支持者が多い自律能力基底的人権論とそれを批判する阪本の人権論は、いずれも問題を含んでおり、人権の普遍的正当性を示すには至らない。しかし、もちろん、「人権の正当化」論はこれらに尽きるわけではなく、わけても法哲学者の間で多様な理論が提示されている。本節ではこれらのうち主要なものを順次検討していこう。

これについてはすでに深田三徳による整理がなされており、それによると、従来の「人権正当化」論には、大別して2つの系統がある。第一は、なんらかの客観的・普遍的な価値・規範の存在に基礎づけて人権の正当性を説く「自然法的議論」で、具体的には、①ロック的自然権論、②人間本性論、③功利主義の一形態、④A・ゲワースの人権論、⑤R・ドゥウォーキンの平等主義的人権論などがそれにあたる。第二は、道徳的言明の真理性を論証する合理的方法はないという立場から、人権を、人為的な選択や決定に基づく提案として基礎づける「道徳的懐疑論」で、⑥対話的方法と⑦社会契約論的方法が挙げられる[26]。

これらのうち、本書では、まず第一の「自然法的議論」の中から、日本の学者からも評価が高い④のゲワースの人権論と⑤のドゥウォーキンの平等主義的人権論を見ることにする。残る①～③のうち、①のロック的自然権論は、先の宮沢や佐藤の議論の下敷になったものなので、ここで直接それを取り上げることはしない。それよりも、その流れをひく理論として、近年いわゆるリバタリ

---

[26] 深田［1999］。

第2章 人権の尊重はなぜ正しいのか

アニミズムの主張が注目を集めていることに鑑みて、その代表的な論者である森村進の人権論を取り上げ、その中身を検討することにする。②の人間本性論は、「人間本性」なるものの捉え方にさまざまな理解があり、その内容に幅が大きいこと（佐藤や阪本の議論は「自律性」や「自己愛追求」を「人間本性」と捉えた人間本性論的人権正当化の一種と見ることもできるし、一定の人間観を基盤とするゲワースの議論もこれに該当する）、どういう内容でそれを捉えるにしろ「人間の本性はこうである」という事実から人権という規範をいかに導くかが大きな問題になることからここでは取り上げない。（これらの点は、まさに本書全体での中心的論点であり、これらを本格的に検討した上で、「人間の本性」に基づく人権の考察を展開するのが次章以降の議論になる。）また、③の功利主義についても、そもそも「最大多数の最大幸福」に基づくその考え方が「社会全体の利益に対する優先性」（「切り札性」、第1章第1節(2)参照）を持つ人権と根本的に衝突するのではないかという疑問があり、それ自体が大きな論点となる上に[27]、功利主義者の中には本書で提示する進化生物学的人間論を功利主義と結び付ける論者もいるので、「功利主義－人権－進化生物学」の関係は、本書の議論を踏まえてその後に検討すべき課題として残すことにする[28]。よって、以下では、ゲワース、ドゥウォーキン、森村の説を検討した後、第二の「道徳的懐疑論」に分類される⑥の対話的方法と⑦の社会契約論的方法のそれぞれを見ていく。

「人権の普遍的正当化」という本書の観点からすると、前者の「自然法論的議論」に属する理論は、その中で依拠される「なんらかの客観的・普遍的な価値・規範」が本当に「客観的・普遍的」であることが示されるなら、その理論は「人権の普遍的正当性」を示すものになりうる。（もちろん、当該理論の立論が矛盾なく一貫しているのが前提である。）他方、後者の「道徳的懐疑論」

---

[27] この点の指摘は深田［1999］198頁。功利主義（特に「ルール功利主義」）では、それに従うことが長期的・全体的な「最大幸福」にかなうルールや制度が「正しい」という考え方に基づき、人権はその意味での「効用最大化」にかなうルールとして正当化が図られる。しかし、深田も指摘するように、「長期的な効用の向上」がいかに示せるのか、「長期的な最大幸福」と諸々の人権が本当に結びつくのか、人権以外にも「長期的な最大幸福」にかなう権利はないのかといった疑問がここには伴い、こうした「人権正当化」には、功利原理以外の、人間の尊厳や自由、公正といった価値が混入している感が否めない。

[28] 第4章で取り上げる内井惣七がその人である。但し、本書の主張と功利主義の相違点として、後述第5章注27参照。

3. その他の人権正当化諸説

に属する理論では、そこで「人為的な選択や決定に基づく提案」に基礎づけて人権の正当性を論証する手法や設定が、特定の（文化的）価値観に依拠せず、客観的なものと言えればそこには普遍性が見出せる。しかし、いずれの理論もそれに成功してはいないというのが筆者の考えで、そのことを以下具体的に指摘していきたい。

(1) ゲワースの「人権の弁証法的正当化」

(ⅰ) 理論の概要

ゲワースの人権論は、先に述べたようにマッキンタイアから批判されているが、日本の憲法学者の間で評価の声が高く、その影響力はかなり大きい[29]。

このゲワースの理論は、いくつかのステップに分けて考えられる。まず、①人間を「理性的（rational）で目的志向的な行為主体（purposive agents）」と捉えるところがこの理論全体の基盤になる。理性的な思考と判断をし、それに基づいて自ら善いと思う目的を設定して、それに向けて行動するところに人間という存在の特徴が見出される。そして、②かかる行為主体の行動には「自由と安寧（freedom and well-being）」が必然的に必要になる[30]。「自由」とは「関連する事情について知識を持ちながら、自らの（強制されない）選択に従って、自らの行動をコントロールできるということ」であり、「安寧」とは「行為作用に必要なその他の一般的な能力・条件」を指す[31]。これらがなくては、各人は、主体的に目的を設定しそれに向けた行動をとることができない。これをゲワースは、人のあらゆる行動に共通する特徴という意味で「行動の類的特徴（generic features of action）」と呼ぶ。自分の行動の「必需品」たるこれら「自由と安寧」は、その人にとって「必然的な善」と考えられる。③このことから、行為主体は、自分は「自由と安寧」への「権利」を持っていると考えることに

---

[29] Gewirth [1979]. その理論の紹介と評価は、佐藤 [1987a]；[1988a] 498-503頁、奥平 [1988b]、深田 [1999] 166-168頁など。その中で、例えば奥平康弘は、ゲワースの理論を、「行為と、行為にとって客観的に重要なニーズ（自然＝事実）、このニーズに対する資格づけ（公正なニーズ配分への entitlement）および万人の普遍的な権利の成立」という論理展開によって「事実から規範、そして普遍的権利へと展開するものとしての"ヒューマン・ライツ"」を根拠づけようとするものと高く評価している（奥平 [1988b] 134頁）。

[30] 「自由と安寧」は佐藤の訳語で、これに、奥平は「自由と福祉」、深田は「自由と福利」という言葉を当てている。

[31] Gewirth [1979] p.47. ここでの訳文は、佐藤 [1987a] 152頁に倣った。

図2-3　ゲワースの「人権の弁証法的正当化」の論理

① 人間＝理性的・目的志向的行為主体
→（必要条件）② 自由と安寧（行為の類的特徴）＝必然的な善
→③ 権利（類的権利）
→④ 他者にも該当＝他者も類的権利を持つ
⑤ 承認・一般化（「類的整合性の原理」）
▼
人権

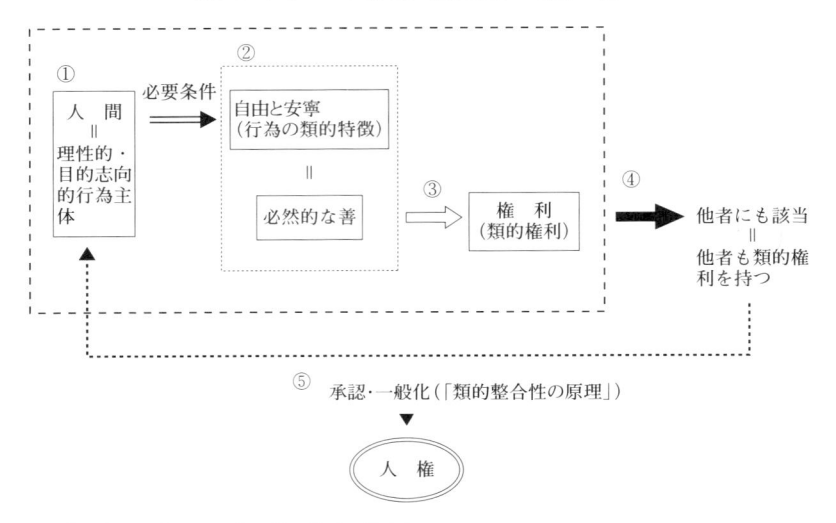

図中①〜⑤は、本文での①〜⑤の説明に対応している。

なる。というのは、もしそれを否定するなら、他者が自分の自由と安寧を妨害することを認めることになってしまい、自らの行為主体性に照らして自己矛盾に陥るからである。こうして各行為主体には「自由と安寧への権利」（これをゲワースは「類的権利（generic rights）」と呼ぶ）が発生する。このとき、自分が類的権利を持つことを各行為主体が認める根拠は、自分が、自ら充足したいと欲する目的を持つ将来の行為主体であること、すなわち自らの「目的志向的行為主体性」にある。そしてこのことは、他の「目的志向的行為主体」（すなわち他の人間）にも当然当てはまるから、④「目的志向的行為主体である者は類的権利を持つ」という一般化を、必然的に、各行為主体は受け入れなければならなくなる。そうでないと自分が類的権利を持つことが否定されてしまう。こうして、⑤互いの類的権利を相互承認した行為主体の間で、「将来の目的志向的行為主体であるすべての他者に対して、その自由と安寧に干渉することを控えるべきであるという命題」が生じ、「あなた自身の類的権利と合致するだけでなく、あなたの権利を受け入れる仲間たちの類的権利とも合致して行動せよ」という格率[32]——「類的整合性の原理（principle of generic consistency）」

---

[32] "Act in accordance with the generic rights of your recipients as well as of yourself"

3．その他の人権正当化諸説

——が導かれる。これにより、「自由と安寧への権利」が「人権」として確立する。個々の人権は、この「権利」の内容的具体化として導かれる[33]。以上のゲワースの論理を模式的に表すと図2-3のようになる。

(ii) **問題点**

「人権の弁証法的正当化」と呼ばれるこのゲワースの理論に対して、筆者は疑問点を2つ指摘したい。その第一は、図2-3①の部分での、人間を「理性的・目的志向的行為主体」と捉える見方が、果して人間理解として正確かということである。この部分はゲワースの理論全体の土台をなすところで、この理論では、人間が目的志向的に行為する主体であるがゆえに、そのための「必需品」として「自由と安寧への権利」が導かれている。また、こうした権利が生じる根拠がその主体の「目的志向的行為主体性」にあるがゆえに、そしてそのことを各行為主体が「理性的」推論に従って承認するがゆえに、それが「将来の目的志向的行為主体」すべて（すなわちすべての人間）に認められて、「自由と安寧」への権利が普遍性を持つことになる。よって、この点が疑われると、ゲワースの理論全体が揺らいでしまう。しかるに、では人間はなにゆえ「理性的・目的志向的行為主体」と見なされるのか。それは人間の特徴づけとして適切なのか。これについてゲワースに説明は見られず、人間が「理性的・目的志向的行為主体」であるという設定は根拠なく持ち出されてしまっている[34]。

筆者のこの疑問に対し、ゲワースを擁護する立場からは2つの答えが考えられる。ひとつは、ここで人間を「理性的・目的志向的行為主体」と捉えるのは、

の佐藤［1988a］502頁での訳。なお、「類的整合性の原理」は佐藤による表現で、奥平は、principle of generic consistency を「総称的な一貫性の原則」と訳している。

33 以上の過程から成立する「自由と安寧への権利」は、一般的で「一応成立を承認された（prima facie）」ものにすぎない。その具体的内容はどういうものか、それら相互の関係はどうなっているか、そして、これらの「権利」が「政治的実施と法的強行性（political effectuation and legal enforcement）」の観点からどう捉えられるかによって、個別の人権の中身が定まるとゲワースは言い、その検討を行っている。が、本書では、ゲワースの言う「人権の基礎」に焦点を当てているため、それについての検討は省く。Gewirth［1979］ch. IV.

34 個々の人間には行為主体としての能力の差があることをゲワースは認めており、人間が「理性的・目的志向的行為主体」であることに人権の基礎があるなら、そうした能力の低い人に対しては、認められる権利が小さくなるのかという反論もここでは生じる。これに対して、ゲワースは、能力の程度ではなく質がここでは根拠とされるからそうはならないという議論をしているが、人間を「理性的・目的志向的行為主体」と捉えること自体についての検討や説明はそこでもなされていない。Gewirth［1982a］pp.76-77.

人権の基礎を導くための一種の擬制であって、それが現実の人間のあり方に照らして正確か、適切か、といったことは問題ではないという答えである。しかし、それでは、人権の基礎や正当化は、現実の人間のあり方と合致しない任意の人間観に基づいて論じていいことになってしまい、例えば「高潔有徳で他人の自由や利益に常に配慮して生きる存在」という人間観を設定して人権とは人間のそういう性質から派生するものだと言ってしまえばこの話はそれで済む。しかし、そんな都合のいい人間観に基礎づけた人権正当化に説得力を感じる人はあまりいないだろう。また、ここでの人間観がまったくの擬制であるなら、人間以外の生物――例えば鰯や蟹――を「理性的・目的志向的行為主体」と「擬制」して、彼らに普遍的な「鰯権」や「蟹権」を認めるという議論だってできることになる。しかし、鰯を釣ったり食べたりすることは「鰯の生命・身体」への侵害だから許されないとか、蟹の生存権を保障するために自力では餌を捕れない弱った蟹を保護すべきといった主張を支持する人はまずいないだろう。そうではなく「人間」に人権が認められることを根拠づける理論の基盤として、ここでの人間観が設定されているわけだから、それはまったくの擬制として任意に設定されるのではなく、相応に人間の実態と合ったものでなければならない。ゲワースがここで「理性的・目的志向的行為主体」といった人間観を打ち出すのも、（どの程度かはともかく）人間は実際にそういう側面を持っていると考えるがゆえのはずである。しかし、そうであるなら、なぜそう考えられるのか、人間を「理性的・目的志向的行為主体」と捉える根拠は何かという点の説明はあってしかるべきで、無条件に、人間は「理性的・目的志向的行為主体」だという設定を持ち出すのは理論として不十分である。

そのことを踏まえてもうひとつ考えられる答えは、人間が理性を持ち、目的志向的に行為する存在であることは我々の経験上、あるいは直観上自明であって、いちいち根拠を示す必要はないという考え方である。しかし、すでに「自律」的人間観への疑問として述べたように（本章第1節(2)前半、特に注15）、人間がそのように――「自律」的、すなわち目的志向的に行動する――存在と特徴づけられるかどうかには議論の余地があり、決して自明ではない。（阪本のように「人間が自律的でも合理的でもない」ことは20世紀の諸学問を通じて明らかになった事実だと言う人もいる。前述本章注17参照。）仮にそういう側面が人間にあることを認めるとしても、人間にはその他いろいろな側面があり、そのどの部分に着目するかによって提示されるべき人間観は変わってくるから、

3．その他の人権正当化諸説

　ここで示される「目的志向的行為主体」という特徴づけが人間理解として適切なのかどうかは、より慎重に検討されるべき問題である。実際、ゲワースのこの理論では、人間についてのこの特徴づけが基盤となって以降の論理——「目的志向的行為主体」たる人間がその性質のゆえに「自由と安寧への権利」を自分に認め、さらにそれが他の「目的志向的行為主体」（他の人間）にも一般化されるという論理——が成り立つのであり、それほど重要な部分であるだけになおさらこの点が「正しい人間の捉え方」か否かを論じる必要性は大きい。根拠なくそういう人間観を提示して、それを前提に論理を積み重ねて人権を正当化するのは、根本のところで土台の甘い立論だと言わざるをえない。

　次いで第二は、図2-3の③の部分で、このような行為主体たる人間にとって「自由と安寧」が「必需品」だということから、その権利性までが本当に導き出せるかということである。これは、マッキンタイアがゲワースの理論の欠点として指摘したポイントに他ならない。ゲワースはこの部分について、行為主体が「自由と安寧」を自分にとって「必然的な善」とみなし、それを自分が生きるための必要条件と考えている場合、それが自分の「権利」であることを認めなければ、他者によるその侵害を許すことになって自己矛盾に陥るという論理でこれを正当化している。だが、行為主体が自分の目的達成や行為のためにあるものを「必要」と考えているということから、彼がそれを自分の「権利」とみなすということが導けるかどうかは疑問である。筆者にはやはり、自分が生きるため、あるいは自分が設定した目標に向けて行為するためにそれが「必要だ」ということと、それが「権利だ」ということには距離があるように思え、この点ではマッキンタイアの言い分に説得力を感じる。

　例えば、ある会社員が自分のサラリーマンとしての「善き生」のためには課長に昇進することが「必要」不可欠だと考えているとして、彼は課長になることを自分の「権利」だと考えるだろうか。それにふさわしい仕事上の実績を上げたとか、同期入社で同年齢の同僚が全員課長になっているなどという前提があるならともかく、課長になることが自分にとって「必要だ」というだけでそれを自分の「権利」だと考えるサラリーマンがいたらそれは少々虫のいい考えだと言わざるをえまい。この例から明らかなように、あることが自分にとっての「権利」だということは、自分がそれを「必要」としているという事実だけからは導かれず、それとは別に（上で挙げた「仕事上の実績」とか「年次年齢」のような）対象に対する「資格づけ」が伴う。会社員の昇進といったこと

は特定の人にとっての特定の（且つ恣意的な）ニーズであって、すべての人にとって生きて行為する上で必需である「自由と安寧」と一緒にするのは間違っているという反論があるかもしれないが、だとすれば、それは「権利」認識の根拠を、「主体にとっての必要性」ではなく、「人間一般が生きるための必須性」に置いているのであり、ゲワースの立論とは別の議論になる。そういう風に考えるなら、人間一般が生きるために必要な条件がはじめから「権利」として認められるのであって、主体にとっての必要性の認識やそれを他の行為主体にも適用するといったゲワースの弁証法的議論は必要なくなる。（というよりも、この部分のゲワースの主張が説得力を持つように見えるのは、ゲワース及び読み手の中に「人間が生きるために必要な条件は権利として保障されるべきだ」という「思い込み」が前提として先にあるからだと筆者には思える。）このように考えると、主体にとっての対象物の「必要性」を根拠にその対象物への主体の「権利」を導くのは「誤謬」を含んでいると言え、マッキンタイアの言う通り、ここでのゲワースの「権利の論証」には問題があると言わざるをえない。

　以上のように、ゲワースの理論に対しては、(a)「人間の捉え方」、(b)「必要性を根拠に権利を導くこと」の2つの点で問題が指摘できる。先に挙げた奥平の「事実から規範、そして普遍的権利へと展開するものとしての"ヒューマン・ライツ"」の根拠づけという評価（本章注29）とは裏腹に、この理論は、「事実把握」、「事実から規範の導出」の各段階で問題を含んでおり、特に後者の点は「論理の飛躍」であり「誤謬」である。佐藤や阪本の理論は「自律性」や「自己愛追求」という相対的価値に依拠した人権の「相対的」正当化であったが、ゲワースの理論はそれ以前にそもそも「人権の正当化」として失敗している。

(2) 平等基底的正当化

(ⅰ) 理論の概要

　次に、ドゥウォーキンの見解を見てみよう。ドゥウォーキンは、法を道徳とは独立したルールと見る法実証主義に反対し、実定法の背後にそれを支える道徳的原理があることを言い、そうした立場から、個人は立法に先立つ道徳的権利——「一定の道徳的理論とか政治的理論を前提にし、それによって正当化された道徳的原理によって与えられる権利」——を持つことを主張する[35]。憲法

の権利の規定はこれを具体化したものと捉えられるので、この道徳的権利は本書で検討している人権に相当するものと見てよい。ドゥウォーキンの理論の特徴は、この権利の根幹を、根本的権利としての「等しい配慮と尊重を受ける権利 (the right to equal concern and respect)」に求めるところにある。ドゥウォーキンは、他の多くの論者と違って、「自由」を基礎として人権を考えておらず、「一般的自由」への権利は認めない。各種の人権は、この根本的権利に含まれる「平等な処遇を受ける権利 (the right to equal treatment)」と「平等な存在者として処遇を受ける権利 (the right to treatment as an equal)」の2つから派生する。前者は「他の誰でも有しているのと同じ、あるいは他の誰にでも与えられているのと同じ財や機会の分配を受ける権利」、後者は「財や機会がどのように分配されるべきかに関する政治的決定において平等な配慮と尊重を受ける権利」である[36]。このうち、より基本的な権利は後者であり、前者の権利が妥当するのは、それが何らかの特別な理由によって後者の基本的な権利から導出される場合に限られる。

　自由に対する権利も、後者の基本的な権利を基礎として導出される。「個々の自由に対する個人の権利は、平等な存在者として処遇されることへの基本的権利がこれらの自由権を要求することが立証されうる場合にのみ認められねばならない」。その「場合」とは、政治的決定にあたって各人の選好が「二重計算」されるのを防ぐために、一定の自由を認めなくてはいけない場合で[37]、そこでの「立証」は次のようにしてなされる。まず、ドゥウォーキンは、自由を制限することの政治的正当化として「原理の論証」と「政策の論証」の2つを区別する。前者は、「自由の行使によって損害を被るであろう或る個人の明確に特定化された権利を保護するためには当の自由を制限する必要がある、ということの論証によって自由に対する特定の制限を支持する論証」であり、後者は、「社会全体の何らかの政治的目標を達成するためには、すなわち、単に何人かの諸個人ではなく総体としての共同体の暮し向きが自由の制限によってよりよくなるような何らかの状態を実現するために自由の制限が必要であるという異なった別の論拠でこの種の制限を支持する論証」である。簡単に言えば、

---

[35] 引用は、深田 [1986] 8頁より。
[36] Dworkin [1977] p.273, 邦訳 [2001] 66頁.
[37] 以上の説明は、Dworkin [1977] pp.273-274, 邦訳 [2001] 66-67頁。引用箇所は、邦訳67頁より。

「他人の権利への侵害を防ぐため」にある人の自由への制限を正当化するのが前者で、「社会全体での目標達成のため」に自由の制限を正当化するのが後者にあたるが、このうち後者の「政策の論証」は、さらに「理想主義的論証」と「功利主義的論証」の2つに分けられる。「政策の理想主義的論証」は、「あるタイプの生の様式のほうが別の様式よりも本質的に価値がある」ことに基づく論証であるが、「当のメンバーの意見は他のメンバーより尊重に値する」という「特定の人間の価値を割り増したり割り引いたりする態度」を含んでおり、リベラルな平等観念に反する。よって基本的にここから自由への制限が擁護されることはない。他方、「政策の功利主義的論証」は、「共同体の何らかの集団的目標を促進するために自由の制限が必要であるという自らの主張を、ただ単にたまたま当の目標が他のどの目標よりも広範に、あるいはより強く望まれているという事実に基礎づけて」正当化するものである。この論証は、「理想主義的論証」と違って、「共同体のメンバー各々の願望を他のすべての人の願望と同列に扱っている」ため、「平等な配慮と尊重を受ける基本的権利」にかなっているように見える。しかし、ここでは、各人の「願望」が同列に扱われるがゆえに、「一組の財ないし機会が自分自身に割り当てられることに対する人々の選好」である「個人的選好」と、「財ないし機会が他人に割り当てられることに対する人々の選好」である「外的選好」とが同じように扱われてしまう。しかし、後者の「外的選好」は、「財・機会の他人に対する割り当て」への各人の選好であるために、政治的決定にあたってこれがカウントされると、他人の「外的選好」の中で自分への財・機会の割り当てが志向された人の「選好」が「二重計算」され、そうでない人の選好に比べて大きな「重みづけ」を獲得してしまうことになる。よって、ここでは、「個人的選好」と「外的選好」を区別し、決定にあたって後者を排除したカウントの仕方が求められるが、実際にはこれらを正確に区別するような政治的手続を考案することは不可能である。従って、この外的選好により特に影響を受け害される可能性のある利益ないし自由をあらかじめ特定し、それに対しては、全体の選好計算に対抗する権利としての優先性を与えなくてはならない。それに該当するのが「言論」、「宗教の自由」、「性的関係における自由」、「選択の自由」などであり、よってこれらの自由はあらかじめ各人に保障されるべきものとなる[38]。

[38] Dworkin [1977] pp.272-278, 邦訳 [2001] 65-74頁．「等しい配慮と尊重を受ける権利」から人権が導出されるこの過程を、ドゥウォーキンは別のところ（Dworkin [2000]、特

3. その他の人権正当化諸説

では、その根本的権利たる「等しい配慮と尊重を受ける権利」は、どこから生じ、何に基づいて正当化されるのか。本書の問題関心からはこの点がきわめて重要である。

これについて、ドゥウォーキンの言う「構成的モデル」にその基礎を求める見方もあるが[39]、その構成的モデルと「等しい配慮と尊重を受ける権利」との関連はドゥウォーキンの記述からははっきりせず、「この方法によってこの権利を導き出していない」あるいは「意図的に判断中止をしている」という見方が一般的である[40]。しかるに、その後のドゥウォーキンは、

　　この原理〔引用者註:「等しい配慮と尊重を受ける権利」で示される平等主義テーゼ〕はきわめて基本的なものであり、通常の形式でこれを擁護することはできないと私は考える。この原理は、より広範に受け入れられて

に邦訳第2章、第3章)で、経済的に豊かな無人島に上陸した諸個人がそこでの資源を分け合う「仮想的オークション」を通じて説明している。「そこでは各人が等しく100個の二枚貝の貝殻を与えられ、それによって自分の個性、趣味、選好、信念、人生設計などにとって必要と思われる資源を自分の選択と責任によって購入する。したがって自分の人生設計からしてどうしても欲しいものには多くの二枚貝を支払う」。こうしたオークションを行い、最終的に誰もが他者の持つ資源に対して嫉妬しなくなる均衡状態に達したとき、すべての人への平等な配慮と尊重がなされていることになり、「等しい配慮と尊重を受ける権利」の具体化としての「資源の平等」が達成される。このオークションでは、各人が自分の選好や信念に照らして必要な資源を選択すること、得た資源をどう用いるかは各人に任されることが前提となっており、「平等」を達成するための条件として「思想・信条の自由」「言論の自由」などの基本的諸自由が位置づけられる。この「仮想的オークション」は、深田［1999］168-169頁、長谷川晃［1989］57-59頁で詳しく紹介されており、本注での説明はこれらに依拠している。引用箇所は、深田［1999］168頁より。

[39] 構成的モデルとは、これと対比される「自然的モデル」が、客観的な道徳的原理の存在を前提にその発見を図るものであるのに対し、「自己の道徳感覚、正義感覚、道徳的判断の全体を素材にしながら、それらと矛盾なく整合する道徳的原理群を見つけ出そうとする方法」を指す。ここでは、各人が、自分の持つ（複数の、そして時に矛盾する）道徳的信念を内省により認識し、そこに内在する道徳的原理を探す。次いで、その道徳的信念が首尾一貫した秩序をもつ一段の諸原理の結果となるように、それらの原理を首尾一貫した全体として構成しようとする。このとき、自分が認識した道徳的信念と原理が完全に適合するよう、ある時は道徳的信念を修正しある時はそこでの原理を修正するといった調整を通じて、信念と原理との「適合」が図られ、諸々の信念と統合的な原理が導かれる。Dworkin［1977］pp.160-168, 邦訳［1986］210-222頁．ここでの説明には、深田［1986］14頁、小谷野［1981］418-421頁を参照。

[40] 深田［1999］168頁、及び小林公（ドゥウォーキン『権利論』の「訳者あとがき」、同書350頁）。

第2章　人権の尊重はなぜ正しいのか

図2-4　ドゥウォーキン理論における人権と根源的価値の関係

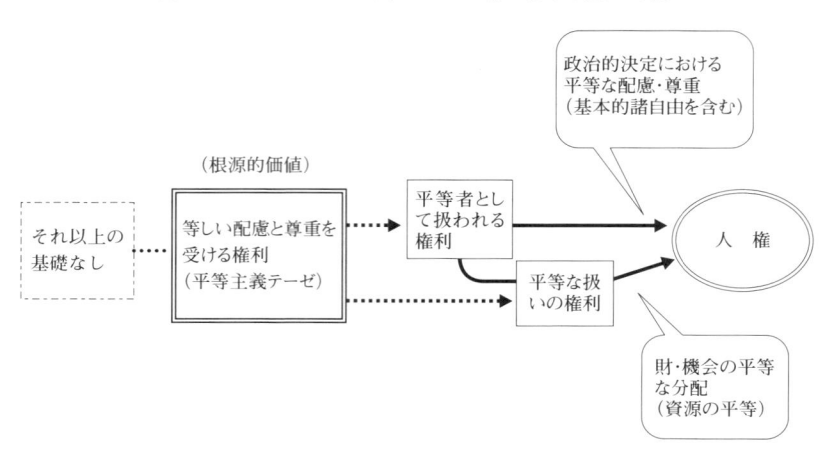

（根源的価値）

それ以上の基礎なし ┈┈ 等しい配慮と尊重を受ける権利（平等主義テーゼ）

→ 平等者として扱われる権利

→ 平等な扱いの権利

→ 人　権

政治的決定における平等な配慮・尊重（基本的諸自由を含む）

財・機会の平等な分配（資源の平等）

各種の人権は、根源的価値としての「等しい配慮と尊重を受ける権利」から派生する。この「権利」は、他の政治道徳原理や議論方法から打ち立てられるものではなく「それ以上背後に回りえない」文字通り根源的な価値である。

　　いる政治道徳のさらに一般的・基本的な原理から派生するものとは考えられない。また、この原理が、政治理論の中で浸透しているなんらかの議論の方法から打ち立てられることもありえない。というのは、こうした方法の方が、なんらかの特定の平等概念をすでに前提としたものであるから[41]。

と言って、この権利をそれ以上正当化する方法がないことをはっきり述べている。つまり、ドゥウォーキンにとってこの権利の存在は、「それ以上背後に回り得ない一つの理念的な『事実』」であって、それ以上の基礎づけのない「根源的価値」なのである[42]。

　以上のドゥウォーキンの見解を、簡潔に図にすれば図2-4のようになろう。

(ⅱ) 問題点

　ドゥウォーキンのこの理論にはたくさんの論点があるが[43]、本書で問題にし

---

[41]　Dworkin [1983] p.31.
[42]　長谷川晃 [1989] 54頁。
[43]　例えば、長谷川晃 [1989] では、ドゥウォーキンの理論において、平等の理念とは別の「ありうべき人格それ自体についての理論」の必要性が指摘されている。

3．その他の人権正当化諸説

たいのは、何と言っても、根源的価値としての「等しい配慮と尊重を受ける権利」の基礎が示されないところである。ドゥウォーキンはその存在を自明視するので、おそらくこれを普遍的な価値と考えているのであろうが、本書のように「人権の普遍的正当化」を問う観点に立つと、それがなぜ価値なのか、その基礎がどこにあり、それは普遍的な価値と本当に言えるのかを問わずにはおれない。そして、筆者は、これが汎文化的・普遍的な価値だとは必ずしも言えないように思う[44]。

実際、個々の人間に「等しい配慮と尊重」を払わない、区別的・差別的扱いを是とする価値観や文化は珍しくない。「前世の行いや因縁によって人はそれぞれ貴賤の差をもって生まれる」という発想から身分によって人を区別する文化は、インドなどで実際に見られる[45]。あるいは、「家」や「血筋」を重視する文化や時代においては、嫁に出て行く女性よりも家を継ぐ男性が、次男坊以下よりも「跡継ぎ」たる長男が「特別な存在」であり大きな配慮と尊重を受けるべきで、これらが「等しく」扱われることはないしそれが当然と考えられる。こうした「価値観」に対抗して「等しい尊重と配慮を受ける権利」を正当化するだけの根拠が示されなければ、結局は、この権利は根源的でも普遍的でもなく、それを是とする信条を共有している人だけに妥当する主観的価値にすぎないことになる。しかし、「人の生まれには前世の因縁など反映していない」ことを立証するのは現世にいる我々には不可能だし、ましてや、「前世の因縁」

---

[44] この点、小林公は、「ドゥウォーキンの『構成的モデル』を前提とすれば、この権利は英米の法文化で認められている諸権利を批判的に反省した結果、一つの仮説として提示された文化内在的な抽象的権利ということになる」と言い、ドゥウォーキンがこれを文化基底的な権利と考えている可能性を示唆している。しかし「他方この権利が純粋に『規約的』なものであり『自然』に基礎を置いてはいない、とも彼は明言していない」ので、それだけでこの「権利」の文化性を断定することはできない。（ドゥウォーキン『権利論』「訳者あとがき」、同書350頁。）ドゥウォーキンがこの「権利」を文化的なものと見ているなら当然ここでの彼の人権正当化論は文化を基礎とした「非-普遍的」なものになるので、本文ではあえて彼がこれを普遍的価値と見ていると解釈してそれに対する反論を示した。

[45] ヒンドゥーの神義論では、人びとのこの世のあり方は、「輪廻転生」の中で「それ以前にアートマンに刻みこまれた無数の罪と功徳に規定されて」おり（引用者註：前世でなした罪と功徳が現世の生まれに反映するという趣旨）、よって人間の価値は人それぞれに異なると考えられるという。個々の人間のその異質性は、カーストのうちに具体化される。こうした世界観に立つと、「高カーストには高い人間的価値が認められる反面で、低カーストにわりあてられるのはなんととるに足らぬ価値にほかならない」ことになる。木村［1981］125頁。

による個々人の貴賤の差は重要だ、尊重すべきだと考えている人に対して、その考え方は「誤り」で、そんなものを尊重せずに現世では誰もが平等に扱われるべきだと客観的に示せるかというとそれは甚だ困難だろう。個々の人間は等しく大事な存在なのか、それとも大事なのは「家」でそれを継ぐ「跡継ぎ」に大きな価値が認められるべきなのかという話も同じで、これらはやはり「価値観の相違」に帰着して決着不可能なように筆者には思える。実際、差別的価値観に対して平等主義的価値観が正当化される根拠をドゥウォーキンは示していないのであり、その点で、この理論によって人権の正当化根拠が十分示されているとは言えない。その立論の有効性をある程度は認めるにしても、少なくとも、ここから示されるのは、「平等の価値」という相対的な価値観に依拠した人権の「相対的な」正当化にとどまり、「人権の普遍性」は導かれない。

(3) リバタリアニズムにおける自己所有権論

(ⅰ) 森村進の自己所有権テーゼ

3つ目に、リバタリアンとして知られる森村進の理論を見てみよう。森村の理論は、他のリバタリアンのものと異質な面も若干あるが[46]、ロックやノージックなどこの種の理論の先駆者の議論が踏まえられた上で興味深い立論がなされており、検討に値する。

森村の人権論のポイントは、なんといっても自己所有権の概念にある。そこには「狭義の自己所有権」と「広義の自己所有権」という2つの意味があるが、そのうちまず「狭義の自己所有権」とは、自己の身体に対する所有権を指す。自分の身体は他の誰でもない自分のものであるから、各人はその身体や能力を自分の好きなように用いる自由があるというのがその内容で、ここから、人身の自由や精神的自由が具体的権利として導かれる。また、自分の身体が自分のものであることから、その身体を使った活動（労働）の産物に対しても身体所有権の延長として権利が認められる。これが「広義の自己所有権」であり、ここからいわゆる財産権が導かれる[47]。

「広義の自己所有権」に基づき自分の労働の産物への権利が導かれるのは、

---

[46] 多くのリバタリアンが人権をもともとの意味での「自然権」、すなわち自由権に限定して理解するのに対し、あとで見るように、森村は生存権や一部の人格権なども人権として認める。

[47] 森村［1995］特に18-28頁；［2001］34-41頁。

3. その他の人権正当化諸説

主に、「価値の創造」と「人格の拡張（自由権の拡張）」という2つの要素による。荒れ地を開拓すれば耕地となり農作物を育てて収穫を上げられるといった具合に、（無主の）対象物に労働を加えると、その価値は増進する。このとき、その対象物の価値が高まったのは、それに労働という働きかけを行ったためだから、それを働きかけた人、すなわち、対象物の価値を創造した人がその所有者になる。これが「価値の創造」による権利導出の考え方である。他方、「人格の拡張」からくる権利の導出とは、各人の持つ自由の領域が拡張されたものとして外物に対する権利を捉えるものである。特に制限すべき理由がない限り万人には一般的な行動の自由があり、各人は、まだ誰のものにもなっていない外物を利用する自由がある。ここで、人が外物を利用して活動しているときに他者が介入してその外物を奪ったり毀損したりすれば、本人の身体への干渉はなくともその活動を侵害することになる。誰であっても、すでに誰かが利用しているものを利用することはできないのであり、それは裏を返せば、すでに外物を利用して活動している人はそれに対する他者からの干渉を排除できるということである。こうして人は、自分が利用している無主の外物への排他的支配権を「自由の延長」として得るというのがここでの考え方になる[48]。

このようにして、人身の自由、精神的自由などの基本的自由権と財産権が「自己所有権」の具体化として生じるが、加えて森村は、それとは別の根拠——人道主義的考慮——から、生存権及び名誉・プライヴァシーの権利などの人格的権利を認める。人道主義的考慮とは、森村の言葉では「人情」あるいは「惻隠の情」を指すもので、「誰にせよ、本人のせいでもないのに極めて悲惨な状態に陥ることは、できるかぎり防止しなければならない」という最低限の生活保障への配慮からこれらの人格的権利が認められる[49]。

では、各種の人権の元になる「自己所有権」及び人道主義的考慮は、一体どこから出てきて何によって基礎づけられるのか。それは各人が持つ「道徳的直観」によってである。ここで森村は、いくつかの仮想的実例を挙げ、それに対する我々の反応を分析する思考実験を通じて、そうした「直観」が我々に存在していることを「実証」する。例えば、「臓器移植の技術が発展した社会で、心臓を患っている患者 X と肺を患っている患者 Y という2人の生命を救うため、健康人1人をくじで選んで殺してその心臓と肺を移植する」といったケ

---

[48] 森村［1995］44-59頁。
[49] 森村［1995］87-93頁（引用箇所は90頁）；［2001］45-47頁。

ースを想定してみる。われわれの大部分はこれに反対するはずだが、ではその理由は何だろうか。「くじの犠牲者には何の罪もないのに殺されるのは非人道的だ」とか「こうしたことがまかり通る社会では誰も安心して暮らせない」といった主張が挙がりそうだが、これらはよく見るとこの「くじ」に対する十分な反対根拠になっていないと森村は言う。くじの犠牲者になって死ぬ人は確かに罪もなく殺されることになるが、自分の臓器の病気のために死ぬ人だって罪はないのであり、それならばこの「くじ」によってなるべく多くの人命を救おうとすることに不合理はない。そんな社会では安心して暮らせないという反論にしても、それは「くじ」に当たる確率によるのであり、では交通事故で死ぬ確率が一定程度あるからといって我々は安心して暮らせないかというとそうではないから、その「くじ」があるからといって「安心して暮らせない」ことにはならない。結局、我々がこの「くじ」に反対するのは、我々が「自分の身体への排他的な支配権をもっている」と信じているゆえで、その「支配権」への侵害になることがこの「くじ」への最大の反対根拠になっている。こうして森村は、「われわれは意識していないにせよ自己所有権テーゼを自明の理として受け入れている」ことを明らかにし、人間の持つそうした道徳的直観に基づいて自己所有権が導かれるとしている[50]。生存権などの根拠となる「人道主義的考慮」も、同様に、我々の道徳的直観と一致するものと考えられ、これらの人格的権利もこの「直観」に基礎づけられる[51]。

（ⅱ）自己所有権の源泉

　森村の議論の特色は、人権を、自己所有権の観念（及び人道主義的考慮）から派生するものとした上で、その自己所有権の観念は人々に道徳的直観として備わっていると言い、それが「備わっている」ことを上の「くじ」の例やそれへの反対根拠を分析することから示すところにある。しかし、この点は、本書の問題関心から言って重要なところなので、より正確に見ておかなくてはならない。

　森村の言うように、ほとんどの人が「自分の身体は自分のもの」という感覚を持っているとしても、ここで示されるのは「自分の身体は自分のものであ

50　森村［1995］28-36頁；［2001］47-54頁。この他、「眼球の移植手術が簡単にできるとして、両方の眼球が健康な人の中から国が無作為で選んだ人の片方の眼球を取り出し、両目とも見えない人に配分する制度」の想定などを通じて、森村はこのことを論じている。

51　森村［1995］90頁。

る」という「事実」命題である。これは「自己の身体や行為が自己意識と密接な仕方で結びついているという事実を述べている」にすぎず[52]、「自分の身体が侵害されるべきではない」という規範的主張を含む自己所有権テーゼと同一ではない。「自分の身体は自分のものである」という事実から自己所有権を導き出すのは、いわゆる「事実から規範を導出する誤謬」にあたる可能性がある。

しかし、この点は、森村の議論にすでに織り込まれており、それを森村はこう説明する。

> このテーゼ〔引用者註：自己所有権テーゼのこと〕は、私が前の節であげたような例〔引用者註：「生存のくじ」などの例〕を持ち出して「あなたもそれを信じているではないか」と気付かせることによって正当化されるのであって、さらに根本的な規範的命題に訴えかけて正当化されるのではない。そして自己の身体の物理的支配と自己所有権との関係は、論理的な正当化の関係ではなくて、心理的なものである。つまり前者は後者の理由ではなくて、われわれが後者を信じていることの原因なのである。意識しているか否かにかかわらず、われわれの大部分は自分自身の身体や能力と規範的な意味で同一化しているが、他人の身体や能力とは同一化していない。われわれは自分で気が付くまえから自己所有権テーゼを深く信じているから、あたかもそれが自己の身体の事実上のコントロールから単純に出てくる——もしそう論ずるのだったら確かに論理の飛躍だが——かのように感じてしまうのである[53]。

一言で言えば、森村は、自己所有権テーゼに含まれる規範的要素自体が「道徳的直観」として人々に備わっていると言っている。「自己所有権の基礎になる道徳的直観」を「自分の身体は自分のものである」という自己支配の事実認識と捉え、その事実を根拠に（「自分の身体や行為は他者に拘束されるべきではない」といった）規範的要素を伴う自己所有権テーゼを導き出しているのではない。「生存のくじ」などは、そうした規範的意味を含んだ直観をわれわれが持っていることを明示するための例である。

森村の論では、自分の身体を自分が物理的に支配しているということ（事

---

[52] 森村［1995］40頁。
[53] 森村［1995］40-41頁。

第2章　人権の尊重はなぜ正しいのか

図2-5　森村による「自己所有権」を中心にした「人権の基礎づけ」

＊簡略化のため、一部人格権などは図からは省いた。

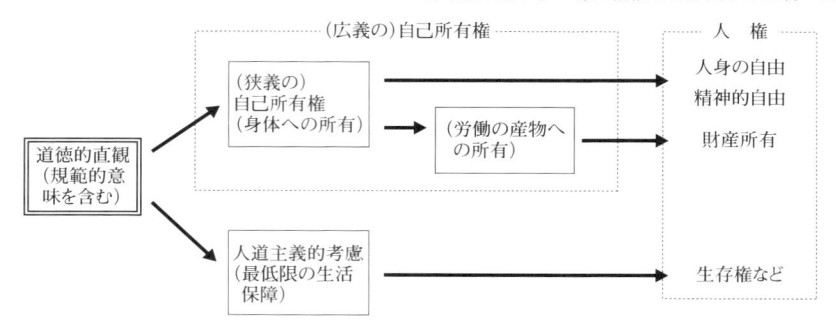

```
                    ┌─────── (広義の)自己所有権 ───────┐    ┌─ 人　権 ─┐
                    │                                │    │           │
                    │  (狭義の)                      │    │ 人身の自由 │
                    │  自己所有権 ──────────────────┼───→│ 精神的自由 │
             ┌─→   │  (身体への所有)    ┌────────┐ │    │           │
 ┌────────┐  │     │         │          │(労働の産物)│ │    │ 財産所有  │
 │道徳的直観│─┤     │         └────────→│への所有 │─┼───→│           │
 │(規範的  │  │     │                    └────────┘ │    │           │
 │意味を含む)│ │     └────────────────────────────────┘    │           │
 └────────┘  │                                            │           │
             └─→   人道主義的考慮                           │           │
                    (最低限の生活         ─────────────────→│ 生存権など │
                     保障)                                  │           │
                                                            └───────────┘
```

各種の人権は、「自己所有権」と「人道主義的考慮」から派生する。その大元は各人の持つ道徳的直観にあり、「自己所有」や「人道主義的考慮」に対する規範的意味を含んだ直観を各人が有していることが、人権の究極的な正当化根拠になる。

実)、言い換えれば、自分にとって自分の身体は他の物体とは異なる特別な特徴を持っていることは、そうした規範的意味を含んだ直観をわれわれが信じる「原因」であってそれにすぎない[54]。ここで森村が重視しているのは、そうした事実的認識ではなく、われわれは、自分の身体に関して「自分の身体は自分のものであるべきだ」「他者にそれを侵害されるべきではない」という規範的意味を含んだ道徳的直観を有しているということであり、それを森村は「自己所有権」の基礎としているのである。(他方、人道主義的考慮の方は、「誰にせよ、本人のせいでもないのに極めて悲惨な状態に陥ることは、できるかぎり防止しなければならない」という先の記述から分かるように、はじめから規範的意味をはっきり含んだ「直観」として提示されている。)

　以上の森村の理論を図示すれば図2-5のようになる。

---

[54] そうした「特別な特徴」として、森村は、「手足をはじめ自己の身体の多くの部分を自分の意志だけで媒介なしに動かすことができる」という「身体の直接的支配」、「自分の状態や動作の多くについて、観察に基づかない知識をもっている(目を閉じていても自分が椅子に腰掛けていることを知っているとか、目はテレビを見ていても自分が食べ物を咀嚼していることを知っているなど)」という「身体に関する観察によらない知識の可能性」、そして、「ある人物の感覚や思考は、本人によってしか直接感ずることができない」という「感覚のプライヴァシー(私秘性)」という3つの要素を挙げている。森村[1995] 41-43頁。

(ⅲ) 評価

　森村のこうした議論は多くの論点を含んでおり、実際いろいろなところで様々な評価や批判を受けているが、本書の観点からは、人権が何に基づいて規範として成立するのかがかなり深いレベルまで掘り下げて論じられている点がなによりも評価できる。特に、ゲワースやドゥウォーキンの理論では説明されない人権の「権利」性・正当性の根拠が、「事実と規範の峻別」を踏まえつつ説明されている点は重要である。ゲワースの論では、人権の元が「自由と安寧への権利」に置かれながら、その「権利」性がその必要性から導出されるという点で「論理の飛躍」があり、結局、人権はなぜ保障される「べき」性質を持つのか、その根拠が説明できなかった。他方、ドゥウォーキンにおいては、「等しい配慮と尊重を受ける権利」という（規範的意味をはじめから含んだ）「根本的価値」に人権の基礎が求められつつも、同「権利」の根拠は説明されないため、人権の尊重・保障がなぜ「正しい」のかの根拠には目が向けられないままになっている。その点、森村は、個別の人権が何に基づいて成立するのか、その基礎を「自己所有権の観念」や「人道主義的考慮」として提示した上で、さらにこれらの観念や考慮を我々の「道徳的直観」に基礎づけ、しかもそれが規範的意味を含んだ「直観」であることを示すことで人権の「正しさ」の根拠を明確にしている。このように根源的な次元まで人権の基礎が説明され、その正当性の根拠が提示されるところは森村の理論の大きな特徴で、それによって人権が単なる思い込みやフィクションで成立するものではなく、規範概念として確たる基盤をもって成立するものであること――人権とは人間の「道徳的直観」を根源とする権利であること――が説得力をもって提示される。のみならず、こうした深いレベルでの基礎を踏まえて森村は人権の性質や特徴、その現実的適用や解釈を論じており、人権論としての体系的な一貫性という点でも優れた立論がなされていると言える。

　だが、そうした森村の理論でも、「人権の普遍的正当性」の説明としてはまだ議論の余地が残るというのが筆者の考えである。森村の議論では、われわれの多くがかかる「道徳的直観」を持っていることは示されるが、それがいかなる要素から生じるのか、文化を超えてすべての人間がもつものなのかが不明なままである。実際、森村の本を読んだ人の多くは「くじ」の例などに反対するだろうし、「自分の身体や行為は他者に拘束されるべきではない」という直観を持っているかもしれない。しかし、では、ひとりひとり性格や考え方を異に

し、生まれた年や育った環境も違うそれぞれの読者が、同じ「道徳的直観」を持つのはいかなる要因によるのか。それは、人間が普遍的に持つ（先天的）心理的性質なのか文化的・社会的環境によって（後天的に）育まれるものなのか。（だとすればどういう要素がいかに働いてそうした「直観」が形成されるのか。）この点が明確にならないと、人権の正当性が普遍的に認められるのか文化によるのかが分からない。森村自身は、ロックの自然権論にしばしば言及しているところを見ると、「道徳的直観」を人間が自然に持つ普遍的なものと考えているのかもしれないが、本当にそれが文化を超えて普遍的なものだと示すには、森村の挙げる「くじ」の例などの思考実験を、世界中のさまざまな社会・文化で実際にフィールドワークとしてやってみるしかない。そして、もしそうしたフィールドワークを行ったとき、あらゆる社会・文化に生きる人たちが「くじによる臓器移植」に反対するかというと、実はそうではないように筆者には思える。特に、部族社会などメンバーの結びつきが強固な共同体に生きる人などの間では、その中の複数のメンバーの命を助けるために誰か一人が犠牲になったり生贄になったりするのを許容する、あるいは積極的に奨励する考え方や価値観が見られるのではないか。実際、臓器移植ではないが、旱魃や水害が「天」や「神」の怒りのせいだと考えられていた時代や社会では、その怒りを鎮め村人たちの生活を守るために選ばれた誰かが「人柱」になったという話をよく聞く。そこでは、村人多数のためにひとりが犠牲になることを肯定する価値観や信念がかなり一般的だったように思える。戦時中の日本の特攻隊などを考えても、日本という国、あるいは故郷の町や村などを守るためであれば「自分の命を投げ出すことは尊いことだ、すべきことだ」と真摯に考えていた人が相当数いたはずである。こうした事例を考えると、必ずしも「自分の身体は自分のもの」と考えられず、自分の身体や能力は、自分の好きなようにではなく村や部族のため、誰かのために用いるべきだ、それが価値あることだと考える社会や文化（的価値観）は十分ありそうである。そうであるなら、「自己所有権」とそれを支える「道徳的直観」も人間に普遍なものではなく文化的な産物であり、それに基づく「人権の正当化」も、特定の文化的価値観を共有した人に妥当する「相対的」なものとなる。つまり、「自己所有権テーゼ」によって相当深いレベルまで「人権の基礎」を掘り下げて説明している森村の理論でも、「自己所有権」という規範原理の文化相対性が否定できないゆえに、人権の普遍的正当化にはならない。

(4)「対話的方法」と「社会契約論的方法」

 以上見てきたように、「自然法論的」な諸理論では、そこで人権の根拠として持ち出される価値やテーゼの「普遍性」を示すことが困難であり、人権の普遍的正当性を示すには至らない。では、もう一方の「道徳的懐疑論」的方法ではどうだろうか。こちらは、特定の価値や規範を普遍視してそれに依拠するのではなく、価値の主観性や多様性を前提にした立論がされる点で、文化や価値観の相対性の「壁」にはね返されない人権の正当化になる可能性がある。以下、その代表的な理論である「対話的方法」と「社会契約論的方法」のそれぞれを検討してみよう。

(i) 対話的方法

 これは、人々の間でなされる対話や討議に着目し、そこでの条件やそこで得られる合意に人権を基礎づける考え方である。こうした方法をとる論者としては、アッカーマン、ハーバーマス、アレクシーなどが挙げられる。そのうち代表的なものとして、ここでは、日本の学者からも評価が高いアレクシーの理論を見ることにする[55]。

 アレクシーによれば、ある規範が正当と見なせるか否かは、それが理性的な実践的討議から導き出されたものであるか否かによって決まる。理性的な実践的討議とは、無矛盾性、賓辞の首尾一貫した使用、言語の意味の明晰性、経験的真理性、諸帰結の考慮とそれらの衡量といった要素を含む討議ルールが実現されている討議を言う。加えて、討議ルールには、①話せる人はすべて討議に参加できる、②(a)いかなる主張に対してでも全員が質問できる、(b)全員が、討議にいかなる主張でも持ち込むことができる、(c)全員が自分の考え方、願望、ニーズを表明できる、③話者の①、②の権利行使はいかなる強制によっても妨げられない、といった手続き的ルールも含まれる。こうしたルールの下でなされる討議(理想的討議)の結果、すべての人によって正しいと判断された場合にその規範は正当化される[56]。

---

[55] この3人の見解のうち、深田はアレクシーの主張に最も説得力を認めている。深田[1999] 171頁。また、渡辺康行もアレクシーの議論を評価し、その紹介と検討を行っている。渡辺[1997b]。本文での以下の記述は、Alexy [1996] による。このほか Alexy [1997] も参照。

[56] Alexy [1996] p.211. 深田 [1999] 171頁。

規範の正当化理論としてのこの「討議理論」に基づいて、アレクシーは人権の正当化を論じる。それには、討議理論自体から一定の権利の妥当性を直接示す直接的正当化と、かかる討議理論上の要請を充たした現実の政治的プロセスを通じて権利を導く間接的正当化との2つの側面がある。

まず、前者の直接的正当化として「自律性による論証」が示される。討議に真剣に参加するということは、論理的・理性的になされる討議を通じて生み出される合意によって社会的対立を解決しようとするということである。ここでは、各人が（他者からの強制ではなく）自分が正しいと判断した原理に基づいて行動することが前提となっているし、参加者はこの前提を受け入れているからこそ、理性的討議を通じて自分の主張の正しさを相手に説く。このとき、討議の参加者同士は、互いに相手の自律性を承認しているし、またしなくてはならない[57]。こうして、討議の参加者の間で「自律性の原理」が承認される。それが法による共同体の統治の必要性と結びついて法原理として表れたものが、最も一般的な基本的人権たる「自律性への一般的権利」である。この「一般的権利」の具体化として個々の自由権が導かれ、また、自律性確保のための手段として社会権や請求権などが導かれる。但し、ここには他者の権利や集合的善との調整の問題が残っているので、これらは「一応の（prima facie）」権利である[58]。

他方、後者の間接的正当化は、「合意による論証」に基づいてなされる。これは、討議ルールに基づく討議の結果、全員が合意するものに正当性を認めるもので、かかる討議を行えば「全員への人権の保障」が合意されると考えられることから人権が正当化される。理想的討議で本当に平等な人権保障が合意されるのかを疑問視する見方もあるが、アレクシーはこれを必然的結果だと言って肯定する。この「合意による論証」は「自律性による論証」を補完するもので、「自律性による論証」によって導かれた諸権利が不偏的且つ平等にすべての人に与えられることがこの「合意による論証」によって示される。つまり、「自律性による論証」によって各種の人権が導かれ、それが「合意による論証」によって不偏性と平等性を備えることで人権の普遍的な正当性が示される[59]。

---

[57] アレクシーは、そうした態度をとらない人でも、長い目で見て自分の利益を最大化しようと思うなら、相手の自律性を受け入れているように装わねばならないと言うが、この点は筆者には疑問である。Alexy［1996］p.225-226.

[58] Alexy［1996］p.222-227.

3．その他の人権正当化諸説

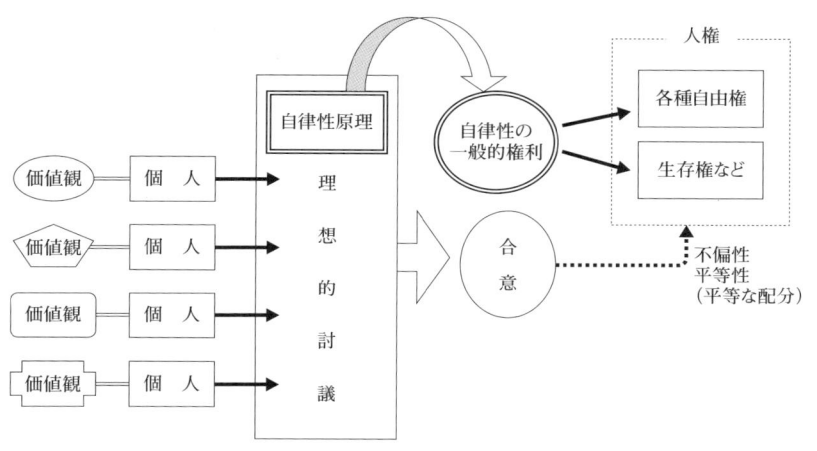

図2-6　アレクシーによる人権正当化の基本的道筋

各人それぞれの価値観を持つ個人が理想的討議に参加する場合、個々人の自律性が承認されること（「自律性原理」）が前提となる。ここから「自律性の一般的権利」が生じ、その具体化として各種自由権、生存権などが「一応の権利」として生じる。こうした権利は、実際の理想的討議において全員に平等に保障されることが合意される（はずだ）からそれによってこうした権利の「平等な配分」が肯定され、これら2段階の過程で人権の正当性が示される。

以上がアレクシーによる人権の論証の大筋だが、これを図示すると図2-6のようになる。

(ⅱ) 社会契約論的方法

　この種の議論にもいろいろな形があるが、最も有名なものはロールズの『正義論』で示される、人々が原初状態に置かれた場合にどのような正義原理に合意するかという思考実験を行う方法であろう。もっとも、ロールズの議論は、『正義論』以降さまざまな批判と議論がなされる中で微妙に修正されている。もともとは「原初状態」における人々の「合意」から成立する「正義の原理」の中に人権が位置づけられていたのに対し、その後の論文では、「正義原理」が「理にかなった包括的な宗教的・哲学的・道徳的教説の『重なり合う合意』」として説明されたり、あるいは「リベラルな社会」と「階層制社会」の代表者

59　Alexy［1996］p.227-233. なお、この他にアレクシーは「民主制による論証」を挙げているが、これは、人権と民主的手続・制度との関連を示す議論と位置づけられているのでここでは省略する。Alexy［1996］p.233.

による採択として説明されたりしている[60]。これらを総括して彼の人権正当化論を正確にまとめるにはかなり詳しい検討を要するが、ロールズ論を展開するのはここでの本来の目的ではないし、またこれらの変遷を通じたロールズの議論の基本は、もともとの構想の中心である「原初状態における合意」にあると考えられるので、ここではそのポイントをまとめてそれにコメントを加えるという形にしたい。

広く知られているように、ロールズは、個人の価値観の多様性を前提に、各人の生き方に関する「善き生」の構想が多様で比較不可能であるのに対して、それら個人が集まる社会の基本構造・ルールに関する「正しいあり方」は正義問題として検討可能という立場をとる。そして、そこで「正義」を見出す方法を次のように示す。まずロールズは、各人が、年齢や地位、財産、能力など自らの属性について知らされていない「無知のヴェール」の下にある「原初状態」を想定し、そこでそれぞれが（嫉妬や恨みなどにとらわれず）自己利益の最大化を合理的に求める場合に「マキシミン・ルール」に基づいた選択がなされると考える。マキシミン・ルールとは、各選択肢がもたらす最悪の結果を予測・比較して、その中で最も「まし」な状態が予想される選択肢をとるべきことを要請するルールであり、その結果、「平等な基本的諸自由の十分に適正な体系に対する等しい権利」をすべての人に保障する第一原理、「公正な機会原理」と「格差原理」からなる第二原理という「正義の二原理」が人々に選ばれ合意される。この第一原理から「基本的自由に対する平等の権利」が生じ、第二原理は社会権につながる。前述のように、ロールズの議論はその後修正されているが、各人多様な「善き生」と区別した「正義」の領域設定と「原初状態における合意」に正義の基礎を求める基本的な方法論はその後も維持されており、ロールズの「人権の基礎」に関する見方の基本がここに求められることは間違いない（図2-7参照）。

(iii) 間主観的「基礎づけ」の問題点

これら２つのタイプの見解は、いずれも価値を人によって主観的で多様なものと捉え、各人の価値観同士の優劣比較は不可能であることを前提とした上で、人びとが相互交渉する舞台設定とそこでの「合意」に人権の根拠を求めている。「合意」という人間の実践的な営為に着目することで、特定の価値を持ち出す

---

[60] Rawls [1971]; [1993]. 以下本文での説明には、深田 [1999] 174-180頁のほか、川本 [1997]、山田 [1994]、玉木 [1993] などを参照した。

3．その他の人権正当化諸説

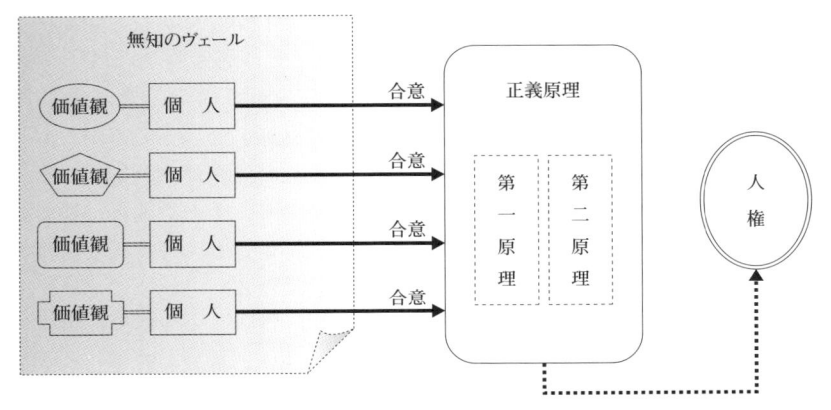

図2-7　ロールズの「原初状態」において人権が導かれる道筋

「無知のヴェール」の下に個々人がいる「原初状態」を想定したとき、そこでは「平等な基本的諸自由への等しい権利」と「公正な機会原理」「格差原理」を内容とする正義の第一・第二原理が合意される。これらの正義原理から派生しすべての人に保障されるのが人権である。

ことなく、人権という規範を多様な価値観の尊重と両立させて正当化しようとするところがその最大の特徴である。同時に、その「合意」に至るコミュニケーションや交渉の手続的な条件を規定することで、その「合意」自体の合理性、正当性の確保が図られるところも重要な特徴と言える[61]。

　規範的ルールの基礎を「合意」におき、「合意」したルールだからそれを受け入れる（べき）というのは、我々の実生活上かなり馴染み深い感覚である。個人の生き方に関する判断や目標が「合意」によって正当化されるということになると多くの人が異を唱えるだろうが、それと「個人間での行為規律のルール」を区別し、こちらの「間主観的な」正当性を人々の「合意」に基礎づけるという立論は、そのため非常に説得力がある。そして、その「合意」が、一部の人が納得しないまま、あるいは理不尽な形でなされるのを排するために、そこに至る手続的な条件を規定し、「合意」そのものの有効性・正当性を確保しようとする論理も筋が通ったものに思われる。そうした意味で、この種の理論は、人権の正当性を示す方法論として優れた構想だと言える。
　とはいえ、ではこのタイプの議論に問題はないのかというと決してそうは言

---

[61] 平井［1993］325-326頁。

えない。個々の理論の詳細に関わる論点は別として、ここでは根本的な部分に限定して話をすると、これらの理論における「設定」がなによりも問題になる。これについては深田による指摘がすでにあるのでそれを参照すれば[62]、「対話的方法」であればなぜ「理想的討議」という設定を行うのか、「社会契約論的方法」であればなぜ「無知のヴェール」や「原初状態」という設定がそもそもされるのか。深田は、こうした「設定」を持ち込むこと自体が、結論として人権原理を導出するための一種の舞台装置になっており、その立論は一種の論点先取だと言っている。事実、アレクシーの理論にある通り、理想的な討議のためには参加者の自律性とその相互尊重が前提条件になる。ということは、理想的討議の理論から人権の正当性が導かれるというよりも、「理想的な討議」という設定を最初に持ち出した時点で参加者相互が一定の権利を尊重し合うという人権原理の基本要素がすでに承認されていると言え、ここに論点先取が見られるという批判はかなり的を得たものだと筆者も思う。同様に、ロールズの議論も、「無知のヴェール」の下での「原初状態」という設定の中に各人の平等性が組み込まれており、「出発点の根本的観念にすでに結論が暗黙的に含まれている」という批判は免れない[63]。

　この点は、角度を変えて見ると、「合意」をもって規範やルールの正当性の根拠とすることの意味は何か、合意をなぜ重視するのかという問題になる。上述のように、合意によって規則やルールができることは現実にしばしばあるし、我々の多くが「合意したことだからそこで決まったルールには従うべきだ」という意識を実際持っていることは確かである。しかし、よく考えてみると、ここにはすでに一定の価値・規範の承認が含意されている。「合意」されたがゆえに一定の価値・規範が正当化されるという以前に、「合意」をもってなにかの価値・規範の正当性が示されると想定すること自体に、一定の価値・規範が前提として認められている。(我々の多くが「合意したことだからそこで決まったルールには従うべきだ」と実際思うのは、その前提的価値・規範を我々がすでに承認しているからである。)「合意」というのは、文字通り、そこで提

---

[62] 深田［1999］174-180頁、199-201頁。
[63] 深田［1999］200頁。同じ指摘はゲワースからもなされている。実際には人間は「無知のヴェール」下にいるわけではないから、「無知のヴェール」の設定は、誰もが自分の利害状況について無知であるという平等性を仮定することであり、ロールズの議論は循環論に陥っているとゲワースは言う。Gewirth［1979］pp.44-45.

3．その他の人権正当化諸説

示された規則なりルールなりを、当事者であるAさんもBさんもCさんも受け入れることを意味する。AさんとBさんはそれに同意しているがCさんは反対しているという場合は「合意」ではないし、AさんとBさんの賛成をもってCさんを含めた3人の間にそのルールが適用されることになれば、そのルールは「合意」によって成立したとは言わない。Cさんの意見は聞かなくていいとか、Aさんが賛成しているならそれで他の人の反対は凌駕されるという考え方は「合意」の尊重となじまない。すなわち、「合意」とは、参加者全員の意思を同じ重みをもって扱うことを前提としており、「合意」をもって規範の正当性の根拠にするということは、その時点で、参加者各人の「平等な扱い」を規範的意味で肯定する──参加者を平等に扱うべきことを認める──ことを意味している。

　だとすると、これら「対話」や「原初状態」における「合意」に人権の正当化根拠を求める議論は、「各人の平等な取り扱い」を価値視することを大前提としたもので、しかしそのことが意識されていない（暗黙裡に承認されている）ために、それが価値であり「正しい」のはなぜか、それは普遍的に「正しい」ことなのかそれともある文化的価値観を前提に「正しい」とされることなのかが不明なままである。その点で、これら「間主観的」人権正当化論は、価値観の多様性を前提とすると言いつつ、先述のドゥウォーキンと同じ「各人の平等な取り扱い」を根源的価値として認め、その上に成立する人権正当化である。そうすると、これらの理論に対しては、ドゥウォーキンのところで指摘したのとまったく同じことが当てはまることになり、「各人の平等な取り扱い」を「正しい」としない価値観や文化も十分ありえるから、この価値は普遍的とは言えない。よって、これらの「人権正当化」もまた、人権の普遍的な正当化ではなく、「各人の平等な取り扱い」を価値とする文化や社会にのみ妥当する相対的な正当化にとどまる[64]。

---

[64] それに加えて、これら「間主観的」人権正当化論には、佐藤や阪本、ゲワースに対して指摘した人間観上の問題点も当てはまる。すなわち、「理想的対話」や「原初状態」において何かの規範原理が「合意」されるとする想定には、「人間はこういうものに対して合意する」という人間理解が含まれている。もう少し具体的に言えば、「理想的対話」では、論じられている対象が論理一貫して筋が通っていると思うときに人間はそれに合意するという「合理的人間」像が想定されているし、「原初状態」では、想定されているルールが自分にとって最も利益的だと思うときにそれに合意する「利己的人間」像が想定されている。論理性に重きをおかず、目先の損得のみを判断基準にしている人に、あるルールが合

4．人権正当化論の問題点

　以上見てきたように、人権の正当化を示す理論には様々なものがあるが、そのいずれも人権の普遍的な正当性を示すには至っていない。それは、これらの理論が、人権を、究極的なところで「自律性」「各人平等な扱い」などなんらかの価値に依拠して正当化するからである。佐藤は人権の根拠を「自律性の価値」に見出し、それを批判する阪本も暗黙裡に「自己愛追求」の価値性を前提にそこに人権を基礎づけている。ゲワースの理論は「論理の飛躍」を犯す点でそもそも「正当化」に失敗しており、ドゥウォーキンは「各人の平等な扱い」という価値から人権を導く。アレクシーやロールズの「間主観主義」理論も、「各人平等な取り扱い」という、ドゥウォーキンが根本的価値として想定するのと同じ価値を根本に置き、それに依拠した立論である。しかし、これらの中で根本的価値として位置づけられている「自律性」や「各人平等な扱い」などは普遍的に妥当する価値ではない。それを価値として信奉する人や社会はたくさん存在するだろうが、そうでない人や社会も存在する。その場合、文化相対主義の先の主張に照らして、他の価値観や文化に比して「自律性」や「各人平等な扱い」を信奉する価値観や文化が「正しい」とか「価値がある」とは言えず、ましてやそれを裏づける客観的な評価基準はないから、これらは、その価値観にコミットした人にとっては「正しい」がそうでない人にとっては「正しくない」、相対的な価値である。とすると、「自律」や「各人平等な扱い」の価値性に基づいて人権を正当化する以上の諸理論は、その価値観を共有する人や社会にのみ妥当する人権の相対的な正当化にとどまるのであって、多様な価値観を持つ社会や文化にまたがった、人権の汎文化的・普遍的正当化にはならな

　理的だと対話を通じていくら説いてもその人は納得しないだろうし、自分の生存や損得を度外視してひたすら他人の利益に尽くすことだけを考えている人は、「無知のヴェール」の下でもマキシミン・ルールに基づいた選択はしないだろう。このことから、「合意」に規範の根拠を求める場合には、人間をどのように捉えるかという問題が結論を左右する論点として存在することが分かる。言い換えれば、人権の基礎や正当化を「合意」に求める議論では、どういう人間観、人間像を前提とするかによって、そこでいかなるルールが合意されると考えられるかが変わる。とすると、そこで取られている人間観が人間の捉え方として適切なのかという問題が、これら「間主観的」な人権正当化論の結論を左右する論点として浮かび上がってくることになり、その点での検討と根拠付けの必要性がこれらの理論の課題として残っていることが指摘できる。

い。
　その中で、森村は、「自己所有権」と「人道主義的考慮」を人権の基盤とした上で、それらの規範性（価値性）を人びとが持つ道徳的直観に基礎づけて提示しており、その理論はより根源的な人権の正当化になっている。しかしそれでも、そうした道徳的直観の普遍性には疑問が残り、その「直観」が文化によって規定された相対的なものである可能性は否定できない。その意味で、森村の理論も、文化相対主義の「壁」を越えているとは言えず、人権の普遍的正当化には不十分である。

第3章　人間の「本性」とは：「人間の普遍」の生物学的探求

1．生物学的観点の活用

　前章で見たように、従来の人権正当化論は、明示的にもしくは暗黙のうちに一定の価値を想定し、それに依拠して人権の正当性を導くという立論になっているがゆえに、文化相対主義から提示される「文化による価値観の相対性」の壁に阻まれて、人権の普遍性を示すものにはならない。このことから、人権その他の規範の普遍性を示そうとするなら、考え方を根本的に見直し、価値観のように文化や時代によって多様で相対化するものに依拠する形を脱して、人間に普遍的な要素を基盤とした理論構築が図られねばならないことが分かる。

　とは言うものの、では、人間に普遍的なものとは何か。そもそもそんなものが本当にあるのか。仮にあるとしても、一体どうやってそれを見出せるのか。価値観に限らずとも、まさに文化相対主義で指摘される通り、人間の暮らしぶり、社会の風習・風俗、慣行、常識などは、国や地域により、また時代によりきわめて多様でバラエティに富んでいる。アフリカの広大なサバンナで牛や羊の群れと共に一日を過ごすマサイ族の暮らしは、すし詰めの地下鉄で通勤しコンピュータにかじりついて仕事をする東京の会社員とは天と地ほど違うし、毎日5回も神に祈りを捧げ宗教的戒律を厳格に守って一生を送るイスラム教徒がいるかと思えば、今の日本では、初詣は神社に、結婚式は教会で、葬式はお寺で、と行事に合わせて宗教を掛け持ちする人がたくさんいる。国による違いでなくとも、学者の生活と力士の生活はまったく違うし、北海道の漁師と六本木のソムリエでは立ち居振る舞いや使う言葉、服装や生活パターンに大きな差が見られることは想像に難くない。個々の国や社会、個々の人間のそうした相違を詳しく見れば見るほど、それぞれの隔たりが浮き彫りになり、そこに共通の、

第3章 人間の「本性」とは

人間に普遍的な要素——「人間の本性」——を見出すのは難しいように思えてくる。

　しかしながら、人間やその社会が多様か、それともそこに共通の要素が見出せるかというのは二者択一の問題ではない。人間の具体的な行動や生活様式が多様であっても、そこに共通の要素は十分見出しうる。タキシードと浴衣、インドのサリー、韓国のチマチョゴリは、それぞれ形状も着方も大きく異なるが、身体を覆い装飾する衣服だという点で共通である。要は、対象に対する視点の取り方の問題で、対象に接近しそのディテールを比較していけば差異が強調される場合でも、対象から遠ざかってそれを「引いた視点」で見ればそこに共通の要素や機能が見出されることはおおいにある。よって、人間すべてに共通する普遍的な要素や性質を見出そうとするいわば「大きな」探求のためには、人間の具体的な行動や生活様式に接近しそのディテールに分け入っていくミクロ（マイクロ）な視点ではなく、人間という存在を「引いた」視点で眺めるマクロの、巨視的な視点に立つことが重要になる。

　そうした「引いた」視点を意識したとき、いかなる文化の下に暮らす人、どういう時代の人にも共通する、人間に関する明白な事実がひとつある。それは、人間が生物だということである。現代では人間はみな生物になったが石器時代の人間は生物ではなかった、日本人やヨーロッパ人は生物だがニューギニアの奥地には生物ではないヒトが生息している、といったことはない。いかなる時代、地域、文化の人間も例外なく生物なのであって、地球上の生命進化の中で出現したホモ・サピエンスという生物種の一個体としてこの世に存在する。従って、人間に普遍的な要素を見出そうという場合には、生物として人間を捉える生物学の観点をとることが有用と考えられる[1]。こうした観点から人間を分析し、人間が生物として持つ特徴や性質を明らかにできれば、それらは人間に普遍的な特徴や性質だと言えよう。実際、近年では、生物学の領域での人間研究が非常に盛んになっており、そこでは、それまでの人文学的な人間研究とは違った新しい知見が多々生み出されている。そこで本章では、これらの知見に依拠しながら「生物としての人間」が持つ特徴や性質について考え、人間に普遍的な要素として何が挙げられるかを見ていきたい。

---

[1] これに対して、いわゆる「創造説」に基づいて、人間は神が自分の姿かたちに似せて作ったと考えるなら本章の議論は成り立たない。この点、筆者は「創造説」を採らず、人間は生命進化の中で誕生した生物だという認識を前提に以下議論を進める。

2．生物の「目的」

(1) 遺伝子の視点と生物の「利己性」

　生物学にもさまざまな領域や考え方があり、その中で対立する理論や立場も多く、「生物学的観点」と言っても具体的にどういう観点を指すか、特定は必ずしも容易ではない。しかし、近年の生物学において最も特徴的で影響力のある理論を提示した理論家がリチャード・ドーキンスであることを否定する人はまずいないだろう。彼の『利己的な遺伝子』は世界的なロングセラーになり、その内容は、分野と国境を超えて我々の「知」に衝撃的と言っていいほどの影響を及ぼした[2]。彼の主張に賛同するにしろ反対するにしろ、その後の生物学はそれを無視しては成り立たないし、我々が持つ生命観や人間観ですら、今や彼の主張と無関係には成立しないと言っても過言ではない。そこで、本章では、ドーキンス及び彼と立場を同じくする進化生物学者の考え方を基本とし、併せて、その後の関連する研究成果にも目を向けながら生物や人間についての考察を進め、その中で、人間に普遍的と言える要素を特定するという作業を行いたい。

　この場合、「生物学的観点」としてともすると想定されがちな、人間の具体的な性質の中に動物と共通のものを探すとか、人間の中に「動物」的・原始的な部分と「人間」的・理性的な部分との二面性を見出すといった議論とは、話の発想がまったく別になる。この点は後で第5節にて整理するが、筆者がここで「人間を生物として捉える」と言うのは、「人間の中にある"動物的な部分"を抽出する」ような話ではなく、生物一般に妥当する基本的・自然的な原理や法則に照らして人間の性質や行動を捉えることを意味する。そういう視点を与えてくれるのがまさにドーキンスその他の進化生物学者の理論なのであり、そのドーキンスの考え方の基本は、──「利己的遺伝子」という言葉に表れる通り──「遺伝子の視点」と「利己性」という2つのキーワードに集約される。

　地球上の生命は、水、二酸化炭素、メタン、アンモニアなどの化学原料が漂

---

[2]　Dawkins [2006]．もっともその内容はドーキンス一人の独創ではなく、W・ハミルトンやG・ウィリアムズなどによる研究成果を踏まえてそれをまとめた、言わば「近年の進化生物学の集大成」と位置づけられるべきものである（長谷川・長谷川 [2000] 70頁）。

う「原始のスープ」であった30〜40億年前の海の中で、太陽からの紫外線などの影響で有機物が化合して大型の分子ができたところから始まったと考えられている。億年単位の時間の中で、複数の分子を構成要素とする大きな分子の鎖が生まれる。このとき、その構成要素である個々の分子に、自分と同じ種類のものへの親和性を持つものがたまたま生じると、個々の分子が自分と同じ種類の分子を自らにくっつけることで全体として二重の「大きな分子の鎖」ができる。それがなにかの偶然で縦に裂ければ、元の「大きな分子の鎖」が2つになり、その各々がさらに自分の複製を作りつづける。これが「自己複製子」たる有機分子の誕生であり、生命の起源である。自己複製子は時間と共にその数を増やすが、(いかなるものの複製過程もそうであるように) その過程では複製の誤りが時折生じる。すると、そこで誤って生じたコピーの中に、より分解されにくい、安定的な分子の結びつきを持ったもの (つまり「長生き」するもの) がたまたま生じることがある。あるいは、複製の速度が速いもの (つまり「多産」なもの) が偶然できることがある。この場合、これら「長生き」複製子や「多産」複製子は、そうした「複製の誤り」が生じなかったものに比べて多くの複製を作って残していく。それと同時に、こうした自己複製子の数が増えるにつれ、周辺の世界からそれを構成する分子がどんどん使い果たされていくから、その分子は貴重な資源になる。となると、自己複製子間には複製の競争が生じ(「本人」たちにはもちろんそんな意識も認識もないが)、他のものよりも効率的にその資源を獲得して複製を行えるものが、そうでないものを淘汰して数を増やしていく。自分のまわりにタンパク質の物理的壁を設けるなどして自らの存続の安定性を高めた自己複製子や、競争相手の分子を化学的に破壊する方法を「発見」し、それによって放出された構成要素を自己のコピーの製造に利用する自己複製子などがその例である。ここで言っている自己複製子が「遺伝子」にあたり、そのタンパク質の「容れ物」は「細胞」、競争相手を破壊してその構成要素を自分のために利用するものは「原始食肉者」である[3]。

　このような自己複製子の自己複製競争状態がいったん生じると、それは、誰の意志や意識が関与せずとも自然とエスカレートし、自己複製子とその「容れ物」は、他の自己複製子とその「容れ物」に対抗して資源を確保し複製を増やせるよう、そのために有利な作用や機能を備えて複雑化していく。(主体的に

---

[3] Dawkins [2006] 第2章.

「備える」というのは誤解を招きかねない表現で、外界からの資源確保と複製の効率化にかなうような、そういう作用や機能を伴う変異をたまたま生じさせた自己複製子がその数を増やすことで、結果的にそうした作用や機能がその複製子孫に蓄積されていくというのが正確な言い方である。）それがさらに大きく、手のこんだものになったのが「生物個体」である。ここで自己複製子たる遺伝子は、自らを「タンパク質の容れ物」で保護した上で、その「容れ物」ごと複数が結合し、その全体を組織化し協働させて、自己複製に必要な資源を外界から効率的に取り入れるようになる。（同じように「容れ物」ごと結合した他の自己複製子を排除したり、逆にその攻撃から身を守ったりすることを含む。）このように考えると、生物個体とは、自己複製子たる遺伝子が自らの複製を安定的・効果的に達成するため、自分が住む「生存機械」として築いた「乗り物」と見ることができる。個体に「乗った」遺伝子は、その個体に子どもを作らせることによって新しい「乗り物」に自らの複製を乗せ、さらなる複製を続ける。その「乗り物」は「種類によってその外形も体内器官もきわめて多様」化し、「タコはネズミとは似ても似つかないし、この両者はカシノキとはまったくちがう」が、

> 基本的な化学組成の点では、それらはかなり画一的である。とくに、それらがもっている自己複製子、すなわち遺伝子は、バクテリアからゾウにいたるわれわれすべてにおいて基本的に同一種類の分子である。われわれはすべて同一種類の自己複製子、すなわちDNAとよばれる分子のための生存機械であるが、世界には種々さまざまな生活の仕方があり、自己複製子は多種多様な機械を築いて、それらを利用している。サルは樹上で遺伝子を維持する機械であり、魚は水中で遺伝子を維持する機械である[4]。

　最初、「ライバルとの化学的戦いや偶然の分子衝撃の被害から身をまもる壁を遺伝子に提供していたにすぎなかった」生存機械は、「原始のスープ」の中の有機性食物がすっかり使い果たされたとき、「自らが直接日光をつかって単純な分子から複雑な分子をつくりはじめ、原始スープの合成過程をいっそう大きな速度で再演」する「植物」と、「植物を食べるか他の動物を食べるかして、

---

[4] Dawkins [2006] 邦訳29頁.

第3章　人間の「本性」とは

植物の化学的仕事を横取りする方法を『発見』した」「動物」との2つの枝に分かれた。これらはその後も「さまざまな生活方法で自己の効率を高めるべくさらに巧妙なからくりを発達させ、たえず新たな生活方法を開発していった」ため、この2つの枝はさらに細かく分岐し、「海で、地上で、空中で、地中で、樹上で、はては他の生物の体内で」くらしをたてていくよう枝分かれしていく。こうして、様々な生活環境の下でそれぞれバラエティに富んだ形で生きる多種多様な生物種が生まれる[5]。

こうした「遺伝子の視点」に立って生命とその進化を見ると、生命の本質は、自己複製子たる遺伝子が自らの複製を増やすことにあり、生物の進化とは、遺伝子が自らをより安定的・効果的に複製させてきた、そしてそのための「乗り物」を発達させてきたプロセスと見ることができる。各種の生物に相当する「乗り物」は、同一種の他の「乗り物」あるいは他種の「乗り物」よりも安定的に自らを存続させ、そのために必要な食物、テリトリーなどの資源を確保し、（有性生殖種の場合は）配偶相手を確保して子どもを作り、そこに「乗組員」たる遺伝子の複製を乗せるよう、それらの面で一層の効果と機能を発揮するように、進化の中で改良されていく。それはあたかも、遺伝子が自ら意志を持ち、自分の複製を最大限に達成するように、それに向けた利益を最大限に確保するように「乗り物」の機能を発達させ、動かしているかのようであり、このことを指してドーキンスは「利己性」を、遺伝子の、そして生物の根源的で普遍的な特性と指摘した[6]。

---

[5] 引用箇所は Dawkins [2006] 邦訳66頁。「遺伝子」は現在では誰もが知っている言葉だが、淘汰の単位としての「遺伝子」を具体的に特定すること――染色体の特定の部分を淘汰の単位として指し示すこと――は難しい問題で、これについてはドーキンスをはじめ進化を論じる多くの生物学者が重要な問題として議論している。それに関連して、遺伝子や細胞がどうやって協働して個体を作りそれを組織化するのか、個体が持つ機能や性質は遺伝子とどういう関係にあるか（個体に表れるひとつの形質は特定のひとつの遺伝子と一対一対応になっているわけではなく、ひとつの形質の発現には複数の遺伝子が関わる。だとすれば、そうした遺伝子の協働は進化の過程でいかに生じたのか、目のように複数の細胞が集まって複雑な機能を分担する組織の進化がいかに可能になったのか）、有性生殖と無性生殖の相違はなぜ生じたのかといった進化の過程に関するさまざまな疑問が浮かぶが、それをここで個々に取り上げて論じるわけにはいかないので、ドーキンスその他の進化生物学者の説明を参照されたい。例えば、Alexander [1979]；[1987]、Maynard Smith [1986] など。

[6] このときの「利己性」が一種の比喩表現であること、また、そこにはそれを「いい」とか「悪い」とか評する規範的ニュアンスはなく、遺伝子複製に向けたメリットを志向しデ

そうしたいときにはいつでもまともな用語になおせるという自信があるなら、不正確を承知の上で、遺伝子が意識的な目的をもっているかのように語ることができよう。そうしたら、われわれは次のように問うてみることができる。では個々の利己的な遺伝子の目的はいったい何なのか。遺伝子プール内にさらに数を増やそうとすること、というのがその答えである。それ、つまり個々の遺伝子は、基本的には、それが生存し繁殖する場となる体をプログラムするのを手伝うことによって、これをおこなっている[7]。

　この引用に示されている通り、遺伝子が「利己的」だということは、生物進化と生命の活動が、究極的に遺伝子の複製に、それを効果的且つ安定的に達成することに向けられており、そのために細胞を集めて協働させた「個体」という「乗り物」を作り、その「乗り物」に自らの複製に適した性質と機能を備えさせそれに向けた活動をさせて「遺伝子複製」=「繁殖」を図っているという意味である。（繰り返すが、遺伝子には意志も意識もないので、この表現は比喩であって、正確には「繁殖とそのための資源獲得を図っているかのような行動と現象が生じる」ことを指す。）これを個体レベルに焦点を当てて言い換えれば、生物個体の「目的」は「繁殖」にあり[8]、各生物個体はそれを効果的・安定的に達成するための機能や性質を、自らの身体的・行動的特徴として進化の中で発達させてきた。その機能や性質を発揮して、「繁殖」のために、それにプラス（利）となる様々な活動を行うのが生物個体の一生である。

(2) 自然淘汰と生物の形質

　生物の目的が「繁殖」だというのは、直接的な生殖行動（有性生殖動物であれば異性との性交渉）だけを指してその生物個体の目的だと言っているのではない。繁殖するにはまずそれができるまで自分が生き延びなければならない（繁殖できるほどに自分の身体が成熟し、実際の生殖行動を行うに至るまで生

メリットを回避するという事実的な意味であることは、ドーキンス自身が繰り返し強調するところである。
[7] Dawkins［2006］邦訳128頁.
[8] ここで言う「目的」も一種の比喩であり、ここでの表現が「生物がすべて意識的に『繁殖』を目指して生きている」という意味ではないことは言うまでもない。

き延びることはもちろん、子どもの独り立ちに時間と養育の手間がかかる種の場合はそうした「子育て」が完了するまで)。その意味で、ここで言う「繁殖」にはその至近目的としての個体の「生存」が含まれる[9]。また、実際に個々の生物が生存し繁殖するには、食べ物、テリトリー、配偶者といった「資源」が必ず必要で、個々の生物の生存・繁殖活動は、具体的にはそうした資源を自分の周りの環境の中で(しばしばライバルとなる同種・多種の生物個体に対抗して)確保するための活動として生じる。よって、生物の目的としての「繁殖」とは、産卵や性交渉などの文字通りの繁殖活動に加え、そのためにまず自分が生存すること、自分と子どもが生きるために必要な各種の資源を獲得することを内容とする。一言で言えば、「自らの生存・繁殖とそのための資源獲得」がここでの「繁殖」の中身であり、これを目的として生物は生き、一生の活動を行うというのが、「遺伝子の視点」に立ったドーキンスの理論から導かれる生物の一般的テーゼである[10]。

　実際、植物や動物の行っている活動を考えると、それらが現に上述の意味での「繁殖」に向けられていることが分かる。植物は、基本的に、水や酸素や日光といった「資源」を体内に取り入れ、それによって光合成をして自らを維持し成長させ、胞子や種を作って子孫を作るという活動をするが、これらがいずれも生存と繁殖に向けられているのは明らかである。動物の場合、種によって具体的な行動には多彩なバリエーションがあるものの、これも基本的に、食べ物を探して食べ、捕食者を回避し、適切な気候や気温の場所に移動するといった「生命維持活動」と、異性への求愛、交尾、産卵、出産、子育てなどの「繁

[9] 繁殖ではなく生存の方を生物の第一目的と見る人がいるかもしれないが、繁殖には生存を脅かすほどのリスクやコストがしばしばかかる。例えば、産卵や出産には個体の生存を脅かすほどのリスクがあるし、配偶者の獲得のために命を危険にさらすほどの激しい競争(特にメスをめぐるオス同士の競争において)が見られることも多い。卵が他の動物に食べられないよう見張っているとか、天敵の目をかいくぐって子どもに餌を採ってくるのもそうで、こうしたことを考えると、繁殖こそが生物の「究極目的」であって生存はその「至近目的」と考えられる。詳しい説明は、拙稿 [2003-04] 第II章参照。この点は、Alexander [1987] ch.1 でも詳しく検討されている。
[10] 「繁殖が生物の目的」と言うと、「種の保存」を目指して生物が生きているという意味にとる人がいるかもしれないが、これは完全な誤解である。本文で述べている通り、「自らの生存・繁殖とそのための資源獲得」がここでの「目的」の意味内容であり、「種」全体の利益や保存を目的に生物が動くということではない。「種の保存」論やそれを導く群淘汰理論が「科学的に誤り」であることは近年の進化生物学で特に強調されるところである。その説明は、例えば長谷川・長谷川 [2000] 第4章。

2．生物の「目的」

殖活動」に集約される。目に見える行動のみならず、呼吸や消化などの内臓の働きや、筋肉を作る、精子や卵子といった生殖細胞を作るといった体内の活動も「生命維持活動」か「繁殖活動」になっており、植物も動物も含めて、生物の活動は基本的に「生存・繁殖・そのための資源獲得」に向けられていると言える。

　このことは、さらに、個々の生物個体が持つ形質の進化を見ることからも裏づけられる。トラやライオンは鋭い歯や爪を持つが、それは、生命進化の枝分かれの中で「他の動物を食べて栄養を取り入れる」路線を進んだ彼らの祖先が、その路線を進む上で生命維持や繁殖に適した歯や爪を進化させてきた結果である。こうした形質をトラやライオンが持っているのは、一匹一匹のトラやライオンが生まれてから歯や爪を一生懸命研いだためではなく、そうした形質を発現させる遺伝情報を彼らがその親から受け継ぎ、それが発現したためである。ではなぜそうした遺伝情報がトラやライオンに生じたかと言うと、それは「自然淘汰」による。まだそれほど歯や爪が鋭くなかった彼らの祖先種が子どもを作りその歯や爪を受け継がせる中で、「突然変異」によって親よりも少しだけ鋭い歯や爪を発現させる遺伝情報を持った子が時たま誕生する。するとその子は、他の個体よりも効率的に獲物を捕まえその肉を食べることができるから、旧来の歯や爪の個体を抑えて生存・繁殖する可能性が高くなる。すると、その「少しだけ鋭い歯や爪」の遺伝情報はさらにその子に伝わり、その子もまた高い確率で生存・繁殖していって「鋭い歯や爪」を持った個体（その遺伝情報）が世代と共に数を増やし、当該種の間に広まっていく。その過程でさらなる突然変異が生じて「より鋭い歯や爪」の遺伝情報がいずれかの世代に生じれば、それを受け継いだ個体はより一層数を増やし、他方で「より平らな歯や爪」の遺伝情報が生じてそれを受け継いだ個体は相対的に生存・繁殖の可能性が低くなって子孫を減らしていく。こうして、自然淘汰の中で、その生物にとって生存や繁殖により有利な形質が子孫に受け継がれ、それが当該種全体に広まることで、トラやライオンはすべからく「鋭い歯や爪」を持つようになる。だから彼らはウサギやウシのような平らな歯（臼歯）を持たないし（一般に肉食動物は臼歯もとがっている）、逆に、ウサギやウシが平らな歯を持つのも、それが（草をすりつぶすのに適しており）彼らの生存・繁殖にプラスの効果を持つからである[11]。

　言い換えれば、それぞれの生物が持つ形質とは、個体が生存・繁殖していく

上で有利な効果を果たすものが受け継がれ定着したものであり、極端に言えば、生存・繁殖に「利益」となる（「適応」的効果を持つ）個々の形質の集合体がそれぞれの生物個体だと見ることができる[12]。自らの持つそうした形質の効果を発揮してなされるのが生物の具体的な活動であり、生存・繁殖に「利益」をもたらすがゆえに発達した個々の身体的・行動的性質を使って、生存・繁殖のための個々具体的な活動をするというのが生物一般の活動の意味である。もちろん、すべての形質が「適応」により発達したのではないからこれは若干誇張的な表現で、ある生物種の形質のうち「適応」として生じたものは具体的にどれとどれで、それはいかなる環境条件に照らしてどういうプラスの機能・効果を果たしたゆえかというのは、当該生物の進化途上の環境条件・生態条件に即して慎重に検証された上で示されねばならない[13]。しかし、基本的なところで

---

[11] 生物の形質の進化がこのような「自然淘汰」を経てなされること、自らの生存・繁殖に有利な効果を果たす形質が子孫に受け継がれることを具体的に示す証拠として、フィンチという鳥の研究例が知られている。ダーウィン自身が観察して自然淘汰理論を思いつくきっかけにもなったこの鳥は、ガラパゴス諸島に13種類生息しており、各種それぞれに独特の形のくちばしを持っている（太くて大きいくちばし、まっすぐで先が細くなったくちばし、湾曲したくちばしなど）。ピーターとローズメリーのグラント夫妻は、これら13種について、それぞれが住む島の生活条件、獲れる食べ物（植物の種子の大きさと固さ）、各フィンチが食料である種を割るのに要する時間、各生息場所でのフィンチの個体数と年齢などを詳細に調査し、それぞれのフィンチが住む島で得られる種子の種類の変化に応じてそのくちばしが進化していることを明らかにした。つまり、これら各種のフィンチは、もともと単一種として南米大陸から流れてきたのち、各島のそれぞれの場所に特有の生活条件に「適応」して、その中で生存・繁殖するのに有利なようにくちばしの形を進化させた。これは、生物の形質の進化が、（当該生物種の生態と周囲の環境条件に照らしたときの）生存・繁殖への効果に基づいて起こることが明確に表れた例である。（その詳細は Weiner [1994] 参照。）この例を含めた「自然淘汰」の証拠については、Pinker [1997] 邦訳上巻 245-249頁で紹介されている。

[12] 念のために付言すれば、これは、生物の形質の進化が、「生存・繁殖上の利」に向けて一直線に無駄なく進んだという意味では決してない。「自然淘汰」は試行錯誤の繰り返しである。既存の形質の小さな変更としてさまざまな新しい形質が生物に生まれ、その各々がそのときどきの環境との相互関係によって、あるものは受け継がれ、あるものは廃れ、ある方向に進化した形質があとで「不適応」になりまた別の方向への進化が起こり、といった具合にさまざまな変化をたどる。その変化の蓄積の中でたまたま最も「適応」的な形質が残っていく結果、「生存・繁殖」に適した形質の集合体としての生物が作られていく。その過程は、きわめて偶然的であり、場当たり的な変化の積み重ねである。

[13] 生物の形質の中には、他の形質の副次的作用として表れる形質や特定の効果を伴わず偶然生じた形質や、はるか以前に発達し今は意味がなくなっているが特に害悪効果もないのでそれがそのまま受け継がれている形質なども多々ある。例えば、血液が赤い色をしてい

は、生物の形質はその「適応」的効果によって進化したものと考えられるし、現に、トラやライオンが鋭い歯や爪を狩りに使っているように、生物はそれぞれ、自分が種として備えた特性を「生存と繁殖、そのための資源獲得」に活用して暮らしている。このように、「自然淘汰」による生物（種とその形質）の進化の仕組みに照らして、生物個体とはその生物の「生存・繁殖・そのための資源獲得」にプラスの効果を持つ形質が進化の過程で蓄積されたその集合体だと言えること、そうした形質の効果と機能を発揮して各個体の一生の活動がなされることからも、生物の目的が究極的に「繁殖」（至近目的としての「生存」と「資源獲得」を含む。その意味で「繁殖上の利益」と言い換えてもよい）にあるという先のテーゼが確認できる[14]。

るのは、それが「赤い」ことに「適応」的意義があるのでなく、ヘモグロビンが酸素を運ぶ機能を担ったときにたまたま「赤色」が生じたものと考えられている。しかし、それでも、生物の形質を発達させる基本がここで述べた「適応」的効果にあり、その生物を生存・繁殖させるのに有利な効果を果たす形質が多くの子孫に受け継がれて進化するという原則は否定されない。

[14] これは何も生物の身体的な特徴に限った話ではなく、各生物の行動上の特性にもあてはまる。例えば、クモは糸を出して網を張って巣を作るが、これは彼らが後天的に身に付けるのではなく、先天的・遺伝的に備えている習性である。（そうであるから、例えばコガネグモ科やアシナガグモ科のクモの巣は円網、クサグモの巣は棚網、ヒメグモなどの巣はカゴ網といったように、同じ種類のクモは同じ形の巣を作る。同一種なのに個体ごとに格子状に糸を張ったり横糸ばかりの巣を作ったりすることを学ぶ、そのため巣の形状がランダムになる、ということはない。）加えて、クモは、巣の横糸だけに粘液を付け縦糸には付けない、自分が歩くときは粘液のない縦糸だけをたどる、巣に獲物がかかると糸を巻きつけて動けなくする、鳥などの捕食者に襲われると糸を出しながら巣から落下し危険が去るとその糸をたどって巣に戻る、といった行動特性を持つが、これらも彼ら個々の個体がいちいち学習したものではなく、遺伝的に受け継いだものである。そして、これらすべての行動特性は、彼らが昆虫などを捕らえて食べるため、生きるためにプラスの効果を果たしており、彼らの「生存」に向けられている。トラやライオンの「鋭い歯」と同様、これらは生存へのそのプラス効果のゆえに、「自然淘汰」の中で彼らが先祖種から発達させ身に付けたものである。こうした行動的特性の発達を見ても、生物は、「生存・繁殖・そのための資源獲得」に向けて活動する、それを目的とした存在だと言える。

第3章　人間の「本性」とは

3．人間の「目的」

(1) 人間の「目的」としての「繁殖」

　さて、人間も生物であり、生物進化の歴史の中で地球上に誕生した存在であるから、その基本的な形質は進化の中で形成され備わった——適応として発達した——ものと考えられる[15]。ということは、人間の身体上・行動上の基本的な特性も「繁殖」にプラスの効果を果たすものとして人間に備わったわけで、生物全般について言える上述のテーゼは人間にも当然あてはまる。つまり、人間も、他の生物同様、「繁殖」を究極的な目的として生きる存在と捉えることができる。

　この「繁殖」が、至近目的としての「生存」と「資源獲得」を含んだ意味であることは他の生物一般と同じだが、人間の場合、生存・繁殖のために用いる資源は、他の動物以上に多種多様である。食べ物や水はもちろんだが、衣服や住居、その中の諸々の設備、それらを作る材料、道具、その他さまざまな財物（それらの入手に使われる貨幣を含む）が「生存・繁殖のための資源」となる。また、人間は有性生殖をする生き物であるから、子どもを作るにはパートナーが絶対必要である。よって、「配偶者」となる異性は、各人にとって最重要の繁殖資源になる。

　その一方で、人間は、言語的なコミュニケーション能力を発達させている。これは他の動物に見られない人間独自の特徴とよく言われるが、こうした能力（それを生む大脳の機能）も、それを持つことが人間の「繁殖」にプラスの効果を果たすがゆえに進化の中で発達した、いわば「繁殖に向けた具体的形質」のひとつである。そして、こうした能力を備えたことで、人間は視覚や嗅覚などを通じて環境から直接感知した情報にとどまらず、言語情報に反応して行動するようになった。そのため、個々の人間の「繁殖」にとっても、言語情報が重要な意味を持つ。「あの山には食べられる山菜がたくさん生えている」、「その谷を下りたところに大きな川があって魚が獲れる」といった情報は、原始古代の人たちの生存を大きく左右したはずだし、現代でも、「従来の商品をモデ

---

[15] この考え方が人間に関する生物学的研究の前提であることは、長谷川・長谷川［2000］3頁にて強調されている。

ルチェンジさせた新製品をこの夏、あの会社が準備している」といった情報を元に株でもうけるとか、「彼女は意外に活発で、映画や読書よりハイキングやトレッキングを好む」という情報を得てその女性とのデートを成功させるといった具合に、資源獲得や繁殖のために情報が大きな意義を持つことはきわめて多い。その意味で、情報は、人間にとって、有形の財と並ぶ重要な「無形の繁殖資源」だと言える。ということは、そういう情報を教えてくれる友人・知人の存在がまた各人の生存・繁殖に大きな意味を持つということで、各人の「人脈」というのも非常に重要な「無形の繁殖資源」になる。（情報のみならず、財物そのものを交換や贈与を通じて入手する相手という意味でも「人脈」は各人の繁殖に大きな意味を持つ。）加えて、財、配偶者、情報、人脈の獲得には、各人の地位、評判、名誉などが密接に関わってくる。一般に、高い地位はお金をはじめとする財物の獲得と連動することが多いが、そればかりでなく、配偶者の獲得や情報、人脈の確保にも結びつく[16]。評判や名誉も（これらは地位と連関することが多いが）然りで、仕事や配偶者を得る上で、「勤勉で信頼できる」、「頭が良くて決断力がある」と評判の人は、「怠け者で嘘つきで頭が悪くて優柔不断」と言われている人よりも大幅に有利なはずだし、ほとんどの人は後者よりも前者の人とつきあい、友達になることを好むだろうから、前者の方が後者よりも豊富な人脈を得、生活に有意義な情報をたくさん獲得できる。

　このように、人間が生きていき、子どもを作って育てるための資源としては、財物や配偶者といった「有形資源」に加え、情報、人脈、地位、評判、名誉のような「無形資源」まで多様なものがあり、また、その中でどういう種類の資源がどの程度欲せられるか、必要になるかは個々の人間のそのときどきの状況によって変わってくる。しかし、いずれにしても、そうした資源を獲得・確保し、それを通じて自分が生存・繁殖することに向けて個々の人間が生きていることは他の生物一般と共通であって、人間も究極的に「繁殖」（「繁殖上の利

---

[16] 地位が高いことは、低いよりも多くの人に影響力（支配力）を及ぼすことが多いから、その影響力の下で多くの人から情報を得られるし、配下の人もその人と結びつくと得だから率先して情報をくれる。（総理大臣や会社の社長は、外交・軍事上の機密情報や企業秘密に容易に触れられるが、一般国民や平社員は望んでもそうした情報を得られない。）また、特に男性の場合、高い地位と豊富な資源を獲得することは、配偶者である女性の獲得に有利に作用する。（それがどうしてか、なぜ女性でなく男性がそうなのかについては、多くの生物学的研究がある。Wright［1994］邦訳上巻、Pinker［1997］邦訳下巻第7章など。）

第3章　人間の「本性」とは

図3-1　人間の目的としての「生存」「繁殖」「資源獲得」の関係

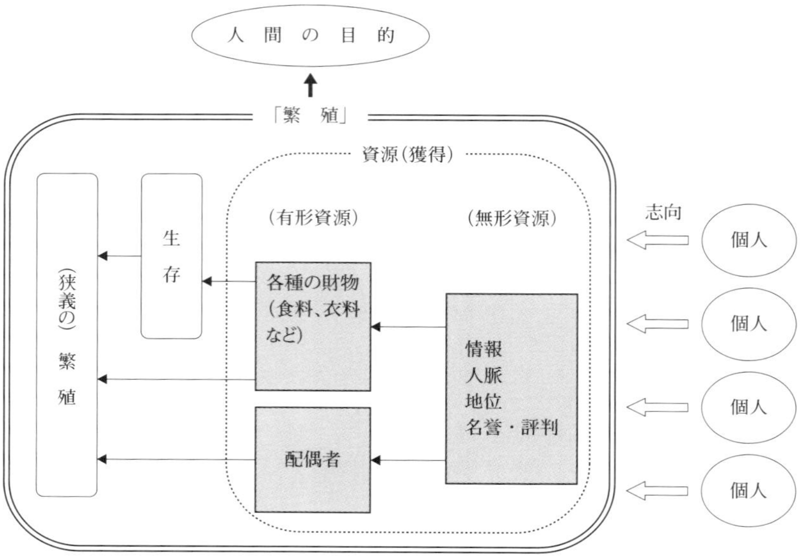

```
                    人 間 の 目 的
                         ↑
    ┌──────「繁 殖」──────────────────────┐
    │              資源(獲得)                │
    │        (有形資源)    (無形資源)        │     志向
    │  ┌──┐                              │    ⇐  個人
    │  │生│←                              │
    │(狭│存│  ┌─────┐                    │    ⇐  個人
    │義 │  │  │各種の財物│                │
    │の)│  │←│(食料、衣料│←┌─────┐      │
    │繁 │  │  │など)    │  │情報 │      │    ⇐  個人
    │殖 │  │  └─────┘  │人脈 │      │
    │   │  │              │地位 │      │    ⇐  個人
    │   │  │  ┌─────┐  │名誉・評判│      │
    │   │  │←│ 配偶者  │←└─────┘      │
    │   │  │  └─────┘                    │
    └──┴──┴──────────────────────────┘
```

個々の人間は、究極的に「繁殖」に向けて生きる。（狭義の）繁殖とは自分（と近縁者）が子どもを残すことを指すが、そのためにはそもそも自分が生きることが前提になるので、その意味での「生存」がここには含まれる。と同時に、生存・繁殖するには各種の有形・無形の資源が必要なので、それらを獲得・確保することもまた「繁殖」の重要な要素となる。これら「生存」「(狭義の)繁殖」「そのための有形・無形の資源獲得」の3つを含んだ意味での「繁殖」が、人間の目的になる。

益」、以下「繁殖」という表現に統一する）に向けて、それを目的として生きていると言える（図3-1参照)。

(2) 身体器官と「繁殖」

　このことを裏づけるように、人間の身体の構造や機能、及びそれによってなされる諸活動は、基本的に、「生存・繁殖・そのための資源獲得」のいずれかに向けられている。肺が酸素を取り入れ血液を通じてそれを全身に運ぶこと、胃や腸が食べ物を消化し栄養を吸収すること、自律神経が働いて内臓の働きや体温をコントロールすることなどはすべて自個体を生存させるためだし、ウィルスの侵入を防ぐ免疫システム、身体の損傷を「痛み」で知らせる神経システムなど、身体器官・組織はすべからく自らを生存させることに向けて備わり機能

している。また、生殖器官があって配偶子を生産し「射精」したり「排卵」したりするのは言うまでもなく繁殖のためだし、男性が女性の裸や肌を見て性的に刺激されること、その男性を刺激するように女性の乳房や身体曲線が発達していること、両性共に性行為において快を感じる神経を発達させていることなども、繁殖に向けて機能する身体構造や神経作用である。さらに、他の動物と比べたときの人間の形態的な特徴として、直立二足歩行をすることと体毛が退化したことが挙げられるが、そのいずれも、自らを生存させ繁殖を実現するためにプラスの効果を持ち、その効果のゆえに人間に備わった特性である。直立二足歩行は、両手を自由に使えるようにして食べ物などを運ぶため、あるいは直立することで体が受ける日射の量を減らすために人間に発達したと考えられているし、体毛の退化は発汗で体温を調節するためである[17]。

　このことは、人間の最大の特徴である脳とそこで営まれる内面作用についても言える。ヒトの脳の発達がなぜ生じたかについては諸説があり、社会関係・人間関係を処理するのに高度な知性が有用且つ必要であったという説（社会脳仮説）や、重要な食料である果実を採集するために予測や記憶の能力が求められたという説（果実食説）などが有力である[18]。そのいずれが正しいかをここで検討する余裕はないが、いずれにしろ、「体重の２％の重量しかないのに全代謝エネルギーの20％を消費するきわめて燃費の悪いぜいたくな器官」である脳が何のメリットもないのに進化したとは考えにくく[19]、人間にとって、なんらかの「繁殖」上のプラス効果を脳とその作用が果たし、それゆえに脳の進化が人間に起こったことは確実である。実際、その進化をもたらした具体的な要因（適応価）が何にあったかに関わらず、人間の現実生活の中で、脳が我々に「生存・繁殖・そのための資源獲得」上のメリットをもたらしていること、我々が脳を「生存・繁殖・そのための資源獲得」に向けて活用していることは明白である。我々は、仕事を成功させ収入や地位を上げるために日夜頭を使い、資

17　もっとも、二足歩行や体毛の退化をもたらした要因（淘汰圧）が何かには諸説があり、それを具体的に特定することは、進化生物学の大きな課題である。三井［2005］、Morris［1994］など。

18　社会脳仮説の根拠は、さまざまな霊長類を比較したときに、脳の中の新皮質の割合の高さとその種の群れの大きさとに相関が見られることなどにある。他方、果実食説は、果実への依存度の高い霊長類の種ほど脳の相対重量が大きいことを根拠とする。長谷川・長谷川［2000］第５章、Dumber［1997］。

19　長谷川・長谷川［2000］92頁。

産が増えるよう情報や手段を検討しながらその投資・運用を考え、良い品を安く買って支出を抑えるよう工夫し、目をつけた異性に気に入られるよう服装や態度、食事の計画やプレゼントに頭をひねり、自分や子供を事故や病気から守るために気を配る。これらはすべて脳の機能を使ってなされる営みだが、収入・財産の拡大、地位向上、異性の獲得、自分と子孫の安全確保などはいずれも、究極的には生存と繁殖に向けられた、そのための「資源の獲得」を意味している（「子どもの安全確保」は「資源獲得」と言うより、遺伝子を受け継ぐ子孫を直接守る行為だが）。これと反対に、自分の収入や財を減らすために日夜頭をひねる人、異性にもてないための作戦を考え実行する人、自分や子供が事故や病気に遭いやすくなるよう工夫している人（あるいはそういう文化をもった社会）というのはまず想定しがたい[20]。脳やそこで生じる内面作用は、我々自身の「生存・繁殖・そのための資源獲得」に向けて機能しているしそのように活用されている。つまり、他の身体諸器官がそうであるのと同じように、「脳というものが存在するのは、それを構築せしめる遺伝子群の生存と増殖にとって、脳自体が促進的効果を示すから」と言え[21]、これらのことから、人間も、他の生物同様、進化の中で自らの「繁殖」に向け脳を含めた身体諸器官を発達させ、その機能を発揮させて「繁殖」に向けて一生の活動を行っていると言える。

(3)「繁殖」に向けた行動原理

　人間の目的が「繁殖」だということは、人間が行動を起こす、その内面の仕組みを見ることからも示される。人間の行動の基本原理がどういうものか、人

20　ニューギニアやアメリカインディアンの部族の間では、酋長が自分の富を人にあげたり燃やしてしまったりして「気前の良さ」を競い合う「ポトラック」と呼ばれる儀式慣行が見られる。そこではいかに派手に自分の資産を浪費したり破壊したりするかが工夫されて競われており、こうした「ばかげた」慣行の存在は、本文で述べた「生存・繁殖のメリット、資源確保のために我々は頭を使う」ことの反証と見られるかもしれない。しかし、こうした慣行は、自分が「気前がいい」ことを示すことで周囲の尊敬と名誉を得ることを意図したもので、財という有形の「生存・繁殖資源」を、尊敬・名誉という無形の「資源」に換える行為である。彼らの社会では、こうした形で周囲の尊敬と信頼を得ることが、人間関係の安定とそこからもたらされる有形無形の利益という形で自分の「生存」「繁殖」に大きなプラスをもたらすのであり、こうした慣行も「生存・繁殖のメリットのために我々は頭を使う」ことの一例と言える。Ridley［1996］邦訳170-175頁．

21　Wilson［1978］邦訳17頁．

間とはいかにして行動やその元となる意志を決めているのかといった問題は古来より多くの哲学者がさまざまに論じてきたところだが、近年の脳神経科学や認知科学の知見に拠ると、その基本は感情・感覚的な「快／不快」にあり、人間は（個々の状況に応じて複数の感情・感覚が関係してきたりそれらの強度が複雑に絡み合ったりはするが）基本的に「快」を志向し「不快」を忌避するよう行動選択や意志決定を行っている。このとき、感情的・感覚的な「快」「不快」には人間にとっての「繁殖」上のプラス／マイナスが反映されており、それが行動や意志決定に対して中核的な役割を果たすことで「繁殖」に向けた行動が導出される。よって、人間は基本的に「繁殖」に向けて行動や意志決定を行っていると言える。以下、脳神経科学と認知科学の2つの研究を通じてこのことを示そう。

（ⅰ）感情・感覚に基づく行動導出

　今述べたことの前段部分、すなわち、感情や感覚が行動や意志を決める作用を果たしていることは、脳の中で感情を司る部位を損傷して感情を失った人が、行動や意志の適切な決定ができなくなるという脳神経科学の研究結果から裏づけられる。それを行った神経学者のアントニオ・ダマシオは、鉄道工事中の爆破事故で頬から頭蓋骨にかけて鉄棒が突き刺さり、前頭葉の一部を損傷した現場監督フィニアス・P・ゲージ氏、脳腫瘍の手術で前頭葉組織の一部を除去した商社マン〔仮名〕エリオット氏をはじめ、複数の脳（前頭前皮質）損傷患者の症例に基づき、前頭前皮質の損傷による情動・感情の障害が個人的・社会的領域（純理論的な「机上」の推論や計算ではなく）での行動・意志決定の障害と関連していることを明らかにした[22]。この結果は前頭前皮質損傷以外の研究例——病徴不覚症、扁桃体損傷、脳卒中による心の仮死、サルやチンパンジーでの研究——からも確認され裏づけられている。

　ダマシオによれば、ゲージ氏やエリオット氏に典型的に見られるように、前頭前野の一部（腹内側領域）を損傷した患者は、論理能力、計算能力、注意力、

---

[22] 正確には、ダマシオは「情動」と「感情」を区別しており、身体神経上の反応を「情動」、それを自覚的にモニターすることで意識上に浮かび上がる情緒状態を「感情」と言う。この区別はダマシオの理論を理解する上で重要だが（Damasio [2003] の邦訳「訳者まえがき」の中でこのことを訳者も強調している）、一般的には両者はあまり区別されないこと、この後取り上げるジョンストンなどの研究でもその厳密な区別はされないまま「感情の機能」が分析されていることなどから、混乱を避けるためあえて本書ではこの区別をせずにダマシオの言う「情動」の意味も含めて「感情」という言葉を使う。

言語などいわゆる知的能力や、社会的な規範や常識に関する知識、知覚や記憶の能力にはまったく支障がない反面、感情を失い、喜んだり悲しんだり怒ったりということがなくなる。それと共に、（机上のではなく）実生活上の推論と意志決定に支障が生まれ、行動の適切な選択や決断ができなくなるという。エリオット氏についてのダマシオの記述を参照すると、同氏は、手術による前頭葉組織の切除後、知能テスト、言語テスト、記憶検査、人格検査その他のテストをパスしたにも関わらず、生活上・仕事上の決断や段取り、時間管理などができなくなり社会生活を送れなくなった。つまり「正常な知性をもっていながら適切に決断することができない——とくにその決断が個人的な問題、社会的な問題と関わっているときそれができない——人物」になってしまった[23]。彼は、自分が無視するようになった社会行動上の規則や原理に関する知識は手術前と変わらず持ち合わせ、倫理的ジレンマや財政的問題に関する出題に対しても「彼は社会的慣習がその種の問題にどう適用されるかを知っていた。また彼の財政的決断は理性的だった。われわれが用意した問題はとくに高尚ではなかったが、それでもなお、エリオットが異常な振る舞いをしなかったということがわかったのは、特筆すべきことだった。なぜなら、つまるところ彼は実生活で、そういう問題がカバーしているはずの領域でつぎつぎと誤りをおかしていたからだ」。彼は「実生活ではだめだが、研究所では正常」という奇妙な状態を示した[24]。

　一方でエリオット氏は感情というものを失くしていた。「彼との何時間もの会話の中で、私はかすかな情動も見たことはなかった。悲しみもなかった。しびれを切らすこともなかった。私の矢継ぎ早の質問、くりかえしの質問にも、いらだつことはなかった」。そして「おのれの身に降りかかった悲劇を、事の重大さにそぐわない超然とした態度で」語り、地震で崩壊するビル、燃えさかる家、残虐な事件で負傷した人々といった情動的な視覚刺激を通じての心理生理学的実験では「かつて彼に強い感情を喚起したような話題が、肯定的にも否定的にも、もはやいかなる反応も引き起こさない」ことを自ら認めた[25]。

　ダマシオはさまざまな実験の末、こうした患者の不合理な行動や意志決定の欠如が、脳損傷による感情や情動の喪失と関連していることを明らかにした。

---

[23] Damasio［1994］邦訳93頁.
[24] Damasio［1994］邦訳98頁.
[25] Damasio［1994］邦訳95-96頁.

同じことは、脳神経科学や認知心理学でのその他の実験、研究などからも示されている[26]。これら一連の研究は、一般に「理性」と呼ばれる、論理的な判断能力や計算能力、規範や社会常識に関する知識などが正常でも、感情がなくなってしまうと人間は実生活での行動や意志決定が困難になるのであり、行動や意志決定を導く上で、理性などよりも感情が決定的な役割を果たしていることを表している。

(ⅱ) **感情・感覚の機能**

その感情（及び感覚）には、人間が生存し繁殖する上でのプラス／マイナスの効果が反映されている。このことは、認知心理学者のビクター・S・ジョンストンによって詳しく研究されている。

感情とは、内外の刺激に対して文字通り内面的になんらかの情動を感じることであるが、情動的な要素に乏しい「痛み」や「空腹」などの感覚も含めて、ジョンストンは、①それらが生得的なものであること、②「快」「不快」に還元できること、③多様な種類があること、④強度があること、という4つの特徴を挙げる。

このうちまず①について、おもちゃを買ってもらったときの気持ちを「嬉しい」と言い、砂糖を舐めたときの感覚を「甘い」と言うといった具合に、個々の感情・感覚の呼び方は各人が学習するものだが、そこで内的に感じる感情や感覚そのものは学習や訓練によって身につくのではない。（特定の障害や心理的抑圧のある場合を除いて）経験と訓練が足りなかったためにある感情は持つがある感情は持たない──「嬉しい」「悲しい」は感じるが「怖い」「悔しい」という感情はない──という人もいない。もちろん、具体的にどういう刺激に対してどの程度の感情・感覚を感じるかは各人の経験を反映して変わってくるが、「嬉しい」「怖い」に相当する内的情動反応や「甘い」「痛い」に相当する内的感覚反応そのものは、人間誰もに生得的に備わっている。思春期になって異性を「好きになって」初めて恋愛感情を認識するように、それまで感じたことのなかった感情に「気付く」こともあるが、これも感情の「学習」ではなく、第二次性徴期に生じるように生得的に組み込まれた感情の「発現」であって、感情が生得的に人間に備わっていることを示す例である[27]。

---

[26] よく知られた研究として Hare and Quinn [1971]。最近の研究成果については Greene and Haidt [2002] にまとめられている。

[27] 感情の生得性については、ダーウィンにも指摘・分析がある。Darwin [1872]。

次いで②点目として、さまざまな感情や感覚は、いずれも「快」「不快」に還元できる。喜びや感動は「快」であり、悲しみや恐怖は「不快」である。甘さは「快」であり、痛みは「不快」である。「酸っぱさと苦味とは異なる感覚だが、快楽状態としては、両方とも負の反応を引き起こす。甘さと酸っぱさも質的には異なるが、それぞれ、正と負の異なる快楽状態を引き起こす」[28]。

ジョンストンによれば、この「快」「不快」は、その元となった刺激が繁殖に及ぼすプラス／マイナスの効果を反映している。すなわち、自分の生存や繁殖につながる刺激に対して人間は「快」の感覚・感情を感じ、生存・繁殖を脅かす刺激に対して「不快」の感覚・感情を感じる。

> もしも、腐った卵が嫌な匂いを発し、組織が傷つくと痛みが感じられ、砂糖は甘いのだとすると、それは硫化水素ガスが嫌な匂いを持っているからではなく、皮膚に針が刺さったとき、そこから痛みが解き放たれるからではなく、砂糖分子の属性が甘いからなのではない。そうではなくて、人間の脳が、遺伝子の存続にとって有利であったり不利であったりするこの世の出来事について、一般的な快感や不快感を形成できるような神経組織を進化させてきたからなのだ。つまり、このような主観的な評価感情を進化させた生き物のみが、次の世代に遺伝子を伝えることができたのである[29]。

感情や感覚を生むのは脳と神経の働きであり、これらは進化の中で自然淘汰により発達したものだから、その神経細胞がどのように組織されるかは「その配列から生じる創発的性質が、生き残るために役立つ価値（生存価）を持っているかどうかによる」[30]。身体に傷を負ったときに何も感じない人は傷に気付かないままそれを放置して悪化させかねないが、そこで不快を感じる人は傷に

28　Johnston［1999］邦訳97頁．ジョンストンは、これに当てはまらない唯一の例外として「驚き」を挙げる。この感情が固有の快楽状態を伴わないのは、予期せぬ出来事が起こったときに学習メカニズムの効率を高めるという「驚き」特有の機能によると説明されている（同書邦訳157頁）。

29　Johnston［1999］邦訳26頁．なお、「甘さ」を感じることがなぜ生存や繁殖と結びつくのかという疑問があるかもしれないが、それは、「私たちの祖先の環境では、砂糖の主な供給源は熟れた果実であった。そして、砂糖の味を好ましく思う人間は誰でも、栄養価の高い食べ物の恩恵を間違いなく受けた」（同書234頁）からである。

30　Johnston［1999］邦訳24頁．

注意を向け回復のための処置をとる。前者より後者の方が生存し多くの子孫を残す可能性が高いのは明らかである。そこで傷に不快を感じる神経組織を持った人の子孫の中で、傷に対してさらに鋭い不快を喚起させる神経を持つ者が突然変異で現れると、その者の生存・繁殖可能性はさらに高くなる。こうして、傷に対して「痛み」を喚起する神経組織が人間（その他の動物もそうだが）に進化する。同じことは「痛み」以外の感覚や感情にも言え、こうした進化の過程を通じて、人間は、周囲の環境的要素の中から、それを識別・感知することが自らの生存と繁殖に意味ある刺激を感じ取る神経組織を——生存・繁殖にプラスの効果を持つものを「快」、マイナスのものを「不快」と感じるように——発達させている。その結果、我々は、四肢や内臓の異変のような自分の命を脅かす事態に対しては「痛み」という「不快」を感じ、果実のように糖分が豊富な食物を口に入れると「甘み」という「快」を感じるようになった。自分の子どもが死ぬといった繁殖上の大きなマイナスには「悲しみ」という「不快」を感じるし、収入が増えて「生存・繁殖のための資源」が増えれば「喜び」という「快」を感じる。

　続いて③について、感情・感覚にはさまざまな種類があり、それぞれ性質を異にしている。同じ負の感情でも「恐怖」と「怒り」は同じではないし、同じ正の感情でも「誇り」と「いとおしさ」は違う。そして、これら各種の感情はそれぞれ独自の生成規則を有している。暗闇で背後からうめき声がしたら多くの人は「恐怖」を感じる。「怒り」や「悲しみ」ではない。子どもの寝顔を見たときに多くの人は「いとおしく」思うだろうが、会社で昇進したとき、スポーツ大会で優勝したときに感じるのはそれではなく「誇り」である。このように、どういう刺激に対してどういう種類の感情・感覚が生じるかは（細かいところでは人による違いがあったとしてもその基本的なパターンは）人間に共通のものとして決まっている[31]。

---

[31] このように言ったからといって、感情とそれを生起させる刺激との間に「学習」の要素が入らないという意味ではない。「熱い」のを避けようとする反応は生得的に存在するとしても、ストーブに触ると熱いというのは学習によって分かる。感情も同様で、課長に昇進すると嬉しいというのは、それまでの社会経験から「課長である」「出世する」ことのさまざまな優位さ有利さが学習されるから生じる反応である。このように刺激と感情との関係には学習が大きく関わるのは明らかだが（ジョンストンはこの「学習」を古典的条件づけとして説明している。Johnston [1999] 邦訳142頁）、とはいえ、嬉しさを感じるのはその刺激からなんらかのプラスの要素が自分に生じるからで、マイナスから嬉しさは喚起

第3章　人間の「本性」とは

　こうした感情の質や生起パターンは「繁殖成功度に対する潜在的な脅威と恩恵の性質を反映している」(傍点引用者)[32]。感情のさまざまな種類は、その元となった刺激や出来事が繁殖に与える影響の形と、それに対してとるべき対応方法を反映している。例えば、「恐怖」は「負の快楽状態の予測」から生じる。背後のうめき声は、なにか得体の知れないものが自分に迫っていることを予測させる。これは自分の生存が脅かされている状態であり、ここで必要なのはその「得体の知れないもの」を回避することである。「恐怖」の感情はそのための行動を主体に喚起するもので、ある状況で恐怖を感じた人はその状況から離脱するか、恐怖の元になっている刺激の中身や正体を確認して正確な状況把握をしようとする。この他、「怒り」は「他の個体の行動によって生じる負の快楽状態」に対する攻撃反応の喚起であるし、「嫌悪」は「自分の生存・繁殖に負の影響を及ぼす対象からの回避」を個体にもたらす。「驚き」は「予期せぬ出来事へのマーキング」であって「学習」を促進する機能を有する(「学習」における感情の役割については後述本章第4節(1)参照)。つまり、感情の質は、外的刺激とそれに対する対処行動の種類を反映しており、状況に応じて「適応」的な行動を個体にとらせる機能がそこにはある[33]。

　されない。ここでは感情が生起するこうした基本的パターンを指して生得的だと言っている。

[32] Johnston［1999］邦訳132頁．

[33] 子どもが大学に合格して嬉しいとか、親が死んで悲しいというように特定のパターンでの反応行動を喚起しない感情もある。逆に後者のような例では、そのせいで落ち込んで仕事が手につかなくなるとかやる気がおきなくなるといった具合に、感情を感じるがゆえに「不適応な」結果がその人に生じる場合があるという反論があるかもしれない。しかし、これらは血縁者の幸せを「快」と感じ、その不幸を「不快」に感じることの「副作用」であって、こうした感情や感覚がそもそもあることによって、自分と同祖遺伝子を共有する血縁者への支援という「適応」行動が喚起されるという意義がある。血縁者でなくとも、自分と密接な互恵関係にある人の幸せを喜び、その不幸を悲しむ感情を持つことは、互恵的利他行動の動機づけとなり、自らの適応度向上に結びつく。(自分と関係の深い人に対してほどその幸せを喜び不幸を悲しみ、関係の遠い人にはそうした感情が薄くなるのは、こうした効果の違いを反映していると考えられる。血縁者支援や互恵的利他行動の「適応」的意義については、後述本章第4節(4)参照。) なお、ジョンストンは、親や配偶者、子どもを喪うといった状況で、悲しみに伴って抑うつ状態が生じることには、「心が乱れた状態にあるので社会関係から一時的に身を引く」という適応的意義があると言う。加えて、子どもが強い悲しみを感じて抑うつ状態に陥るのは、親をはじめとする世話人の注意をひきケアを引き出すという適応的意義があるとも言っている。Johnston［1999］邦訳137-138頁．

最後に④について、感情や感覚はさまざまな強度を伴って生じる。同じ「嬉しさ」でも、にんまりする程度の嬉しさから飛び上がるほどの嬉しさまで差があるし、「嫌悪」にも「なんとなく嫌」な程度もあれば、「むしずが走る」「吐き気がする」ほどの嫌さもある。こうした強度の違いは、③で指摘した反応行動の動機づけの強さに反映する。我々は強い感情を感じるほど、それに則った行動を強く動機づけられる。強い恐怖を感じるほどそこから逃げたくなるし、大きな不安を感じるほどその不安の元を解消したくなる。こうして、個体の生存や繁殖を大きく左右する刺激に対してほど強い感情や感覚を感じることで、人間の中では、それに対処するための行動が強く動機づけられる[34]。

以上の①から④をまとめると、感情・感覚とは生得的に人間に備わっているもので、それに伴う「快／不快」及びその質・強度は、その感情・感覚の元となる刺激がその人の生存・繁殖に及ぼす効果・影響を反映している。自分の生存・繁殖にプラスになる事態や刺激に対しては「快」の感情・感覚が喚起され、また、そのプラスの程度が高い事態や刺激に対してほど強度の「快」が生じる[35]。反対に、生存・繁殖にマイナスの事態や刺激に対しては、そのマイナスの程度に応じた強度の「不快」が生じる。と同時に、「恐怖」から「刺激の回避」行動が喚起されるように、目の前の事態や刺激に対して自分がどういう反

---

[34] 但し、元となる刺激の繁殖への影響は、比例的に増幅されて感情・感覚の強度に反映している。針を指に誤って刺したとき、それによる体組織の損傷自体は繁殖成功にそれほど大きな影響を及ぼすものではないが、その痛みの強度は、「その先起こるかもしれない感染や死のわずかな確率を非常に誇張している」。「なぜなら、そのような出来事を避けるように学習するためには、瞬時の増幅が必要だからである」。Johnston [1999] 邦訳133, 117頁.

[35] 感情・感覚に反映されている「生存・繁殖へのプラス／マイナス」は、正確には、人間に感情・感覚が発達してきた過程、すなわち人類進化の過程における環境条件の下で、個々の感情・感覚の元になる刺激が生存・繁殖にプラスになったかマイナスになったかを反映している。よって、それと、現代の我々の環境条件の下でのプラス／マイナスとが絶対に一致するわけではない。例えば、「甘さ」の「快」は、原始の狩猟採集生活の中で、糖分が貴重なエネルギー源であったことから、それを志向するための感覚として発達したものと考えられる。しかし、現代の先進諸国では食べ物が豊富にあり、甘味を人工的に作ることすら可能になっており、そうした中では甘味に快を感じこれを希求する態度を持つことは、(その摂取過剰を招いて) むしろ生存にマイナスに作用しうる。よって、個々の事例では「快」を志向し「不快」を回避するという行動が現代では生存・繁殖にマイナスの行動を生むこともあるが、感情・感覚の「快」「不快」とそれに基づく行動喚起の内的システムが生存・繁殖に向けた作用を担って人間に進化したことに変わりはなく、また、多くのケースでは現代でも「快」志向・「不快」回避は主体の生存・繁殖にプラスに作用する。

応をすれば生存・繁殖にプラスになるかがそれぞれの感情・感覚の種類に反映されている。こうして、感情や感覚とは、周囲からの刺激に対応して、その場その場で生存や繁殖につながる行動を導出するために人間（その他の動物）が持つ内的なシステムになっている。

（ⅲ）「繁殖」行動導出メカニズムとしての内面

　以上（ⅰ）、（ⅱ）で述べたように、感情・感覚が人間の行動や意志を決定づける働きをし、感情・感覚に基づいて「快」を志向し「不快」を避けるような行動が（「快」「不快」の程度や質に応じて）喚起されることで、個々の人間は、自分が直面する生活場面のひとつひとつで自分の生存・繁殖上のプラスに向けて、またマイナスを回避するように行動する。この過程で、「生存・繁殖に向けたプラス／マイナス」は行動主体である本人に意識されていないし、本人が生存や繁殖を自分の行動目的として明確に認識しているわけでもない。だが、感情・感覚の生成・反応規則に「生存・繁殖に向けたプラス／マイナス」が反映されていて、意識的にしろ無意識的にしろ各人が向「快」的・脱「不快」的に動くことで、人間は、生存・繁殖に向けて、それにプラスなように自然と行動している。こうした形で、人間の内面は、感情・感覚を核として「繁殖」に向けた行動を導出する「メカニズム」となっているのであり、こうした内面のメカニズムからも、人間が「繁殖」を目的としている、それに向けて行動していることが言える。

4．反論と回答

　しかしながら、人間を「『繁殖』に向けて生きる」存在と捉えるこうした見方に対しては、様々な批判や反論が想定される[36]。典型的なものは、おそらく次の4つであろう。

> ①　人間は動物と違って学習能力や思考能力が発達しており、それに基づいて個々の人間が独自の嗜好や価値観、信念を形成している。行動や意志は、そうした自分の価値観や信念、目の前の状況の分析や結果の予測といった理性的な思考に基づいて導かれるのであって、感情的・感覚的

---

[36]　実際、「はしがき」でも触れたように、このような観点に立って人間とその社会を探求しようとする社会生物学に対しては、1970～80年代を中心に激しい批判が向けられた。

な「快/不快」によって単純に決まるものではない。よって、人間は「繁殖」に向けて動くとは言えない。
② 現に、人間は自分の意志によって結婚しない、子供を作らないことがあるし、自殺や子供への虐待など生存や繁殖に反する行動をとることもある。こうした行動が見られる、可能であるということが、人間は「繁殖」に向けて生きているというここでのテーゼへの反証である。
③ 人間の場合、自ら明確な人生の目的を持ち、それに向かって生きている人も多い。しかし、その目的は必ずしも「繁殖」につながるものとは限らないし、その中身も多様である。その点を無視して、人間の目的を「繁殖」に還元するここでの主張は、人間を極度に「動物」視した誤った主張である。
④ 人間が「繁殖」に向けて動くというここでの主張は、言い換えれば、人間が「繁殖上の利益」に向けて、自分が生きて子どもを作る上で「利」になるよう行動するという趣旨である。しかし、人は決してそのように「利己的」に行動してばかりいるわけではない。自分の得にはならないのに他人を助けたり、自分を犠牲にして他者のために尽くしたりもする。慈善事業に寄付するとか献血するといった行為はその最たるもので、人間とはこうした「利他性」を備えた存在なのであって、「繁殖」に向けて生きるという主張はその点を見落としている。

これらの反論に説得力を感じる人は多いかもしれないが、そのいずれも「人間が『繁殖』に向けて生きる」というテーゼの否定や反証にはならない。これを説明するには少々長い説明を要するが、これらの反論に再反論し上のテーゼの信頼性を示すことは本書全体の議論の中で重要な意義を持つので、以下本節では順次これらの反論を取り上げ、それに対する筆者の考えを述べていこう。

(1)「学習」・「理性」と「繁殖」

まず、第一の「人は単純に『快/不快』で行動しているわけではない」という反論について、例えば、会社で、終業時刻が過ぎて家に帰るか残業するかを決める場面を想定してみよう。仕事の続きは明日にしてさっさと家に帰ってビールでも飲んでいれば「快」である。しかしそこで「仕事への責任感」や「今日できることは明日に延ばすなという信念」などに基づき、ビールを我慢して

今やっている仕事を終えるまで残業する、といった行動選択を我々はしばしば行う。これらの「責任感」や「信念」は、「学習」による経験や教育の蓄積を通じてこの人の内面に形成されたもので、彼に特有のものである。(もちろん、同じような責任感や信念を持つ人もたくさんいるが、こうした責任感や信念とは無縁に、同じ状況ですぐに帰ってビールに走る人も大勢いる。) こうした責任感や信念に照らしたとき、仕事が中途半端なまま「帰ってビールを飲む」ことはそれに反し、他方、「仕事が終わるまで残業する」ことはそれと合致するのでこの人は「残業」を選択する。ここでは、「快／不快」を押しのけて、自分が独自に形成した信念や価値観と、それに照らした「理性」的な思考に基づく判断から行動が決められている。すなわち、行動や意志の導出には、感情・感覚のみならず、その人がそれまでに「学習」してきた知識や経験の蓄積、それに基づいて形成した信念や価値観、及び、それをその場の状況認識や行動オプション・結果の予測などと照らし合わせる「理性」的思考が大きく関わっている。個々の人間が行う個々の行動は、これらの要素に基づいて決定され導出されているのであって、単純に感情・感覚における「快／不快」で導かれているわけではない。ここでの反論の趣旨はこのように説明されよう[37]。

　人間の「学習」能力や「理性」的思考能力を強調するこうした見方は、我々の多くにとってなじみ深いもので、この反論に説得力を感じる人は多いだろう。しかし、個々人が自分の経験を「学習」し、それに基づく「理性」的思考を通じて行動や意志を決めているということは、感情・感覚的な「快／不快」に基づいて行動が決まるということと実は矛盾しない。というのは、「学習」や「理性」的思考といった内面作用自体が、感情・感覚的な「快／不快」を核として働くもので、それらも「繁殖」に向けた行動導出メカニズムの一環と位置づけられるからである。行動・意志決定に「学習」や「理性」が関与することは事実だが、それは、「感情・感覚で行動が決まる」ことの反例ではなく、むしろその証拠だと言える。このことは、前節で名前を挙げたジョンストンによって詳しく検討されている。

(ⅰ)「学習」について

　「学習」とは基本的に自らの経験を記憶することであるが、経験の単なる事実的記憶ではなく、快楽状態による正負の強化を伴う記憶である。人間はなに

---

[37]　こうした趣旨から、人間を生物学的に捉える社会生物学や進化生物学を批判する主張は、Flew［1994］などにみられる。

4．反論と回答

かの行動をしたとき、あるいはなにかの事態に直面したとき、それに対してなんらかの形で「快」「不快」を感じている。この「快」「不快」は意識される場合もあればされない場合もあり、また「快」なり「不快」なりが強く感じられる場合もあれば、ほとんどどちらでもないほど微々たる感じしかない場合もある。が、いずれにしろ、人間が自分の経験を記憶するとき、そこには、そのときに感じた快楽状態が含まれている。

　経験に伴う「快」「不快」とその質・強度は、何がどの程度学習され、それがどういう時に引き出されるかの指標として機能する。強い「快」「不快」を感じた経験ほど強く記憶され、「快」「不快」が弱い経験は忘れられる。また、「快」を伴った行動や経験は、将来似たような状況に直面したときに類似の行動を促進するよう「強化」されて蓄積され、「不快」を伴った行動や経験は、以後の生活の中で類似の行動を回避するよう「抑制」された形で蓄積される。例えば、意中の女性の誕生日に花を贈ったらとても喜ばれ、親密な関係を築くことができたという男性の経験は、そのときに感じた強い「快」と共に彼の中で「強化」的に記憶され、その後、この男性が新しい女性にアプローチする際に「花を贈る」行動が有力な選択肢として彼の中に浮かぶことになる。他方、牡蠣を食べて体調を崩したという経験とそのときの「不快」の記憶は、その人の後の行動において「牡蠣を食べることを忌避する」傾向を生じさせる。（こうした作用は、本人に意識される場合とされない場合と両方ある。意識されている場合は、本人が自覚的に「あのときうまくいったから今度も花を贈ってみよう」、「また気持ち悪くなったら嫌だから牡蠣は食べない」と思っているし、元となる経験や原因は自覚されないままなんとなく花を贈ったり牡蠣を回避したりする行動がとられる場合もある。）快楽状態に基づくこうした「強化」「抑制」を伴う記憶が「学習」である。学習の対象となるのは個々人の経験だから、その中身は当然人によって相違するが、「快」「不快」の感情・感覚に基づいて経験が分類・蓄積され、その後の行動に影響を与えるというその「構造」は各人に共通である。

　このとき、前節で述べたように「快」「不快」は「生存・繁殖上のプラス／マイナス」を反映しているから、「学習」において、経験を「快／不快」により「強化」「抑制」的に記憶することは、個人の個々の経験を「生存・繁殖上のプラス／マイナス」に応じて分類した一種の「記憶のデータベース」を作ることを意味している。そこで「強化」された経験は「生存・繁殖上のプラス」

につながる可能性が高いもので、同様の行動を今後も行うことは自らの「繁殖」にプラスになる。逆にそこで「抑制」された経験は「生存・繁殖上のマイナス」につながる可能性が高いものだから、今後はそれに類する行動を控えることが自らの「繁殖」にかなう。上の例で言えば、花を贈って女性に喜ばれたという「快」の経験は、女性と関係を築こうとする際に「花を贈る」ことが有効だ——配偶相手という「繁殖資源」の獲得上プラスだ——というデータを彼の中にインプットするもので、その有効な手段の活用を今後も自らに促すことで「繁殖」上のプラスを確保するよう機能する。牡蠣に対する「不快」の記憶も、それに類するものが自分の身体に障害をもたらす可能性があることを自らに印象づけ、それを食べることを以後極力回避して細菌や食中毒から自分の身を守るよう、「生存」に向けた行動導出の作用を果たしている。

　このように、「学習」とは、言わば、各人が遭遇する生活場面や状況の多様性に応じて、過去の経験をデータ化して、状況に応じて個体レベルで可変的に「『繁殖』にかなう行動（適応行動）」を導出するための内面作用である。個々の個体（個々の人間）が一生の間に直面する行動選択場面はさまざまであるから、そこで適切な、「生存・繁殖」にかなう行動をとるには、一律に決まった行動パターンを備えるのではなく、各人のそれまでの経験を反映させて可変的に行動選択を行うシステムを備える方がよい。このことは、例えば、コンピュータでも文字入力に対して固定的に決まった変換をするもの（「しこう」と入力すると必ず「試行」と変換されるもの）と、過去に用いられた変換パターンを記憶してその頻度に応じて選択的に変換を試みるもの（「思考」「志向」「嗜好」「施行」など過去の変換状況を記憶し、使われた頻度の順に変換の選択肢を示すもの）とでどちらが効率的かを考えてみれば分かりやすい。それと同じで、「学習」とは、特定の固定的な行動パターンを備えるのではなく、場面に応じて個体レベルの経験を反映させて「生存・繁殖」に適する行動を可変的・効率的に導出する、そのための「データベース形成」を行うシステムである。（もちろん、「試行」の意味で「しこう」が入力される場合も当然あるから、そんなときには「思考」への優先変換が非効率であるように、「学習」に基づいて導出される具体的な行動が必ず「生存・繁殖」に効果的なわけではない。相手とタイミングによっては「女性に花を贈った」ことが嫌われる結果を招くこともあるし、牡蠣を食べないことでタウリンと亜鉛を摂取する機会が減るマイナスもある。しかし、時にそういう「裏目」の例が出てくることはあっても、

固定的な行動パターンよりも経験を反映させた可変的な行動選択パターンの方が総体的には「生存・繁殖上プラスの行動」を導く確率が高い。）「学習」とは、その具体的内容こそ人によって多様だが、その基本的な仕組みは、感情・感覚的な「快」「不快」に基づき経験を選択的に蓄積することにあり、「生存・繁殖」に向けた、そのための行動を導出する機能を担っていると言える。

(ⅱ)「理性」的思考について

他方、個々の行動選択場面でなされる「理性」的思考については、そのプロセスを2つの側面に分けて考えることができる。その第一は、当該状況に対してとりうる行動オプションやシナリオを想定する、それを「思い浮かべる」作用であり、もうひとつは想定したそのオプション・シナリオを「評価する」作用である[38]。そして、そのいずれにも感情・感覚的な「快」「不快」が密接に関わる。

このうち最初の行動オプション・シナリオの想定は、決して客観的になされるわけではない。目の前の状況に対して、関連するあらゆる要素を勘案してとりうる選択肢を客観的にすべて想定するといったことは人間にはできない。（仮にやろうとしても膨大な時間がかかる。先のダマシオの臨床例にあるエリオット氏などは実際にこれを行おうとするがゆえに選択や決断ができなくなる[39]。）そこでの「想定」の最大の基盤は、その人のそれまでの「経験のデー

[38] これ以外に、数理的計算や論理的一貫性の判断のような「机上の計算・論理操作」も「理性」的思考の重要な一環だが、ここでは話を行動決定場面に絞ってこの2点を念頭に話を進める。とはいえ、数理的計算や論理的推論の作用が「生存・繁殖上のプラス／マイナス」と無関係なわけではない。計算や論理自体は（本文で述べるような感情・感覚作用が関係しないから）「繁殖」に関係ないようだが、それを実生活上「使う」場合には、しばしば感情や感覚が関わってそこに「生存・繁殖」に向けた機能が生まれる。198と208とを比較して前者の方が小さい、同じ牛乳が198円なのと208円なのでは前者の方が安いと判断することは感情も感覚も関係なく可能だが、ではその牛乳を208円の店ではなく198円の店で買おうとするのにはそれが「快」だという感情が関わり、資源確保上の「プラス」につながっている。このように、計算や論理の能力は「生存・繁殖」にプラスに活用できる（また実際我々はそのように活用する）のであり、こうした能力を進化の中で発達させたということもまた「人間が『繁殖』に向けて生きる」ことの裏づけのひとつとなる。

[39] ダマシオが、前頭前・腹内側部に傷を持つある患者について記述している部分を挙げておこう。「私はその患者とつぎの来所日をいつにするかを相談していた。私は二つの日を候補にあげた。どちらも翌月で、それぞれは数日離れていた。患者は手帳を取り出し、カレンダーを調べはじめた。そして何人かの研究者が目撃していたことだが、そのあとの行動が異常だった。ほとんど30分近く、患者はその二日について、都合がいいとか悪いとか、

第3章 人間の「本性」とは

タベース」にあり、(一部論理的な演繹が働くにしても) それを基にした「思いつき」がここでの作用の中心である。

例えば、(例は悪いが) あなたがどこかの家に空巣に入るとする。限られた時間の中で通帳や貴金属を見つけるためにどこを探すだろうか。素人の空巣であるあなたは、自分が家で貴重品を置いている場所——机や水屋の引き出しなど——をまず探し、そこに目ぼしい戦利品がなければあとは手当たり次第に押入れなどを探索するという程度の行動オプションしか思いつかない。しかし、ベテランの空巣なら、それ以外にも、家計簿の頁の間、洋服箪笥にかかっている背広の内ポケット、そこにあるかばん、本棚の本の間、敷物の下、場合によっては冷蔵庫など、重要ポイントを複数想定しそれらを効率よくチェックしていくはずである[40]。これらのポイントを彼が思いつくのは過去の経験の賜物であり、経験上現金や通帳を見つけたことが多いポイント、すなわち「快」を感じたポイントを彼は重点的に「想定」し、そうでないところ、かつて探索を試みて失敗し「不快」を感じたポイントは「想定」から外す。つまり、経験的な「快」「不快」の蓄積が、今現在の空巣の現場での彼の「理性」的思考における「想定」に反映されている。

同時に、そうした行動オプション・シナリオの「評価」、すなわち、それぞれの行動オプションを実際に行動に移すかどうかも、それを想像したときの「快楽状態の帰結」によって決まる。もちろんここにも、過去の経験に伴う「快」「不快」とその強度が影響しており、個々の行動オプションをとったときにどういうシナリオが考えられ、いかなる結果が生じるかを人間は自分の経験

あれこれ理由を並べ立てた。先約があるとか、べつの約束が間近にあるとか、天気がどうなりそうだとか、それこそだれでも考えつきそうなことをすべて並べ立てた。……患者は、……退屈な費用便益分析、果てしない話、実りのないオプションと帰結に関する比較を、われわれに話していた。テーブルも叩かず、やめろとも言わず、こういった話に耳を傾けるのは大変な忍耐がいった」。ダマシオによれば「この行動は純粋理性の限界の好例」で、行動選択にあたって選択肢の想定や結果の予測を客観的・論理的にやろうとするとこうなってしまっていつまでたっても行動は決まらない。我々がそんな事態に陥らず行動や意志を決定できるのは、そうではなく、以下本文で述べるような過程で (ダマシオはその過程を「自動化された意思決定のメカニズム」として説明するが、それについてはこの後で触れる) 行動決定が行われるからである。Damasio [1994] 邦訳297-298頁.

[40] 筆者には空巣の経験はないので、ここで挙げたポイントが本当に重要ポイントであるかどうかは確実ではない。ここでの記述にあたっては、福岡県警察のホームページの空巣対策の記載を参考にした。

的データに即して想像して、強い「快」が予測されるオプションほど優先的に実行し、そうでないオプションを却下している。ベテランの空巣は、上で挙げたような探索ポイントを想定した上で、自分の過去の経験上「快」を感じる確率が高いポイントに対して優先的に探索を実行する。逆に、ある家で冷蔵庫をチェックした際に、金品は見つからなかった上に中の食品が音を立てて滑り落ちてきて冷や汗をかいたといった「不快」の経験を持つ空巣であれば、冷蔵庫のチェックは見送るか後回しにすることが多いだろう。つまり、「理性」的思考における各種行動オプションの評価にあたっても、過去の経験に照らした感情・感覚的「快」「不快」が重要な役割を担う。強い「快」を伴った行動に類似する行動オプションは積極的に、「それを行う」方向で評価され、「不快」を伴った行動に結びつく行動オプションは消極的に、「それを控える」方向で評価される。

　このように、行動・意志決定にあたって我々が行う「理性」的思考も、行動オプションの「想定」とその「評価」の両面において、感情・感覚的な「快」「不快」を核としてなされる。それはつまり、過去の経験とそれに伴う「快」「不快」に照らして、目の前の場面に対する選択肢を想定しそれを取捨選択する作用なのであり、感情・感覚を軸に、場面に応じて「生存・繁殖・そのための資源獲得」につながる行動を導出する、「繁殖」に向けた内面作用の一環なのである。

(ⅲ) 行動導出・意志決定メカニズムと「繁殖」

　「学習」や「理性」的思考が、このように感情・感覚を核とした作用であることは、ジョンストンやダマシオの研究によって脳神経科学的に裏づけられている。長くなるので詳細はそれぞれの著作に譲るが、ジョンストンは、脳の中で感情を司る大脳辺縁系が、運動を司る脳幹や「考える脳」である新皮質との間に神経的な連絡路を持つこと、それらの間で出入力の相互作用があり辺縁系からの感情出力によって運動が制御されたり新皮質での認知プロセスが活性化されたりすることを示して、感情と「学習」や「理性」的思考との関連を説明している[41]。他方、ダマシオは、有名な「ソマティック・マーカー仮説」において、個々の場面において人間の身体神経上に形成される「神経的表象」が、その場面に反応するための「自動化された信号（ソマティック・マーカー）」とし

41　Johnston［1999］邦訳176-177頁．

て機能し、それによって行動が導出されるという身体神経の仕組みと作用を明らかにしている。そこでは、過去の経験がそのときの「快」「不快」を含めて神経の発火パターンとして個々人の中に記憶され、類似の場面に遭遇したときにそれが神経上再生される中で、最も「快」につながる行動オプションが神経上選択されて行動が生じることが神経作用として詳しく示されており、その内容は、本項で述べている「感情・感覚と学習・理性」の関係とほぼ合致する[42]。

では、このように、感情・感覚的な「快／不快」による行動オプションの取捨選択として行動導出過程が捉えられるとすると、先に挙げた、「家に帰ってビールという『快』のオプション」を抑えて、「責任感」やそれに照らした「思考」に基づいて「残業という『不快』のオプション」が選ばれるケースはどう考えられるのか。これは、「取捨選択」段階で「不快」が選ばれているというよりも、その人のそれまでの「学習」において、「仕事への責任感」や「今日できることは明日に延ばさないという信念」を発生させるような経験が「快」の感覚を伴って強化されてきたためだと考えられる。単純な例を想定して言えば、「子どものころ家の手伝いをしっかりやっていつもほめられていた」とか「宿題を先に済ませて遊びに行ったら心置きなく遊べた」とか、あるいは逆に「宿題を後回しにしておいたらやることがたまってしまって大変な思いをした」などといった経験から、そのような責任感や信念の達成を「快」とする「経験のデータベース」がその人の中で形成されているのである[43]。そのため、「帰ってビール」と「残業」では、「残業」（による責任感の達成）の方が「快」と感じられているのであって、「選択」過程では「快」が選択されているという点に変わりはない[44]。

これはつまり、彼の中で、上述の責任感や信念に基づき行動することが「繁

---

[42] Damasio［1994］第Ⅱ部，第Ⅲ部．ジョンストン、ダマシオのこれらの分析については、拙稿［2003-04］第Ⅲ章にて詳しく論じた。

[43] ここでは話を分かりやすくするために単純な説明をしているが、実際には人間はそれぞれ膨大な経験を意識的・無意識的に蓄積しており、特定の経験との直接的な結びつきから「快」「不快」の神経反応が生起されるのではない。ひとつの「快／不快」信号の背景にはいくつもの経験を踏まえた複雑な学習プロセスがあるのが普通である。

[44] ダマシオは、「外科手術に耐えたり、ジョギングをしたり、大学院や医学校に通ったり」というような「目の前の帰結がネガティブであっても、将来ポジティブな結果をもたらすような行動の選択」がなされることも、「短期的な見込みは不快だが、将来のためにという考えがポジティブなソマティック・マーカーを生み出」すことによるものと説明する。Damasio［1994］邦訳273-274頁．

殖」へのよい方法だという神経的な認識が、経験の中で形成されているということである。他方で、彼とは違い、「家の手伝いを先に済ませたらその間遊んでいた弟の分までいつも自分がやらされた」とか「お菓子を後の楽しみにとっておいたら妹に食べられてしまった」といった経験を重ねた人であれば、残業よりビールを優先することが自分の「快」の確保であり「繁殖」上有利だという戦略を経験的に身に付けるであろう。このように、「学習」の内容やそれに基づいて個々の場面で選択される行動は人によって千差万別だが、その背景にある「学習」や行動選択の仕組みはすべての人に共通である。人によって辺縁系と新皮質がつながっている人といない人がいる、そのため、感情によって認知プロセスが活性化される人とされない人がいる（もちろん人によっての程度の差はあろうが）というような脳神経の構造やそれが作用するメカニズムそのものの違いが同じ人間にあるとは考えられない[45]。そしてその点で、「学習」や「理性」的思考も含めた人間の内面作用は、「生存・繁殖」に向けた行動を個々の場面に応じて導出するための構造を持ち、それに向けて作用するメカニズムとなっている[46]。

　こうして、「学習」や「理性」的思考があることを根拠に「人は単純に『快／不快』で行動しているわけではない」とする見方に対しては、確かに「単純」ではなくきわめて「複雑」な形でではあるが、「学習」や「理性」的思考も感情・感覚的な「快」「不快」を基盤として生じるのであって、それらの働きも含めて人間の行動・意志決定は「快」「不快」を中心になされる、すなわち、「人は『快／不快』で行動している」と反論できる。「学習」も「理性」的

---

[45] 言うまでもないが、これはここで述べたメカニズムの説明に間違いがないと主張しているのではない。今後の研究からそれが見直される可能性は大いにあるが、だとしてもそれはメカニズムの中身に関する訂正であって、人間に共通する脳神経の構造やその作用メカニズム自体がないということにはならない。そもそも、こうしたメカニズムそのものの多様性をもし想定するなら、それは、身体でいえば手足の筋肉の構造や食物消化のための内蔵の仕組みが人によって異なると想定するのと同じである。そうなると人によっての相違というより、むしろ生物として別種の話とみなすべきであろう。

[46] 長谷川眞理子は、人間の内面作用を「適応行動導出アルゴリズム」と特徴づけるが（長谷川眞理子［2001］14頁）、その意味はここで筆者が言っていることと同じである。もっとも、「メカニズム」と「アルゴリズム」は本来区別すべき言葉で、特定の結果を生むための「メカニズム」よりも、この場合は、入力された条件に応じて適応的な行動を「解」として出す「演算機構」という意味の「アルゴリズム」が正しい。この点、表現が紛らわしいのは筆者の責任であるが、本書全体として、行動を導出する内面的な「仕組み」を言う場合に、より一般的な言葉を使うという意図から「メカニズム」を使っている。

思考も、経験に基づいて場面に応じて「繁殖」にかなう行動を導出する、その一環としての機能を担っている。つまり、「学習」や「理性」的思考を含めて、人間の内面作用は、「繁殖」に向けたメカニズムとしての構造と機能を有しており、このことからも、人間の行動は基本的に「繁殖」に向けられている、「繁殖」が人間の目的だという本章での主張が裏づけられる。

(2) 非「繁殖」的・反「繁殖」的な行動

次に、第二の反論——人間には生存や繁殖に反する行動も見られる——について考えてみよう。確かに、人間の中には、例えば「王冠やマッチ箱を集める」など、自分の生存や繁殖におよそ役に立つとは思えない行為に熱中しそれを生きがいにしている人がいる。のみならず、自殺のように生存に正面から反する行動や、結婚しない、子どもを作らない、自分の子どもを殺す、虐待するといった繁殖に反する行動も見られる。

しかし、こうした行動が人間に見られるからといって、人間が「繁殖」に向けて動くというテーゼが否定されることにはならない。というのは、ここまで論じてきたように、人間が「繁殖」に向けて動く、生きるというのは、人間の内面が「繁殖」に向けた行動を導出するメカニズムになっているという分析に基づいて言えることであり、そのメカニズムから生じた個々の行動の中に「繁殖」につながらないものがあったとしても、そのメカニズム自体の機能が否定されることにはならないからである。例えば、枕が、その形態から修学旅行の夜に友達同士で投げ合う娯楽に利用されることがあるとしても、あるいは、この世に存在する枕の中に、破れたり中の綿が飛び出したりして眠るときに頭の下に置けないものがあったとしても、枕なるものが「眠るときに頭の下に置く」ためのものであることに変わりはない。それと同様に、ある人の内面作用から「繁殖」以外のものへの志向が生じたり、反「繁殖」的な行動が出てきたりするからといって、人間の内面作用が「繁殖」に向けた機能を果たしていること、人間が「繁殖」に向けて活動する存在であることは否定されない[47]。

---

[47] 少々くどいが、念のため、この点についての生物学的な説明を補足しておこう。例えば、シマウマの特徴は「体に縞模様がある」ことにあり、チーターは「走るのが速い」と言われる。これらの特徴は多くのシマウマやチーターに当てはまるが、しかし、現実には先天的あるいは後天的原因により「縞模様がないシマウマ」や「足の遅いチーター」が出現することはよくある。突然変異で真っ白なシマウマが生まれたり（しばらく前に、ケニアでそういうシマウマが発見されたという報道があった）、生まれてからずっと動物園の檻の

メカニズム自体は「繁殖」に向けて発達し、そのために機能しているとしても、そこから生じる具体的な行動の中に「繁殖」に資さないものが出てくることは別段おかしいことではない。そのことは、前節での「学習」の仕組みを考えれば分かる。ここでの例に即して説明すれば、王冠やマッチ箱を集めるという行為は、それを集めている人の、何かを集めたい、それを手元に蓄積すると「快」だという感情作用が根底にあってなされている。そして、こうした感情作用自体は「繁殖」に向けた効果を有している。食べ物をはじめ、生存・繁殖のための資源の多くは有形の財物として存在するから、物を手元に置きたい、蓄積すると「快」だという感情作用はそうした資源の確保に資する。実際、人が何かを集めようとするときの対象は、美術品や工芸品、切手やコインなど、財としての意味を持つことが多い。しかるに、ある人の場合に、友達が集めていた切手よりも家にあったマッチ箱の方がデザインがきれいに思えたというような個人的な経験から、マッチ箱がそうした感情作用の対象としてインプットされ、その結果、そのような「繁殖」につながらないものがその人にとっての志向対象となることは十分ありうる。こうした場合、モノを集めたいという「繁殖」に向けた感情作用に、マッチ箱など「繁殖」につながらないものがその対象としてインプットされる「学習」が経験的に生じ（いわばインプットされる情報に「エラー」が発生している）、そのために、「繁殖」につながらないものを収集する非「繁殖」的な行動が導出されている。しかし、結果的に非「繁殖」的な行動が生じていても、「学習」を含め、それを生み出しているその人の内面作用とそのメカニズムが「繁殖」に向けられたもので、実際そのよう

中にいたため筋力が発達せず速く走れないチーターがいたりといったことは現実にある。だが、だからといってシマウマやチーターの先の特徴づけが「誤り」になるわけではない。シマウマの縞模様やチーターの俊足が彼らの「普遍的な形質」であり、特徴づけとして正しいか否かは、それに反する例があるかないかで判断されるのではなく、それに反する例が「たくさん」あるか、縞模様や俊足が彼らに「原則として」生じる必然的な原因や仕組みがあるかといったことで判断される。シマウマのほとんどが縞模様を持ち、チーターのほとんどが俊足であることが確認され、また、彼らにそうした形質が生じる遺伝情報が備わっていることが遺伝の知識から分かることにより、シマウマは縞模様を持つ、チーターは足が速いという特徴づけが正しいことが示されるのである。同様に、本章では、人間の多くに「生存・繁殖・そのための資源獲得」に向けた行動が見られ、また、それを志向する内的メカニズムが人間に備わっていることを示すことにより、人間が「繁殖」に向けて動く存在であることを述べている。従って、それに該当しない例が「ある」からといってこの特徴づけが否定されることにはならない。（それに反する行動例がかなりの数あって、且つそれが必然的・構造的であることまで示されないといけない。）

第3章　人間の「本性」とは

に機能していることには違いがなく、「繁殖」に向けて行動が導出されるという基本原則、基本メカニズムは変わらない。

　自殺や子どもへの虐待、子どもを作らないことなども同様で、もともと生存・繁殖へのプラス／マイナスに対応している感情・感覚機構に、「学習」過程で反対の効果を持つ刺激が「快」「不快」としてインプットされることでこうした行動は生じる。一般に、他者から拘束を受けず自分の欲求の通りに振舞うことは「快」であるし、自分の欲求に反して強制を受けるのは「不快」である。強制を受けずに自分の欲求通りに振舞うのは、生存・繁殖のための活動、そのための資源獲得活動を自由に行うことに通じるから、こうした「快／不快」の生成規則は「繁殖」にかなう。しかしそこへ、生きることに伴うさまざまな不自由や制限を強調し、死ねば「永遠の楽園」で自由に過ごせるなどというメッセージが強く吹き込まれたり、そうしたメッセージを裏づけるようなつらい人生経験が重なったりすれば、そこでのインプットを通じて、その人の中で「死ぬ」ことが「快」と結びつく。その結果、強制や拘束を嫌うという「『繁殖』に向けたメカニズム」の作用として、自殺という「繁殖」に反する行動が導出されることになる。これも、マッチ箱集めと同じく、インプットのエラーにより、「繁殖」に向けたメカニズムから反「繁殖」的な具体的行動が導出されてしまう例である。

　それに加えて、人間の性質が進化してきた環境と現代の我々の生活環境にさまざまな違いが生じていることから、進化過程の環境の下では「生存・繁殖」にかなっていた性質が、現代の環境条件下ではそのようには作用しなくなってしまい、そのために「繁殖」に反する行動が生じる場合も考えられる。子どもを作らないことを例に考えると、人間が生殖行動をとる場合、性行為やオーガズムに伴う大きな「快」がその主たる誘因になっている。（先にも触れたように、生物が「繁殖」に向けて行動する場合、「繁殖しよう」という目的意識を個々の個体が持つ必要はない。性行為に典型的に見られるように、「繁殖」につながる行為への欲求や感情作用がその個体に組み込まれていれば十分「繁殖」は達成できる。原始以来、人間が延々と性行為をし子どもをつくってきたのも、それを行った人間すべてが「子どもがほしい」と意識的に望んだからでは決してなく、各人が性欲に動かされ性行為を欲したからである。）しかし、避妊手段が発達することで、現代では生殖とほぼ確実に切り離して性行為の「快」だけを享受することが可能になった。それと同時に、上述のように、他

者から干渉や制限を受けるのを「不快」とする感情性向を人間は有しているから、こうした感情性向が個人主義的な思想や文化などによって強化された場合に、子どもを持つことによって生じる行動の制限や経済的コストなどがある人の中で多大に見積もられることがある。これら2つの条件が重なったとき、「繁殖」に向けた内的メカニズムの作用から、避妊して性行為は楽しむが「子どもは作らない」という非「繁殖」行動が導出されることになる。実際、現代では、子どもを持ちたがらない人が多数いるが、そうした人たちが普段軒並み性行為を行っていないとは考えられず、もし避妊手段が未発達であれば「子どもを作らない」という非「繁殖」的な生き方をする人は（本人の希望に関わらず）大きく減ると予想される[48]。

このように、具体的なケースとしては、必ずしも「繁殖」に結びつかないことを「生きがい」にしたり、「繁殖」に反する行動をとったりする人がいるが、その場合でも、そうした人たちに備わった内的メカニズムは、「繁殖」に向けて、そのための行動を導出する機能を果たすものとして発達し、またそのように作用していることに変わりはない。これらの非「繁殖」的・反「繁殖」的行為は、「学習」の過程での「誤ったインプット」や、進化過程と現代との環境的ギャップのゆえに生じる「エラー」なのであって、こうした例が見られるとしても、人間の内面の構造や作用が「繁殖」に向けられていることに変わりはないし、人間が「繁殖」に向けて行動するというここでの主張も否定されない。

---

[48] ここでは、人間の内面が適応行動導出メカニズムになっていること、人間が「繁殖」に向けて動く存在であることが、それに反する事例の存在によって否定されないことを示すのが目的なので、きわめて単純化した説明をしている。しかし、実際には、個々の事例における原因は複雑で、個々具体的な環境条件や個人的経験が幾重にも絡み合ってこれらの行動が生じていると考えられる。子どもへの虐待なども、子どもがいることによる行動制限などの「不快」要因の作用のほか、進化過程では広い場所での生活が普通だったのに対し現代では狭いアパートなどで子育てがされるといった環境的条件の違い、大家族から核家族への移行のような家族形態の違いなど、さまざまな要因が関係する。それ以外にも、個々の子どもが生まれるに至った経緯や親自身の育ち方、親自身の虐待経験、親族や近所との人間関係など多くの要因が考えられ、ひとつの虐待行動の要因を正確に突き止めるには、個別具体的な事例に即した専門的・具体的な検証を要する。「子どもを作らない」ことも同様で、個々の夫婦やカップルごとにそこには多様な要因や状況が関与しているだろうし、マクロな現象としても、「少子化」には「避妊手段の発達」以外に様々な要因（経済状態との相関など）が考えられ、実際それについては様々な角度から研究がなされている。しかし、少なくとも、こうした反-適応行動の例があることを根拠に、ここでの筆者の主張が否定されるわけではないことは、以上の説明から示せる。

第3章　人間の「本性」とは

(3) 個々人の人生の目的と「繁殖」

　では、第三の反論はどうであろうか。確かに、多くの人は、それぞれ独自の人生の目的を持って生きている。その中には、「出世」や「子どもの成長」のように、繁殖やそのための資源・利益の獲得に合致するものもあるだろうが、必ずそうであるわけではない。「貧乏でもいいから漁師になりたい」という人もいれば、「お金にも女性にも興味はない。学者になって哲学に没頭して生きていく」という人もいるだろう。昔の武士なら「自分はどうなろうとひたすら主君のために尽くす」ことを銘として一生を送った人もいるはずである。このように、個々の人間の持つ目的は多様であり、しかもそこでは繁殖やそのための資源獲得・利益ばかりが志向されるわけではない。だとすれば「人間の目的は『繁殖』」とは言えないのではないか。

　しかし、この反論は、個体レベルの意識的な目的と、生命運動体としての人間の「目的」とを混同したもので、個々人がそれぞれ多様な目的を意識して生きることと、人間の行動が究極的に「繁殖」に向けられている、人間の身体や内面が「繁殖」行動導出に向けて作用しているということとは矛盾しない。ここまでの議論からすでに明らかなように、「人間の目的は『繁殖』である」という本章の主張は、人間の身体や内面が「繁殖」に向けた、そのための行動導出に向けた構造や機能を持っていることに基づいて提示されている。他方、そうした内面メカニズムの一環として、人間は自己意識を発達させており、上述のような特定の生き方を個々人が目的として意識する、そういう内面作用を持っている[49]。その中で個々人は上で挙げたような「自分の人生の目的」を形成し意識するわけだが、それが形成される基盤は、その人の経験にある。「主君に尽くす」という目的を持って生きる武士は、その時代の環境条件、その中で自分がした様々な経験——主君に尽くすことはこれほど美しいことなのだということを説いた教育や、忠義的に生きている人が周囲の人から尊敬されている様子を見ること、自分が忠義的な発言をして親や親戚にほめられた経験など——に基づいてその目的を自分の中で抱くようになっている。それはすなわち、経験の中で、「主君に尽くす」という生き方をすることが周囲の環境に照らし

---

[49] こうした自己意識に基づく内面作用もまた、進化の中で「繁殖」に資するがゆえに人間が発達させたものである——つまり、それも「繁殖」に向けた内面メカニズムの一部である——ことは、この後次節(1)で改めて述べる。

てよい評判や地位の獲得につながって「繁殖」上プラスである、自分の能力・性格などに照らしてもそういう生き方が可能であり適応的だ、という判断が（無意識のうちに）その人の中で形成されたということである。つまり、その人の内面メカニズムにおいて、経験や環境からのインプットを通じて、「主君に尽くす」という生き方が自分にとって「繁殖」上有利な戦略だという（意識下での）判断がなされ、それが「人生の目的」として本人に意識化されている。実際、「自分を犠牲にして主君に尽くす」というのは、一見自分の「繁殖」やそのための利益を度外視する生き方のようだが、武家社会など特定の環境の下では決してそうではない。例えば、日本の戦国時代に甲斐の武田家が落ち目になって滅びるとき、家臣や親類衆が主君武田勝頼を見限って逃亡する中、家臣の一人土屋惣蔵は最後まで勝頼に従い、「天目山の戦い」では圧倒的多数の追討軍を相手に一人奮戦して壮絶な最期を遂げた[50]。しかしその忠義ぶりは敵である織田・徳川勢も含めて評判となり、その子孫は徳川家康に見出されて江戸幕府において上総久留里の大名に取り立てられている。「主君に尽くす」ことを是とする環境条件の中で、それを反映させた人生の目的を持ち、またそれをまっとうすることは、そのために本人が死ぬという一見反「繁殖」的な効果を持つかのように見えて、実は、子孫の繁栄という大きな「繁殖」成功をもたらす有効な手段になりうるのである[51]。

　漁師や学者になりたいという目的も同様で、本人には意識されないが、そうした目標は、経験の中で自分を取り巻く環境条件や自分の能力・性格を勘案した上での、自分にとってなしうる「ベストな繁殖戦略」としてその人の中に形成されている。漁師になることは、コンピュータのプログラマーになったりプロ野球の選手になったりするよりも平均的に低い収入しか得られないかもしれない。しかし、父親が漁師で、漁に関する知識や親しみが自分の中にある、し

---

[50] 現在でも山梨県甲州市のその場所には「土屋惣蔵片手切りの古址」が残る。
[51] ここでの記述に対して、「主君への忠義」を是とする価値観は江戸時代に形成されたもので、戦国時代の主君と家臣の関係はもっと現実的でドライだったという反論があるかもしれない。しかし、戦国時代に「忠義」的価値観がなかったわけではなく、少なくとも一部の武士の間でそういう「美学」が持たれていたことは、ここで挙げた土屋惣蔵以外にも、例えば、同じ天目山の戦いにおいて、長く勝頼に疎まれ遠ざけられていたにも関わらず馳せ参じて討ち死にした家臣小宮山友晴、三方が原の戦いにおいて主君徳川家康の命を助けるために身代わりとなって憤死した夏目吉信、鈴木久三郎など、現に主君に忠義を尽くした多くの武士の存在から示される。

第3章 人間の「本性」とは

かしコンピュータは触ったことがないし球技も苦手だという人にとっては、漁師になる方がプログラマーや野球選手を目指すより確実で有効な「繁殖戦略」である。哲学書を読むのは大好きだが、人と話すのは苦手だしスポーツはからっきしだめだという人は、商社マンやサッカー選手を目指すより学者を目指す方が「繁殖」成功・資源獲得の確率は高い。つまり、個々人は繁殖やそのための資源獲得などを意識せず、それを度外視して自分の好みや経験に基づいて人生の目的を決めているという場合も、その人の内面的メカニズム全体の作用として見れば、そういう人生の目的を持つこと自体が、その人の経験上のインプットを踏まえた「繁殖」戦略になっていることが多い。よって、各人が持つ人生の目的の中身は多様で、また「繁殖」とは一見無縁なように見えても、そういう目的を持つことを含めて人間の内面作用は「繁殖」に向けて働いているのであって、人間の究極的な目的を「繁殖」だと主張することに問題や矛盾は生じない。

(4) 利他性の「利益」

最後に、4つ目の反論として挙げた「利他性」について検討してみよう。我々人間が、自分のため、自分の利益のために行動するだけでなく、他者のために行動する利他性を持っているのは事実である。自分の時間や欲求を犠牲にして子どもの世話をする、兄弟姉妹が助け合うのを典型として、夫や妻に尽くす、恋人や好みの異性に優しくする、贈り物をするといった事例は日常頻繁に見られる。そんな特別な間柄でなくても、友人、同僚、隣人、その他の人たちが困っていればそれを助け、悩んでいれば相談に乗り、相手のためになる物や情報をあげたり必要な物を貸したりして我々は生活している。そればかりか、献血や募金など、見ず知らずの人のための行動すらする。

言うまでもないが、我々はこうした行動を、計算に基づいて自分のためにすることも多いから、これらの行動すべてが利他性の表れなのではない。同僚の仕事を手伝うのは「こうしておけば自分が忙しいときに助けてもらえる」ことを見込んでのことだったり、取引先の担当者に食事をご馳走するのは次回の発注を優先的にまわしてもらうためだったりする。子どもの世話も、自分が老後の面倒を見てもらうための初期投資と思ってやっている人がいるかもしれない。しかし、あらゆる利他行動が意識的な損得勘定によるわけではなく、「心から」相手のために行う行動も決して少なくない。では、そうした「心からの」利他

行動を人間が行うということは、人間は「繁殖」に向けて生きる、そのための「利」に向けて行動するという主張への反証になるだろうか。

　この場合の「心」が、具体的には感情を指しているのは明らかである。我々は、自分の子ども、兄弟姉妹、友人、同僚その他に対して、その人のためになることをしてあげよう、力になってあげようと感じ、そう感じるがゆえに相手の利益になる行動をとる。その意味で、こうした利他行動は我々の感情を源として生じている。(この点でまず、これらの利他行動の例も、感情が行動導出の核だという先の筆者の説明に合致している。)しかし、この場合、利他的な行動を意識的な損得勘定に基づいて行うか、感情に基づいて「心から」行うかに、実は本質的な違いはない。というのは、利他行動の喚起に向けて我々の中で生じる感情というのが、そもそも、自分の利益確保のため——「繁殖」のため——に、進化の中で人間に備わったものだからである。

(i) 血縁者に対する「利己的」利他性

　まず自分の血縁者に対する利他的感情、利他行動について考えてみよう。生物学的に見れば、自分の子どもは自分と同祖遺伝子の1/2を共有する存在であり、子どもが生まれて無事成長することは、私自身の「繁殖」そのものであって自分にとっての最上の利益である。よって、子どもを食べさせ、服を着せ、怪我や病気から守り、勉強をみてやり、生活や進学のためのお金を出す、その他すべての子どもへの支援行動は、外形的には人のために自分が犠牲になっているように見えるが、実は自分の「繁殖」のための行動であり、利他性ではなく「利己性」の表れである。兄弟姉妹にしても同様で(両親を同一にする兄弟姉妹は遺伝子共有度1/2)、彼ら彼女らが生き延びさらには子どもを作ることは、自分の遺伝子の複製が進むことを意味する。それに対する支援や協力は自分の「繁殖」行動の一環なのであって、彼らへの利他行動も生物学的に見れば「利己」行動なのである[52]。

　実際、子どもへの支援行動は多くの動物に見られる。それは、寒さや飢えに耐えて卵をじっと温め続けることだったり、襲ってくる捕食者から子どもを守って戦うことだったり、あるいは獲物の捕まえ方を教えることだったりと種によって多様だが、いずれにしろ、子どもを守ったり支援したりという行動は動

---

[52] 血縁淘汰の理論。その解説はほとんどの進化生物学関係書に載っている。長谷川・長谷川 [2000] 第6章、西田 [1999] 第4章、Pinker [1997] 第7章、Dawkins [2006] 第6章など。

物の間で幅広く行われている。子どもは自分の遺伝子を受け継ぐ存在だから、それを支援する行動性向を持つ者（そういう行動性向を個体に生じさせる遺伝子）は、子どもが生き残り繁殖する可能性を高めることができ、自分の遺伝子をたくさん後世に残すことができる。よって、子どもを支援する行動性向が多くの動物で進化する。兄弟姉妹その他の近縁者に対しても同様である[53]。人間の場合、先に述べたように、行動の源は感情・感覚にあるから、そうした性向は感情に反映されて、子どもや兄弟姉妹を他人以上に大事に思い、心配したり共感したりする感情が備わる。子どもが喜ぶ顔を見れば自分も嬉しくなり、子どもが怪我や病気をすれば他人以上に不安を感じ心配になり、子どもが試験に合格しあるいはスポーツで優勝すれば自分も誇らしくなる。こうした感情性向は、（程度の差はもちろんあるが）時代や文化を問わず、人間に普遍的に見られるもので、それに基づく近縁者への支援行動も人間に普遍的である。このように、血縁者への利他行動は自分の「繁殖」のための行動であり、こうした行動を人間が行うことは、人間が「繁殖」やそのための「利」に向けて動くことの反証ではなく、むしろその証拠である。

(ⅱ) 非-血縁者に対する「利己的」利他性

では、血縁がない相手、薄い相手に対する利他行動はどうか。このうち、夫や妻、彼氏・彼女、意中の異性に対する行動が、究極的に「配偶相手の獲得（もしくは維持）」のためであって「繁殖」活動の一環であることは説明を要さないだろう。この場合の行動は、一般に「愛情」と呼ばれる感情を源として生じるが、①「愛情」に基づく利他行動を意中の異性にとることは、相手からの好意の獲得につながり、配偶のパートナーとなってもらって「繁殖」を実現するために有用に作用するし、②そもそも「愛情」なる感情作用が我々人間に備わったのも、①で述べた効果のゆえにそれを有した個体がたくさん繁殖し、その遺伝子が我々に受け継がれたためと考えられる[54]。つまり、「愛情」とそこから喚起される行動は、「配偶相手の獲得・維持」という、各人にとっての最大の「繁殖資源」獲得作用を有しており、そのために人間に備わったものであ

---

[53] 近縁度という点では自分の親（遺伝子共有率1/2）や祖父母（遺伝子共有率1/4）も同祖遺伝子を高い割合で共有する存在であり、よって、親や祖父母などに対しても人間はしばしば協力や支援を行う。しかし、それが自分の子どもに対するほどではないのは、親や祖父母は自分より年上の存在で、自分の子どもに比べて残りの人生での繁殖可能性が低いからである。Dawkins [2006] 第6章.

[54] 愛の感情が「適応」的機能を果たすこととそれを実証する研究は、Frank [1988]。

る。よって、「愛情」に基づく異性への利他性も、生物学的に見れば「繁殖」のため、そのための「利」に向けられたもので、「利己性」の一環——というよりその最たるもの——に他ならない。

その一方で、異性に限らず、友人、同僚、隣人その他周囲の人間に対しても、我々は、損得勘定ではなく「心からの」利他行動をしばしば行う。しかしこれも「繁殖」上の「利」に向けた行動であることは、R・トリヴァースの「互恵的利他行動の理論」が示すところである[55]。

個体認知と記憶の能力を備え、メンバーが一定程度固定した集団で生活する生物種においては、自分が多少コストを被っても相手にそのコスト分以上の利益をもたらす行為を行い、あとで（もちろん同時にでもよい）同様の行為を相手から「お返し」してもらうという関係を特定の相手との間で築くと、両者共が「得」をして、そうした関係を持たない場合と比べてより多くの「繁殖上の利益獲得」が図れる。こうした行動をとる個体はそうでない個体より繁殖の可能性が高まるから、「互恵的利他行動」を行う性質、そうした行動を喚起する内面作用がその生物種には進化する[56]。

---

[55] Trivers [1971].

[56] これをドーキンスは、分かりやすく「ぼくの背中を掻いておくれ、ぼくは君の背中を掻いてあげるという原理」と表現する。Dawkins [2006] 邦訳254頁．その実証例として広く知られるのが、チスイコウモリの「血の吐き戻し」についての研究である。チスイコウモリとは、その名の通り哺乳類の血を餌にしているコウモリで、中南米の洞窟に10頭前後の集団で暮らしており、同じ洞窟に住む個々の個体を各自がきちんと識別している。彼らは、夜になると餌を求めて活動するが、朝になって巣に帰ってくると、十分に餌を摂れなかった者に対して、満腹の個体が自ら吸ってきた血を吐き戻して与える。そして後日、このとき血を分けてあげた者が十分な吸血に失敗したときには、かつて恩を受けた者が「お返し」をすることが観察されている。チスイコウモリは代謝の速度が速く、60時間餌にありつけないと餓死してしまうという。実験によると、満腹の個体が体重の5％分の血を仲間に渡すと、自分は約4～5時間命を縮めるが、一方、血を分けてもらった方はそれによって約15時間生きながらえる。こうして、血の与え手は一定の損失を被りつつもそのコスト以上の利得を受け手に与え、逆に自分が困ったときはその相手に救ってもらっている。これを、連続した長期的な関係の中で繰り返すことでお互いが適応度を向上させている（Wilkinson [1984]、長谷川・長谷川 [2000] 165-167頁）。こうした関係は長く続くほど当事者双方に大きな利益になるので、個体認知や記憶の能力に加え、寿命がある程度長い種ほど互恵的利他行動を行う性質が発達しやすくなる。互恵的利他行動についても、ほとんどの進化生物学関連書で解説されているが、例えば、長谷川・長谷川 [2000] 第8章、Wright [1994] 邦訳下巻第9章など。なお、損得についての意識的計算を要するように見えるこうした行動が、動物の間で、しかも遺伝を通じて本当に進化するのか疑問に思う向

第3章 人間の「本性」とは

　人間の場合、血縁者支援と同様に、感情作用の中にそうした性質を見出すことができる。「友情と好き嫌いの感情」、「義憤」、「感謝、同情」、「罪悪感と償い」といったいわゆる「道徳感情」がそれである。最初の「友情と好き嫌いの感情」のうち、誰かを「好き」になることが、その相手への利他行動を喚起する作用を持つことは言うまでもない。我々は、自分が「好き」な人には親切にし、相談にのり、仕事を手伝い、家に呼んで食事をご馳走し、といった利他行動を積極的に行う。そしてまた、我々が「好き」になる相手というのは、多くの場合、分からないことを教えてくれた、仕事を助けてくれたなど、自分に利他行動をしてくれる（くれた）人である。何かを頼んだら断られた、冷たい態度をとられた相手を「好き」になる人は稀であろう。むしろ、そうした相手は「嫌い」になって、自分もその人への利他行動を控えるのが普通である。こうして、「好き」「嫌い」の感情は、互恵関係の構築・発展が望めそうな相手に対して利他行動を積極的に行い、そうでない相手を遠ざけるよう自らに動機づける作用を果たしており、互恵関係の構築・維持のために機能する。さらに、「好き」な相手との利他行動の交換がある程度継続すると、我々はその相手に「友情」を感じるようになる。これは、それまでの利他行動の交換実績を踏まえてその相手への利他行動の動機づけを強化し、一二度相手からの「お返し」がスキップされることがあっても、その相手を「嫌い」になることなく信頼を継続させる感情である。こうした実績のある相手の場合、「お返し」がスキップされてもそれはなんらかの事情によるアクシデントである可能性が高いから、そこで関係を断絶せずに引き続き互恵関係を維持することが自分にとっての利益にかなう。「友情」は、そうした相手との互恵関係の促進、断絶防止の機能を果たしている。

　２つ目の「義憤」とは、自分の利他行動に対して「お返し」をしてこない人や、直接自分が関わっていなくとも、他者から受けた利他行動に「お返し」をしない人に対して感じる攻撃的な感情である。こうした人は、「お返し」をしてこないわけだから、関係を持ってもこちらに利益はない、「互恵関係」の相

きがあるかもしれないが、主体がいちいち損得勘定するのでなくても、こうした「行動パターン」が「利己的な」行為主体の間で発生・定着しうることは、ロバート・アクセルロッドのコンピュータ・シミュレーションによって実証されている（Axelrod［1984］）。その紹介は、長谷川・長谷川［2000］179-184頁、Ridley［1996］邦訳第3章、Wright［1994］邦訳下巻第9章、織田［1991］、『理論と方法』［1993］8巻1号など多数。

手として望ましくない存在である。よって、これにネガティブな感情を持ち、場合によっては実際に攻撃を加えることでその人を遠ざけることができるし、誤ってそういう人と関係を持ってしまい利他行動のやりっぱなしをするという被害を被るのを防ぐことができる[57]。また、自分が誰かから害を加えられた時は、これに憤慨して「復讐」することにより、自分が「危害を加えられたら復讐する」性質を持っていることを相手や周囲に誇示し、他者から危害を加えられるのを防ぐ機能もある[58]。

3つ目の「感謝、同情」は、いずれも相手への利他行動の動機づけとなる感情で、誰かから利他行動をしてもらったときに将来「お返し」しようという意志を自らの中に生じさせるのが「感謝」、苦境にある人をかわいそうに思い、その人を助けるための利他行動を起こさせるのが「同情」である。いずれも互恵関係の構築・維持に役立つ。こちらに利他行動をしてくれる人というのは今後もそうやって自分に利益をもたらしてくれる可能性の高い相手だから、そういう人には強く「感謝」して積極的に「お返し」をし、関係を継続させるのが利益的である。その一方で、苦境にある人を見て利他行動が動機づけられるのはなぜかという疑問を持つ人がいるかもしれないが、この点は次のように説明できる。苦境にある人というのはそれだけ他者からの利他行動を必要としている存在である。そういうときに恩をかけてあげれば、相手はこちらに強く「感謝」する。つまり、その利他行動は、将来「お返し」される確率が高い[59]。す

---

[57] もっとも、実際にそういう人に攻撃を加えるには時間と労力がかかるし、相手から反撃されるリスクもあるので、こうした感情に基づく「攻撃」は、自分の「繁殖上の利益」に反する結果を招く場合もある。こうした加罰と互恵の関係については、近年、進化心理学や社会心理学などで盛んに研究が行われている。例えば、Boyd et al. [2003] など。

[58] 危害を加えても相手が「復讐」してこないのであれば、その人の利益や資源を奪っても加害者に被害は生じないから、「復讐」しない人は他者から安心して危害を加えられる羽目になる。そうならないように各人は「復讐」感情を持つわけだが、危害を加えられた後に「復讐」するのではすでに危害が発生してしまうので「復讐」感情は危害の防止にはならないのではないかという疑問があるかもしれない。しかし、その人が「復讐」感情を持っていることは、日常の中でその人の表情や振る舞いに表れるし、実際、何かの危害を一度加えられたときに厳しく「復讐」する態度を見せておけば、周囲の人に自分の「復讐」性質を示せてそれ以降の危害の防止になる。この点については、Frank [1988] にて詳しく分析されている。

[59] 実際、人が同情を感じるのは、不運や災害などのため、自分のせいではないのに苦境に陥っている人に対してであることが多い。こうした人は自分の資質や能力に欠陥があって苦境を招いたわけではないから、誰かの助けでそこを脱け出せばその人に「お返し」でき

でに自分と関係のある相手であれば、そうしたときに利他行動をしてあげることで今後互恵関係が一層発展するであろうし、これまで関係のなかった相手であれば、それが互恵関係を構築するよい契機になる。困っている人への利他行動は、いわば確実性の高い「投資」なのである。集団規模が小さく、メンバー同士の接触が現代社会よりずっと多かった原始社会ではなおさらであっただろう。そしてこの「感謝」や「同情」は、こちらが相手に行う利他行動の大きさを決める指標にもなっている。相手から大きな利他行動をしてもらえばそれだけ大きな「感謝」を感じ、その分、こちらも、たくさんの利益を「お返し」しようとする。「同情」も、強く感じるほど大きな利益を相手に与える動機づけになる。

最後の「罪悪感と償い」は、他人から受けた恩や親切に対して十分な「お返し」をしなかったときに生じる感情である。何かの都合で、あるいは一時の誘惑に負けて相手への「お返し」をし損なったとき、それを悔いることで以後同様の「過ち」を犯すのを防止できるし、間に合うのであればそれに「償い」をすることで相手との関係断絶を防げる。ここでも、スキップした「お返し」の意味が大きく（相手が大きな利益をこちらにもたらしてくれたのに「お返し」を怠り）強い「罪悪感」を感じるほど、その「償い」として相手に与えようとする利益は大きなものになる。また、目先の利益に目がくらんで相手を裏切ろうとするまさにそのときに罪悪感が発生することで、それを押しとどめ互恵関係の喪失を防ぐ機能もある[60]。

このように、道徳感情とそれに基づく他者への利他行動は、他者との互恵関係を通じて繁殖に向けた利益や資源を確保するために機能し、そのために人間に備わったもので、こうした行動も究極的には「繁殖」に向けた「利己行動」であることが分かる。

るだけの安定した状態を作れる可能性がある。（つまり支援すれば「お返し」が返ってくる可能性が高い。）他方で、我々は、自分のミスや力不足で困難を招いた人に対しては「自業自得」としてそれほど同情しない。こうした人は自分のせいで苦しい状態にいるわけだから、支援してもそれを乗り切って安定的な状態を作れる可能性が低く、その「投資」が返ってこない確率が高い。「同情」には、このように相手の状態と能力との関連、それを支援することの効果（「返報」確率）に関する評価が関わっていると考えることができ、だとすればこのことは、それが「互恵」に向けた機能を持つことの裏づけになる。（この点については、東京大学・平石界氏からも同様の指摘を受けた。）

[60] 「罪悪感」のこうした機能をはじめ、これら道徳感情の役割については、Frank [1988]（特に第3、4章）にて分析されている。

（ⅲ）不特定多数の相手に対する利他行動

　これに対してさらに、人間の利他行動は互恵関係が見込める相手に限った話ではなく、献血や寄付のように不特定の相手に対する利他行動があったり、知らない人に電車の席を譲る、旅先のレストランでチップを置くといった、以降のつきあいが見込めない人に対する利他行動もあったりするから、ここでの説明はやはり不適切だという反論があるかもしれない。しかし、これらの行動も、やはり自分の「繁殖上の利益」に向けた「利己」行動の一環である。このことは、人間社会が「間接互恵」の構造を持っていることから示される。これら不特定の相手に向けた利他行動は、この「間接互恵」関係の中で自分の利他性を他者一般に対して示し、それによって周囲の人との今後の互恵関係構築を促進するという意味を持っている。

　人間社会で個々の人間が持つ互恵関係は、今現在つきあいのある人同士の関係に限定されるわけではない。各人は、今まで関係のなかった人とでも常に新しい互恵関係を構築しうるのであり、互恵関係の可能性は周囲にいる人一般に開かれている。そして、互恵関係とは、「自分が一定のコストを負担しながらそのコスト以上の利益を相手にもたらすような行動を相手にしてあげ、それを相互に交換する関係」であり、それによって当事者双方が文字通り「恵」を得る関係だから、それを他者との間で持つことは、持たない場合よりも各人にとって基本的に利益になる。よって、各人にとっては、周囲の他者との間でなるべくたくさんの互恵関係を持てれば、それだけ大きな利益が見込めて「繁殖」上プラスになる。（とはいえ一人がつきあえる範囲は限界があるし、また、たくさんの人と関係が持てても個々の関係の中身が薄いものではそこから得られる利益は少ないので、単に数が多ければよいというものではない。だが、基本的には、互恵関係を多くの人と持つことは各人の利益の向上につながって望ましい。）

　さてこのとき、「繁殖」に向けて「利己的」に動く個々の人間が、他者と互恵関係を持とうとするのは、そこでの「利他行動の交換」によって自分に利益が見込めて得だからである。なので、自分が誰かと互恵関係を持つには、相手から「この人と関係を持てばこちらに利益をもたらす行動をたくさんしてくれて得になりそうだ」と思われることが条件となる。「この人はつきあってもこちらのためになる行動はあまりしてくれなさそうだ。こちらが何かしてあげても感謝してくれそうにないし『お返し』もしてくれそうにない」と思う相手と

は誰も関係を持ちたがらないから、自分がそんな人間だと思われてはいけない。つまり、他の人と互恵関係を持つには、(そのこと自体は自分の利益のためだから皮肉なことであるが)人から「利己的な人」と思われてはならず、「利他的な性質を持った人」と思われるのでなければならない。しかも、人間は他者との間で言葉を通じて情報を交換するから、自分が普段どういう態度で人に接し、今現在の互恵関係の相手とどういうつきあいをしているかという情報は、幅広い範囲で周りの人に伝わる。今現在つきあいのある相手が別の人に自分の様子をあれこれ話すといったことは実際よくあるだろうし、普段の自分の振舞いや態度が他の誰かに観察されたり、それがさらに別の人に伝わったりすることも多いだろう。こうした情報は、いまだ「私」と関係を持っていない人を含め、周囲の他者にとって、「私」がどんな性質を持っているか、十分利他的な性質を持っているかを判断する有力な材料になる。そのため「私」としては、普段の振舞い、今つきあいのある人に対する行動を通じて、自分が「積極的に他者に利他行動をする」「そういう性質を持っている」人であることをアピールしておくことが、今後幅広い互恵関係を周囲の人との間で築けるかどうかの重要な条件になる。そこで、人間は、他者一般や見知らぬ人に対しても「道徳感情」を発露する性質を備え、献血や寄付、席を譲る、旅先でチップを置くなど、自分の利他性を示す行動を「心から」とる。これらの行動は、いわば、将来の幅広い互恵関係構築という配当に向けた広告的投資であり、これもすなわち多くの人との「互恵関係の構築」を可能にし、「繁殖とそのための利益」をなるべく多く確保しようとする「利己」行動なのである。実際、我々は、献血や寄付を積極的に行い、お年寄りや体の弱い人に率先して電車で席を譲る人を「いい人」と思い好印象を持つ。そして、周囲から「いい人」と思われる人が、そうでない人よりもたくさんの人間関係――互恵関係――を築けることは我々の経験上明白だろう。(このように、特定の相手との直接的な互恵関係だけでなく、周囲の他者一般を対象とした「間接」的な互恵関係をも含めて人間社会の互恵構造を考える理論が「間接互恵の理論」である[61]。図3-2参照)。

---

[61] 「間接互恵の理論」について、詳しくは Alexander [1987](特に pp.85-87, pp.93-95)。その解説は、拙稿 [2003-04];[2004-05] 参照。なお、献血等の行動は、他者一般に向けた「利他性」アピール以外に、自分の「利他性」を自分自身に向けてアピールするという重要な意義を持つ。これは、自分が真に利他的な存在だと自分で信じ込むことで、他者への利他行動が自分の中で喚起されやすくなるという効果を持つが、長くなるので詳しい説明は省く。上記拙稿参照。間接互恵については、特に近年詳しい研究が数多くなされてい

4．反論と回答

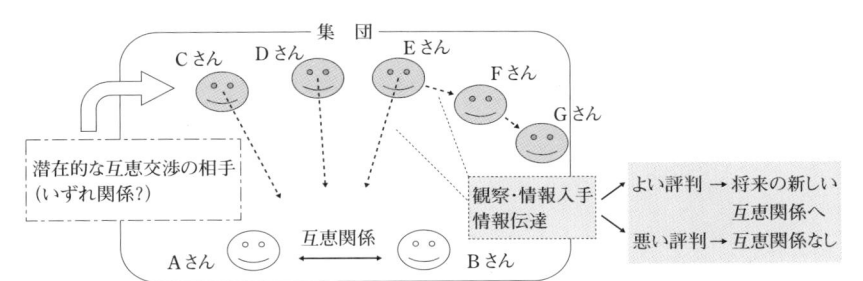

図3-2　集団内の「潜在的な互恵交渉の相手」との関係

〔集団〕Cさん、Dさん、Eさん、Fさん、Gさん
潜在的な互恵交渉の相手（いずれ関係？）
Aさん ─ 互恵関係 ─ Bさん
観察・情報入手／情報伝達
よい評判 → 将来の新しい互恵関係へ
悪い評判 → 互恵関係なし

　Aさんは、Bさんに対して（あるいはその他の普段の振舞いにおいて）積極的に利他的な行動を行うことで、Cさん以下周囲の他者に、自分が「利他的な性質を持った、互恵関係を築くに望ましい相手」であることを印象づけ（「よい評判」を得）、それによって今後Cさん以下の人たちと互恵関係を築く可能性を高められる。逆に、Bさんとの関係や普段の振舞いの中であまり積極的に利他行動を行わなければ、Cさん以下から「互恵関係を持つに望ましくない相手」と思われてしまい（「悪い評判」を得）、彼らと将来互恵関係を結べる可能性が挟まる。

　なお、このことはAさん本人に自覚されている必要はなく、Aさん自身は単にBさんとの関係や普段の振舞いにおいてなるべく利他的に行動してさえいれば上述の効果は得られる。言い換えれば、Aさんに必要なのは、（以上の構造の理解よりも）他者に対して利他的に振舞う内面的性質である。病気や貧困で困っている人に「同情」し、献血や寄付をしようと思う感情性向を我々が持っているのは、この必要性が反映して（その「適応」的効果のゆえに）そうした感情が進化の中で備わったからだと考えられる。

　以上、一見利他的に見える行動が人間には多々見られることは確かだが、（ⅰ）から（ⅲ）で示した血縁淘汰の理論、互恵的利他行動の理論、間接互恵の理論などから、こうした行動も、究極的には「繁殖」とそのための「利」に向けた「利己」行動であることが分かる。つまり、人間は一貫して「繁殖」に向けて、そのための資源や利益の獲得に向けて「利己的に」動く存在だと言える[62]。

る。Nowak and Sigmund［2005］など。

[62] 先に説明した通り、ここで言う「繁殖」は「生存・繁殖・そのための資源獲得」という意味であり、これは言葉を換えれば、「自分が生きて子どもを作っていくことに向けた幅広い利益」を指す。よって、以下本書で「人間は『繁殖』に向けて動く」、「人間の目的は『繁殖』」と言うのは、「人間は利に向けて動く」と言うのとかなり近い意味である。但し、本節で述べたように、「生存・繁殖・そのための資源獲得」には、自分だけでなく血縁者の利益が含まれている。また、一般的には「利己」とみなされないような互恵関係に基づく利他行動も、ここでの観点からは自分の「繁殖上の利益」に向けた行動と捉えられるのはここで述べた通りで、従って、その「利」とは、一般に想定される「利」よりも幅広い利益を含んだ、もっと強い意味である。そのように強い意味であることを踏まえれば、

第3章 人間の「本性」とは

5．生物としての人間

（1）人間と動物

　以上、反論に対する再反論が長くなったが、「『繁殖』に向けて生きる」というのは、先に述べたように、生物一般の基本原理であり、本章での議論は、一見それに反するかのような特徴が人間には見られるにも関わらず、それは人間にもしっかり妥当することを示したものである。しかし、こう言うと、では人間と他の生物はまったく同じなのか、他の生物にない人間の特徴や独自性はどう位置づけられるのか、という疑問が呈せられるかもしれない。この点についての筆者の考え方をここで簡単に整理して述べ、本章での主張を理解しやすくしておこう。

　「繁殖」に向けて生きるというのは、自然淘汰の中でそれに資する形質を生物が進化させてきたことに基づく、生物一般に妥当する基本法則である。しかし、その一方で、具体的にいかなる形質をどういう利益のために発達させるかは、個々の生物の生態や生息環境に応じてさまざまである。水中で生きる魚はその環境条件に対応してヒレやエラ呼吸を発達させているし、空を飛ぶ鳥は翼を持って肺呼吸をする。肉を食べるトラやライオンはそれに適した鋭い歯を、草を食べるシマウマやウシは平たい歯を備えるし、フィンチは自分が食べる種子の形状に合わせてくちばしの形態を発達させている[63]。そうした中で、ヒトは、直立二足歩行をし、体毛をなくし、脳を発達させた。それらがいつ、いかなる適応価に基づいてヒトに進化したかについては前述のように諸説があるが、自分が生き残り繁殖して遺伝子を複製する上でプラスの効果があったがゆえに、これらの性質がヒトに備わったことは間違いない。個々の生物種が自らの生態・環境に合わせて「繁殖」に適した独自の具体的特性を発達させているのと同じように、人間も、生物種として独自の特徴をいろいろ発達させている。それが直立二足歩行であり脳の発達であるが、しかし、その背後にある基本法則として「『繁殖』に向けて生きる」という点は、人間も他の生物も共通であり、

　本書で言う人間の目的としての「繁殖」を「利」あるいは「利益」と言い換えても差し支えない。
[63] 前述本章第2節注11参照。

5．生物としての人間

そこに、すべての人間が「生物として」持つ普遍的な性質を見出すことができるというのが本章の主張である。

これに対して、人間と他の動物は本質的に異なる、人間は他の動物と比べて特別だという近代に一般的な人間観からは、動物の行動は本能で規定されているが人間は個々人が独自に意志を形成し主体的に行動する、あるいは、言語を使って思考したりコミュニケーションをとったりするといった点で、人間は他の動物と根本的に違っているのだという主張が出される。しかし、「人間」と「動物」のこうした区別には、筆者ははっきり反対である。

そもそも、「動物の行動は本能で規定されている」というのが具体的にどういう意味なのか、筆者には理解しがたい。どんな動物であれ、個々の個体が直面する生活場面は日々、そして一瞬一瞬異なっており、場面に応じたその時々での行動決定をいかなる動物も行っているはずである。例えば、シカがライオンに襲われて逃げる場面を考えてみよう。水辺で水を飲んでいたシカが、背後から近寄ってくるライオンの物音に気付いて逃げ出す。が、このとき、その物音が、同じように水を飲みに来た仲間のシカ、あるいはシマウマやヌーでなく、ライオンだとどうやって分かるのか。音以外に例えば臭いなどでも識別するとして、そうすると、その臭いがライオンのものだとどうして分かるのか。音や臭いは、そのときの天候や風向きにも左右され、他の音や臭いと混ざったり消されたりするはずだが、その中で、そのときの物音や臭いがライオンのものだといかにして認識するのか。ライオンに気付いていざ逃げるときに、どっちの方向に逃げるかを個々のシカはいかに判断しているのか。右に行けば仲間がいて群れにまぎれこめるが、左に行くと群れから離れて危険だといった状況をどのように把握するのか。それらが「シカの本能」で一律規定されているというなら、そこにいる複数のシカは、全員同時にライオンに気付き、いっせいに同じ方向に、同じ足から踏み出して逃げるはずだが、実際にシカの群れが逃げる場面を見るとそのように軍隊の行進のような統一的な逃げ方はしておらず、個体によってその方向や動きにはかなり差がある。これらの状況判断とそこでの行動選択は、すべてその時々の「可変的な」状況要因に基づいてなされるもので、そこに直面している各個体が独自に行っているものである。「動物の行動は本能で規定されている」と言う人は、これらひとつひとつのプロセスが細かく本能でプログラミングされているとでも言うのだろうか。

筆者は、ここでなにもシカがライオンを認識する仕組みを追究したいわけで

はない。「天敵から逃げる」という行動ひとつとっても、動物の行動は、何段階もの認知と情報処理、それに基づく行動決定の過程を伴うのであり、これらを「本能で規定されている」と言って片付けるのは、動物個体がその場で行っている情報処理と行動選択をあまりに軽視した考え方だと言いたいのである。「下等」動物であろうが「上等」動物であろうが、生物個体は生きている限り、一瞬一瞬で環境からの刺激や情報を検知し、それを内的に処理して次々に適切な行動を導出している。個体レベルで「情報感知 ⇒ 処理 ⇒ 行動導出」という情報処理機構を持ち、そこで実際に情報処理を行って個々の行動をとっているという点では、「下等」動物であろうが人間であろうがまったく同じである。そして、そこでの各動物の情報処理は、情報を受けてなんの脈絡や方向性もなくランダムな行動を導くようなされるのではなく、その状況の下で生存・繁殖にプラスになるよう、自分が生きるため、繁殖するための行動を導き出すよう作用している。つまり、各生物が行うそうした情報処理は、すべからく「適応行動」導出に向けてなされている。もちろん、その情報処理機構の具体的な中身は、それぞれの生物種の生態、生存・繁殖方法の違いに応じて異なる。パンダは笹の葉が近くにあるという情報を感知したら、それを「食べる」という「適応」行動が「解」となって出るような情報処理機構を持っているが、ヒトは、笹を見ても食べない、食べようと思わない。これは、ヒトの消化器官が笹から栄養を吸収するようにできておらず、ヒトの情報処理機構に「笹が近くにある」ことを示す刺激（笹を見る、笹の音がする、臭いがするなど）を入力しても「食べる」という行動は導出されないようになっているからである。パンダにはパンダの、シカにはシカの、そして、ヒトにはヒトの生態、生存・繁殖方法に即して、環境からの情報を感知し、そこから（「繁殖」に適した）「適応行動」を導出するメカニズムがある。いずれの動物も「適応行動導出メカニズム」を持ち、そこでの情報処理に基づいて行動するという大原則は同じで、ただ、そこで備わっている「メカニズム」の中身がそれぞれの種の生態や環境条件に応じて異なっているのである[64]。

---

[64] こうした見方は、筆者のオリジナルのアイデアなわけではなく、進化の観点から人間を研究する多くの学者がとっている見方である。それは例えば、長谷川眞理子［2001］13-14頁における次の記述に典型的に表れている。「近年の行動生態学が明らかにしてきた重要な知見は、動物たちが『情報処理、意思決定者』であるということだ。多くの場合において、動物たちは、単に一つの刺激に対して一つの行動をとるようにプログラムされてい

5．生物としての人間

　前節まで述べてきた人間の内面作用（行動選択・意志決定過程）は、この「メカニズム」の説明なのであって、言い換えれば、人間の内面（「心」）が行っているのは、外的状況に応じた「適応行動」導出（「繁殖上の利益」に向けた行動の導出）のための情報処理なのだというのが本章でここまで述べてきたことである。

　しかし、このように言うと、では人間と他の動物との間に内面的な違いはないのか、他の動物にも人間とまったく同じように「心」があるのか、という疑問がさらに出されるかもしれない。これに対し、今述べたように、「心」というものを「適応行動導出に向けた情報処理機構」と捉えるなら、筆者の答えは「イエス」である。だが、通常、我々が「心」という言葉を使うとき、上での説明では触れられていない要素がそこに含まれているように思う。それは、自分で自分の「情報処理」を意識するという「自己意識」である。妻が死んで悲しいとかボーナスが出て嬉しいといったように、我々は自分の感情を自分で認識する。のみならず、悲しみを紛らわせるために酒を飲むといった具合に、自分の内面で行っている行動選択の過程を人間は意識している[65]。しかし、同様の作用が他の動物すべてにあるわけではないだろう。よって、「他の動物にも人間とまったく同じように心があるのか」という問いを、「他の動物も人間と同じように自分の内面作用を自分で意識しているのか」という意味にとるなら、

るのではなく、自分の周りの情報を取捨選択し評価した結果、行動の選択肢の中から適切な行動を選択するようなアルゴリズムを備えているのである。（中略）ヒトにおいてはもちろんだが、動物も、場合に応じてさまざまな行動をとる。個体がみせる行動には多様性がある。そのことをもって、行動選択には生物学的基盤はなく、すべては学習と経験によって形成されるのだとする意見があるが、おそらくそうではないだろう。実際に現れる行動が多様であることは、そこに規則がなにもないことを示してはいないからである。進化心理学では、ヒトの心の働きの基本は、このような、進化で適応的に形成された情報処理・意思決定アルゴリズムから成り立っていると考える。（中略）ヒトの心の進化を考えるときに注目すべきは、個々の行動のレベルではなく、行動を選択するアルゴリズムのレベルであるだろう」。なお、本文で筆者が言う「メカニズム」がここでは「アルゴリズム」と表現されていて、その点「アルゴリズム」の方がより正確な用法であることは本章注46にて述べた通りである。

[65] しかしながら、ここでの「自覚」は、自らの内面における行動決定過程の正確な認知だとは限らない。「自己意識」にて本人が自覚している自らの行動の原因は、実際にその行動を喚起したメカニズム上の要因とは異なることがしばしばある。このことは、下條［1996］にて、多くの人間科学研究の例を通じて示されている。とはいえ、それを自覚しようとする脳神経や意識の作用が人間にあることは確かで、そうした作用が他の動物と比べたときの人間の特徴と見られることは否定されない。

127

第3章　人間の「本性」とは

筆者の答えは必ずしも「イエス」ではない。

　動物行動学者のニコラス・ハンフリーによれば、人間以外の動物でも、大型類人猿と鯨類は自らの内面作用についての「意識」を持っているとかなり確実に考えられるのに対し、他の動物はそうは考えられないという[66]。つまり、「自己意識」を持っているのは人間その他一部の動物に限られるわけで、だとすれば、この「高度の自己意識」を持つという点に、他の生物と比べたときの人間の独自性があると考えることができる[67]。それと同時に、「言語」を持ち、「自己意識」で感知した内容——環境からの刺激や情報、自らの内面で生じる神経作用のうち自覚的に認識したもの——を言語化して、直接の体験のみならず、言語情報にも反応して内面作用が喚起されるところにも人間独自の特徴を見て取ることができる。シカであれば、ライオンが襲ってくる気配を感知し、それに反応して逃避行動をとることはできるが、川の向こうにいるライオンが明日川を越えてここまで獲物を探しにくるつもりだという情報は感知できないしそれに反応もできない。これに対して人間は、川の向こうに住む部族が近くこっちを襲うために武器や移動の準備をしているという言語情報に反応し、それに対して恐怖や怒りといった内面作用を起こして、見張りを強化するとか先に攻撃するとか、その情報に対応した行動をとることができる。強い「自己意識」を持ち自らの内面作用を意識すると同時に、言語を持ってそれを媒介に幅広い情報に反応して内面作用や行動を導出するところに、他の動物と比べた人間の独自性が見出せる。

　こうした点で、人間の内面作用に、他の動物にはない特徴的な要素があるこ

---

[66] Humphrey [1986] 邦訳99頁．なお、チンパンジーなど大型類人猿が「自己」についての認識を持つことを示した研究として、ギャラップによる鏡像実験が知られている。（チンパンジーは鏡に映った自分を自分だと認識する。）Gallup [1970].

[67] もっとも、チンパンジーやイルカが「自己意識」を持つのであれば、動物に自己意識があるかないかという話は、それがある／ないという二分法ではなく、種によっての程度の差と考えられる。だが、いずれにしろ、人間がかなり程度の高い自己意識を持っており、それが他の生物と比べたときの人間の特徴だとは言えよう。そしてまた、この高度な「自己意識」を人間が備えるようになったのも、進化の中でそれを有することに適応的な効果があったがゆえであって、それも「繁殖とそのための利益獲得」に向けたメカニズムの一環と捉えることができる。「自己意識」の進化をもたらした「適応価」としては、自分の内面作用を意識することで、他者がどういうときにどういう行動をとるかの推測がしやすくなり、社会関係処理の効果が上がるという点が指摘される（Humphrey [1986]）。なお、他者の内面を理解するための能力の進化は、進化心理学者や比較認知科学者、動物行動学者の間で「心の理論」として盛んに議論されている。その概要は、板倉 [1997] 参照。

とは事実であり、そうした人間独自の特性の存在を筆者は決して否定するものではない。しかし、そうした特性を含めた人間の内面作用が「適応行動導出」のためのメカニズムとなっていることもまた確かで、自己意識や言語能力はそのメカニズムの一環として、その中のサブシステムとして備わり機能している。（そして、その意味での独自のサブシステムは個々の生物それぞれにある。）このように、人間に独自の身体的・内面的な具体的特徴があることは認めた上で、しかし、生物一般に妥当する「『繁殖』に向けて動く」という本質は人間にもあてはまるというのがここでの筆者の主張である。

(2) 文化、人間、「繁殖」

では、こうした見方に立つと、先に文化相対主義に関連して述べた文化の多様性・相対性や、文化による個人への規定、それに基づく価値観の多様性などはどう理解されるだろうか。

人間がすべからく「繁殖」に向けて生きるとしても、その「生き方」は決して一様ではない。環境その他の条件によって、生存し繁殖するために有効な生活スタイルや行動パターンは、地域ごと、集団ごとに多様化する。寒い地域で生きていくには「厚着」が有効だが、熱帯では「薄着」の方がよい。土壌が豊かで水源のある土地に住んでいるなら「農耕」生活が資源獲得に効果的だが、土地が貧しいところではそれよりも牧畜や遊牧などその他の生活スタイルをとった方がよい。同じような南洋の島の暮らしでも、近海に魚や貝が豊富なら「漁」生活が生存・繁殖に有効であるが、周辺に浅瀬が少なくて魚や貝が捕りにくい、その代わりに山が多くて木材や鉱石が豊富だというならあえて「漁」に頼らず林業か鉱業で暮らす方が生存・繁殖のために効果的である。

このように地域や集団による環境条件の違いから、そこで「適応」的な生き方、生存・繁殖に有効な生活スタイルは違ってくる。そしてそれは、時間の経過、歴史の積み重ねと共に、様々な人為や偶然の作用――新しい技術を誰かが発明した、近隣集団から教わった、リーダーが交代して集団の方針が転換した（それまでは近隣他集団と協調路線にあったが今度のリーダーは侵略と領土拡大に熱心であるなど）、自然災害で環境が変わった、新たな交易ルートや航路が発見された、など大小さまざまな要因の影響――を受けながらそれぞれの地域・集団でさらに細分化・多様化しながら発達していく。例えば、自然資源が豊かでそれを争う「敵」もいない環境にあって、平和的・協調的で温和な暮ら

しや文化を発達させていた集団があったとして、そこへあるとき、暴力的で征服欲旺盛な集団が近隣に移住してきて、そのために侵略や掠奪を頻繁に受けるようになれば、その集団の人びとの間に他民族への警戒心や排他性が広まり、防衛のために軍事技術・戦略が発達するとか、仲間との結束が進んで集団が一体化した風土が育まれるといったことが起こりうる。そして、そうした一体性を重んじる風土が一旦できあがると、それ自体が人びとにさらなる一体性をもたらす圧力になるから、仲間の結束を強化するような儀式や思想が発達する、献身や自己犠牲の精神が尊ばれるなど、一体性の浸透に資するような生活様式や意識が人びとの生活の中で強化され、そうした価値観や文化が発達していくことになる。（もちろん必ずそうなるわけではなく、それ以外の環境要因が働いてそうならない場合もある。これはあくまで想定できる一つの例である。）逆に、近隣に移住してきたのが暴力的な集団ではなく、農耕や金属加工などで進んだ技術を持ち他集団に対して開放的な人たちであったなら、その人たちとの交流を通じてその技術を取り入れて当該集団でも生活が豊かになり、その後も外の人たちとの交流への意識が高まって、他集団や他民族に対してオープンで外向的な意識や生活様式、文化が発展するといった場合もおおいにありうる。

　文化とは、このように、多種多様な環境的・人為的・偶然的要因の影響を受け、また過去の出来事の積み重ねを経ながら、地域や集団ごとに独自に（時に他地域・他集団の影響を受けつつ）発達した、人びとの「生き方」のバリエーションに他ならない。よってその中身は多様であり、時にあちらの文化とこちらの文化ではその中身が正反対になることもあるが、しかしその各々は、「繁殖」に向けて生きる人間が、それぞれの環境的・人為的その他の条件の下で「繁殖」を実現するために発達させてきたその具体的な方法であり生活スタイルだという点で共通する。

　こうした文化は、その中にいる個々の人間の立場で見ると、自分が生きて「繁殖」を達成するための外的条件——文字通り「適応」の条件——のひとつとなる。各人は、生きていく過程で周りの社会から文化的な刺激や情報を受ける中で、当該文化的環境の下で自分が「繁殖」を達成するために有効な行動パターンを自分の中に作り上げていく。第1章にて、「個人は文化の影響を受ける」と言い、それに基づいて形成される各人の価値観や考え方の多様性を強調したが、個々の人間は、周囲から受ける文化的な刺激や情報に対してまったくランダムに、法則性なく反応するのではない。その中で「適応」的に、自分の

「繁殖」効率が高まるようにその文化に反応し、自らの考え方や行動パターンを形成する。例えば、周囲との調和や一体性が重んじられる文化の中では、多くの人がそうした気風を内面化し、周りの人の意見や雰囲気に気を配り自己主張を抑制する性質を持つようになるが、それは、そうすることが周囲からの高い評価につながり、人間関係の構築やそれを通じた資源獲得がやりやすくなるからで、つまりはそれが自分の「繁殖」の効果的達成にかなうからである。逆に、個々人独自の個性や主張が重視される文化にあっては、主体的な行動や自己主張をすることが周囲から評価され「繁殖」上プラスになるので、各人はそうした行動や性質を身に付けていく。もちろん全員が一律同じ程度にそうなるわけではなく、そこには個々人の遺伝的資質や能力、家庭環境、その他の要因が絡むので、周りがいくら調和を重んじる風土でも、例えば生来の自己顕示欲の強さのために自分の意見を主張せずにはいられないという人もいる。しかし、その自己主張は「周囲の人から嫌われる」という「繁殖」上マイナスの反応を招きやすいため、そういう文化の下では、その人がいくら自己顕示欲が強い性質だとしてもどういう程度かで周囲との調和に気を配る心性を身に付けるのである。(もっとも、どうしても自分を抑えることができず、いくら周りに嫌われても自分は自分を主張して生きるという人も中にはいるだろう。しかし、そういう人は、周囲の「一体性」文化と自分の資質を照らし合わせて、文化に配慮して自分を抑えるためにエネルギーを使うよりもその分を略して自己主張を貫いた方が自分の能力を発揮できて結局は「得」だ――その方が「繁殖」や「資源獲得」を達成できる確率が高い――という無意識的な判定を自分の中でしているのである。よってそれも自分の内的な遺伝的資質や能力と外的な文化的環境条件との調整の中で生じた、その人なりの「繁殖」戦略・方針なのであって、いずれにしろ、個人のレベルでは、周囲の文化的な環境条件を踏まえて「繁殖」を達成するために自分にとって有効な行動パターンの形成が図られていることに変わりはない[68]。)

---

[68] 前節で説明した、漁師の家の子が漁師を志すといった話は、(家とか町の次元での)文化的な情報に基づいて、その子が、自分の具体的な「繁殖戦略」として「漁師になる」という路線を導き出したものと捉えることができる。もちろん、そこで個人に強く影響する文化的情報にはさまざまな次元と種類があるから、生育過程でどういう文化的・環境的情報が強くインプットされるかによって各人の「繁殖戦略」は多様化する。よって、同じ漁師の家庭に生まれながらも、巡業を見に行った大相撲に惹かれて力士を目指すとか、IT企業の社長のぜいたくな暮らしをテレビで見て自分も企業家を志すといったケースも当然

第3章　人間の「本性」とは

　このように、文化とは、個々の地域・集団における環境条件（自然的なものも人為的なものも含む）と歴史の積み重ねを反映して、その条件の下で「繁殖」を効果的に達成するために人びとが集団レベルで発達させた「生き方」の様式（「繁殖」の方法）に他ならない。よってそれはそれぞれの地域・集団の環境的・歴史的要因を反映して多様化するし、個々に独自の背景をもって発達してきたものだけにその各々は相対的で、こちらが優れているとかあちらが価値があるとかを一概には言えない。だが、それは、本章で示した人間の生物学的な性質と切り離されているわけで決してなく、「繁殖」に向けて生きるという人間に普遍的な性質を大前提として、地域・集団ごとの環境的・歴史的条件の違いに応じてそれを達成する方法として人間が（集団ごとに多様に）発達させてきたものである。と同時に、それはまた、その中にいる個々の人間にとっては、自分が「繁殖」を達成する（「適応」する）ための一種の（人為的な）環境条件として作用し、各人は、自分のいる社会・地域の文化に基づく刺激や情報を受けながら（それを自分の遺伝的資質との間で調整しつつ）その中で自らの「繁殖」成功につながるようにそこでの規則や考え方を受け入れ、価値観や行動パターンを意識上・下で形成していく。よって、個人が文化の規定を受けることは確かだし、且つそこで形成される価値観や考え方が多様なものになるのも間違いないが、こうしたことも人間への生物学的な規定と無関係だったり独立になされたりするのではなく、「繁殖」という各人の究極目的を、自分のまわりの文化に照らして有効に達成するための方針や方法として、個々の人間は周囲の文化的な考え方や価値観を各人の資質に応じて内面化し、各々の価値観や行動パターンを形成する[69]。文化の多様性や相対性、それに基づく個々人

　　出てくる。この場合、個人の「繁殖戦略」の路線決定にあたって、家業としての情報インプット以上に、相撲やIT企業に関する文化的な情報のインプットに重きが置かれて、それに反応した路線決定がその人の中でなされているわけである。このように、家や町の文化だけではなく、日本文化・現代文化に基づく多様な情報、個々人の遺伝的資質や能力、経済状況など多様な要素が関係して個人の「生き方」は決まるわけだが、ともあれ、個人が受けるそれら多様な環境的・文化的インプットを踏まえて、当該文化的環境の下で自分が「繁殖」を効果的に達成するために適切な「戦略」として各人は自分の「生き方」——価値観や行動パターン——を決める、そういう関係として、個々人の目的としての「繁殖」と周囲の文化との関係は捉えることができる。
[69]　個人にとって、いわば「適応」の外的条件として文化を捉えるここでの見方は、個人が自分の「繁殖」の効果的達成のために文化的な情報や規則を選択的に内面化しているという点で、第1章第5節で筆者が否定したはずの「純粋な個人」領域が個人にあることを認

の価値観の多様性・相対性は、こうした形で本章での「人間の普遍」の指摘と調和的に理解できる。

6．集団生活

(1) 人間の普遍的生態としての集団生活

　以上のように、生物学的な観点に立って人間を見ることで、「『繁殖』に向けて生きる」という「人間の普遍」の性質──人間の本性──が指摘できる。このことは、自己意識や言語など、他の動物に比して人間に独自に見られる特徴があることと決して矛盾せず、そうした特徴は、「繁殖」達成のために人間が独自に発達させた具体的な形質と理解できる。また、文化の多様性や価値観の多様性も、「繁殖」という目的を環境条件に応じて達成するために人間が発達させた（集団レベル・個人レベルでの）方法の多様性と捉えることができ、これらも「人間の普遍」たる「繁殖への志向」と結びつけて理解できる。

　ところで、この「繁殖」志向に加えて、生物学的な観点から人間に普遍的な要素として指摘できることがもうひとつある。それは「集団生活」である。先

める考え方に通じると思われるかもしれない。しかし、第1章で挙げた「純粋な個人」とは、いわば「自覚的な選択主体としての自己」を想定するもので、そうした自覚的な選択や思考には文化による規定が大きく関わるため、そこに真に「純粋な」「選択主体としての自己」を見出せるかどうか疑問であることはその際に指摘した通りである。これに対して、ここでの考え方は、本人の自覚的な「自己」ではなく、いわば「一定の遺伝的資質を含んだ繁殖メカニズム」としての自分を想定している。個々の人間は、「メカニズム」として「繁殖」を志向して動くと共に、腕力が強いとか計算が苦手といったそれぞれに具体的な資質も併せ持っている。その個人に文化的な刺激や情報がインプットされて、自身の具体的な資質と文化的な環境条件とが彼の中で（無意識に）調整される中で、その文化の中で効果的に「繁殖」達成ができるように個々具体的な性質や行動パターンが各人の中に形成されるというのがここでの趣旨である。よって、「純粋な個人」があるといえばあるが、その中身が「自覚的な選択主体としての自己」なのではなく、「遺伝的メカニズムとしての自己」であるところが第1章で提示した考え方との相違になる。なお、このように、自然環境や文化などの外的環境に加え、自らが持つ内面的な資質・能力も一種の「内的環境」として、その両方を踏まえて「適応」的な行動パターンを個々の人間が形成するという考え方は、平石界ら進化理論の研究者から「内的環境仮説」として提示されている（2006年12月3日の人間行動進化学研究会での発表：敷島千鶴・山形伸二・平石界・安藤寿康「社会的態度と言語能力」）。

第 3 章　人間の「本性」とは

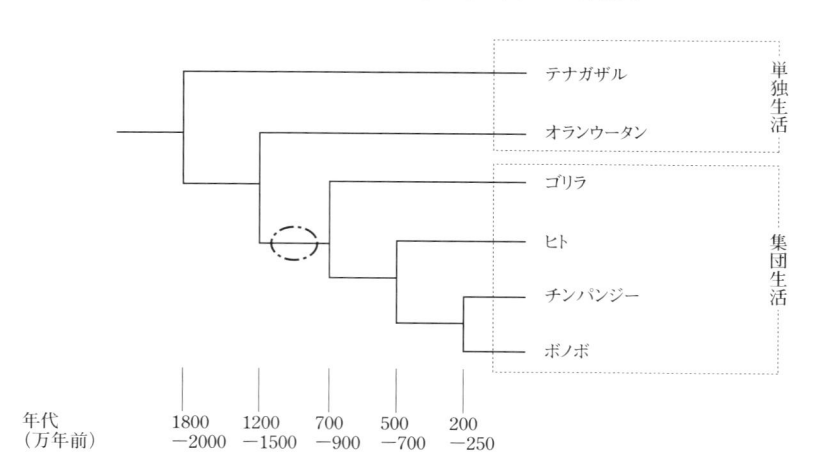

図3-3　類人猿の分岐図（山極［1997］29頁より一部改変）[70]

	単独生活
テナガザル	
オランウータン	

	集団生活
ゴリラ	
ヒト	
チンパンジー	
ボノボ	

年代（万年前）　1800-2000　1200-1500　700-900　500-700　200-250

にも指摘したように、人間の暮らしぶりは時代や文化、気候や地理的状況、経済状態などによって多様であり、先進国で生きるか途上国で生きるか、文明社会か未開社会か、都会で暮らすか山村で暮らすか、熱帯地域にいるか寒い地方にいるか、農耕生活か遊牧生活かなどによって、生活の様相は著しく違うし社会のあり方も様々である。しかしそのいずれにおいても、人間は一貫して集団を作り、その中で社会生活をしている。いみじくも共同体主義や文化相対主義が強調するように、いかなる個人も、家族や親族、部族の一員として存在するし、会社や地域、国家など何らかの単位の集団の構成員である。集団に属さずに単独で生きるというのは、無人島に漂流するとか未開地の開拓にひとりで赴くといった特殊な事情がない限り原則として見られない。

　集団生活が人間に普遍的だということは、それが現象として至るところで見られるというだけでなく、生物学的な裏づけを伴っている。近年の分子系統進化学の発達により、アミノ酸やミトコンドリアDNAの配列を分析することで、類人猿の進化系統は図3-3のような分岐をたどったことが知られるようになった。これらの種のうち、テナガザルとオランウータンは集団を作らず単独もしくはペアで暮らすが、ゴリラ、ヒト、チンパンジー、ボノボはいずれも集団生

---

[70] 同様の系統図は、長谷川・長谷川［2000］89頁、西田［1999］268頁にもある。

6. 集団生活

活をする。ここから、集団生活は、これら後者の種に共通する生物学的生態であって、類人猿の進化の中でテナガザルとオランウータンが分岐したあとの、これら4種の共通祖先の時代（図3-3の印部分）に発達し、以降、これら4種に受け継がれたものと推測される[71]。実際、チンパンジーをはじめこれらヒトと近縁な種の集団には複雑な社会的交渉や階層構造が共通して見られることが、これらの動物の生態研究から明らかにされており、こうした共通性は、集団生活がこれらの種に共通の祖先の生態として発達したことの裏づけになる。ということは、人類は、生物種として地球上に登場した段階で集団生活を営む、そういう性質を持った動物として生まれたのであり、集団生活が人間に「普遍的」だと言う根拠になる。

(2) 集団生活の理由

このように、集団生活という生態は、人間が生物学的に有した普遍的な特性と言えるが、この点はさらなる分析と説明が必要である。それを人間に普遍的な特性だと言うなら、そうした性質が人間に備わった要因は何か、どういう（普遍的な）理由があって人間は集団生活をするのか、が示されなければならない。そもそも、ある生物種やその先祖種に一旦発達した形質でも、その後の進化の過程でそれを有する意味（「適応」上の利益）がなくなったためにそれが退化した、という例は頻繁にある。（ヒトも体毛や尻尾を退化させている。）集団生活も、ヒトにとって確たる要因がないならば（なくなったならば）それを止める方向に進化が作用してもおかしくないわけで、それが人間に普遍的に見られるなら、そこには相応の要因があるはずである。また、仮に遺伝的な性質としてそれが人間にずっと受け継がれているとしても、個体（個人）のレベルでそこに意味がない、自分は集団にいたくないとの（意識的もしくは無意識的）認識が生じれば、その性質に反して自分は集団を出てひとりで暮らすという行動選択が人間には可能である[72]。そして実際そのように行動した人も人類

---

[71] そうした共通祖先として、950万年前にケニアに生息していたサンブルピテクスが考えられる（西田［1999］268-272頁）。

[72] このように、生物学的性質に反する行動を個体が選択する余地を認めるのは、ここまでの筆者の「人間を生物学的に見る」「人間は生物として繁殖に向けて生きる」という主張と矛盾するかのように思う人がいるかもしれない。だが、それがまったくの誤解であることは、先の「学習」や「理性」的思考を含めた人間の行動メカニズムの説明を参照すれば明らかである。筆者が、人間を生物学的に見て「繁殖に向けて生きる」という一般法則を

史上には何人もいただろう。とはいえ、そうはしない人の方が圧倒的多数を占めているのは明白で、ということは、ヒトが集団生活するには確固たる「適応」的な要因が、しかも人間に相当程度普遍的に妥当する要因があるのだと考えられる。ではその要因とは何なのか。

（ⅰ）動物の集団形成の要因

　集団生活をする生き物は、当然ながら、人間だけではない。他の哺乳類や鳥類、魚類などにも集団を作る動物はたくさんいる。だが、実は、生物個体にとって、集団を作ることにはマイナスがいろいろある。配偶者をはじめ、食糧その他の資源をめぐる競争が激化するし、病気や寄生生物も蔓延しやすくなる。この点を詳しく分析している進化生物学者のR・アレグザンダーによれば、例えばヒヒの集団では、「そこの劣位オスは攻撃的な優位オスがいるため発情メスに近寄れず、事実上、不妊にも等しくなることすらある。優位オスにしても、狡猾な劣位オスを追放しきれなかったり殺せなかったりしたため、自分のメスを寝取られてしまうこともある」。「集団で営巣する鳥や一夫多妻型の霊長類」の場合は、「そこのメスは他のメスがそばにいるために、自分の子の父親がその子だけを世話してくれるとは保証されない」ことになる。「カモメやツバメ、ペンギン…などの鳥類」にとっては、「自分の巣に他個体が産卵する危険がとても大きいにもかかわらず、互いに極端に接近して営巣しなければならない」という不都合が生じる。さらに、シマウマやリカオンのような「草食獣や肉食

導きだしたのは、人間の内面的な行動導出メカニズムが「繁殖」に向けて作用することに基づいている。そのメカニズムの中には、血縁者を支援する感情や各種の「道徳感情」といった「サブシステム」が（ヒトに共通の具体的性質として）あり、併せて、個体レベルで後天的な経験を踏まえて可変的に「適応」的な行動を導出するための「学習」や「理性」的思考といった「サブシステム」もある。よって、「血縁者を助けよう」という感情を人間誰もが備えているその一方で、個々の事例では、自分の息子だが働きもせずギャンブルと借金にまみれてお金の無心ばかりしてどうしようもないという「経験を踏まえた個体レベルでの判断」から、「血縁者支援の感情」を凌駕して、息子を見捨てる、縁を切るといった行動が導出されることは十分ある。そして、こうした行動が人の間で時に観察されるからといって、「繁殖」に向けて人間一般に血縁者支援の感情が備わっていることは否定されないし、人間の内面作用が基本的に「繁殖」やそのための「利」に向けた行動を導出するための構造や機能を持っていることも否定されない。同じように、現象として人間がどの地域・時代でも集団生活をしており、また集団生活を志向する心理性向が人間一般に備わっているその一方で、個別具体的な事例として、なんらかの事情から「今の状況の下では集団にいるよりも出て行ってひとりで暮らした方がよい」と判断してそのように行動する人がいることはおかしくないし、筆者の主張と矛盾もしない。

獣」でも、「最高の餌とか最も安全な探餌場所をめぐる競争相手である他個体が自分のそばにいることに、つねに甘んじていなければならない」状況が集団生活によって生じる。自分の近くに同種の他の個体がいることは、餌や配偶相手をめぐるライバルが常時存在することになるから、群れたり集まったりすることは、どんな生物にとっても、もともとあまり望ましくないのである[73]。

これに対して、集団を作る利益もある。とりわけ大きいのは、捕食回避（各個体が捕食者からの遮蔽物として集団を使う）と餌の確保（とりわけ、大きな獲物を餌とする場合やそれが散在していて単独個体ではめったに見つけられない場合）である[74]。前述のようなコストがあるにも関わらず動物が集団を作るのは、これらの利益がコストを補って余りある場合だとアレグザンダーは言う。「どんな生物——人間も含めて——にしろ、集団生活が生じるのは、〔中略〕集団生活にともなう損失を受け入れた個体のほうが単独生活をする個体よりも適応的にまさるときだけ」である[75]。つまり、ひとりでいるよりも集団でいた方が、自分が「繁殖」する上で「得」になる場合に（そういう生態の種において）生物の集団はできる。

同様の分析は他の研究者によってもなされている。霊長類学者の西田利貞は、霊長類が集団を作るのは主に捕食者対策のためと言っている。集団でいれば単独でいるよりも捕食者を発見しやすいし、まとまってこれを追い払うこともできる。いざとなったら、他のメンバーを盾に自分が助かることもある[76]。逆に、

---

[73] ここでの引用は、Alexander［1979］pp.59-60，邦訳81-82頁。

[74] Alexander［1979］pp.60-61，邦訳83-84頁．アレグザンダーはこのほかに、限定的な繁殖資源の確保（「マントヒヒが捕食者の心配なく寝られる崖とか、あるいは海鳥や海獣が繁殖できるような捕食者のいない島や断崖といった資源」を確保できること）も集団を作る利益として挙げているが、これは、集団を作ることによる利益というより、それによって確保した環境に各個体にとっての利益の源がある点で、本文で挙げた2点とは微妙な違いがある。よってこの点は本文での記述から外した。

[75] Alexander［1979］p.61，邦訳84頁．

[76] 西田は、捕食者対策以外の利点として「配偶者を見つけやすい、子どもの成長にとって重要な遊び相手がみつかりやすい、食物を発見しやすい、『伝統』を学びやすい」といったことを挙げる。が、「これらは多くの動物にとってマイナーな要因である。なぜなら、こういったことの多くは単独生活でもある程度対処できるからである」と言って、捕食者回避を集団形成の主要因とする。西田［1999］63頁。なお、行動生態学の教科書などでは、動物一般に関して、群れ生活における捕食回避の具体的効果として、「警戒性の向上」、「うすめ効果（群れが大きくなるにつれて、捕食者に襲われたときに他のメンバーを盾に自分が助かる可能性が高まる——自分が犠牲になる可能性がうすくなる）」、「捕食者への

集団生活のマイナスとして、西田は採食競合を挙げる。「採食するときに大勢いると一人当たりの食物量が減少したり、最高品質の食物を他の個体に食べられてしまう」。「その結果、〔引用者註：餌を探すために〕単位時間により遠くまで移動しなければならなくなる。すると、移動のためのエネルギーコストが増え、捕食者につかまるリスクも高まる」。これらプラス／マイナスそれぞれの要因に基づき、「集団形成は、捕食者に対する防御という利益と、採食競合というコストの兼ね合いで決まる」ことになる[77]。

　西田によると、捕食者対策と採食競合のバランス、すなわち、集団形成の利益とコストのバランスは、集団のサイズに影響する。「捕食回避の利益は、サイズの増大とともに急増するが、ある程度大きくなると、利益は増えなくなる」。というのも、「1頭のサルが2頭になったら、敵を発見する力は二倍近くになる」が、「10頭の群れが11頭になっても、敵を発見する能力はほとんど変わらない」からである。しかし、集団規模の拡大には、「隣接集団を食物パッチ（食物が集中して存在するところ）から追い払うことができる」という利益もある（一定規模までの捕食者回避の利益ほど大きくはないが）ので、この点で、集団形成の利益は、捕食者回避に十分な規模に集団が達したあとも（ゆるやかに）増加する。

　反面、「採食競合のコストは、集団のサイズが大きいほど大きい」。集団がそれほどの大きさに達しておらず、メンバーがみなお腹いっぱい食べても食物供給に十分な余裕があるうちはこの問題は生じない。しかし、「サイズがある限度を越えると、コストは急増する。なぜかというと、食物が足らなくなると、多数の食物パッチを訪問しなければならなくなり、移動のエネルギーコストがかかる上に、捕食者に襲われるリスクも大きくなるからである」。「また、採食には時間の制限がある。昼行性の者は、日が暮れるまでに採食を終了しなければならない。そういったことを考慮すれば、グループ生活のコストは、サイズが大きくなると急増する」[78]。

　従って、集団形成の利益（捕食者回避プラス食物パッチ獲得での優位）は、ある点までは急角度で上昇し、それ以上では角度が緩やかな右肩上がりの曲線の形になる。他方、集団形成のコスト（採食競合のコスト）は、一定点までは

反撃」が挙げられている。Krebs and Davies［1981］邦訳109-117頁.
[77] 引用箇所は、西田［1999］64頁より。
[78] ここでの一連の引用は、西田［1999］65頁より。

6．集団生活

グラフ3-1　グループサイズのコストと利益

- - - - : 捕食に対する防御
　　　　及び食物パッチ
　　　　獲得の1頭あたりの
　　　　利益

―――― : 1頭あたりの
　　　　採食競合のコスト

グループサイズ ――→

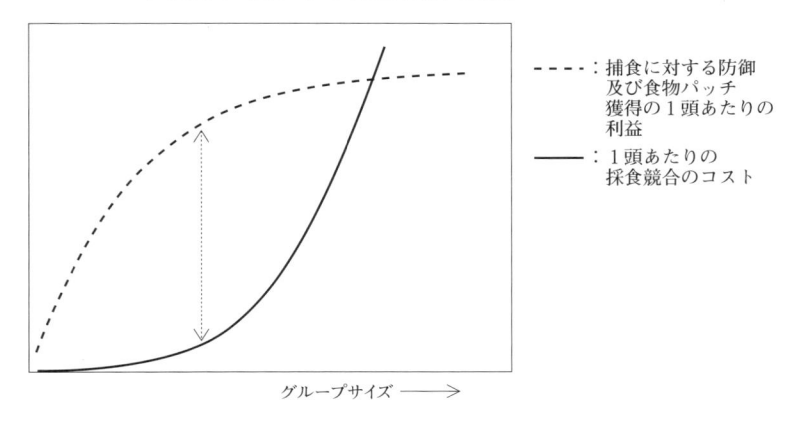

霊長類の社会システムとグループサイズの関係。グループサイズが大きくなるにしたがい、捕食に対する防御利益及び食物パッチの獲得利益の増加率は低くなる（破線の曲線部分）。一方、採食に関する個体間の競合コストの増加率は、グループサイズが一定以上に大きくなると急激に高くなる（実線の曲線部分）。個々の動物種の生態・環境条件の下で、捕食に対する防御及び食物パッチ獲得の利益から採食競合による損失を差し引いた値が最大になるとき（縦の点線矢印）が、その動物の最適のグループサイズとなる。（西田［1999］66頁より一部改変。）

徐々にしか増加しないが、ある点を越えると急角度になって上昇する右肩上がりの曲線になる（グラフ3-1参照）。この2つのバランスから、生物の集団には、集団形成の利益からコストを引いた分が最大になる範囲で「最適グループサイズ」が生じる。具体的に何匹何頭ぐらいかはそれぞれの種の生態や環境条件に応じて異なる――オオカミの群れは20頭程度、ニホンザルであれば数十頭～百頭――が、少なくとも一定の範囲で集団規模が定まる。規模がランダムだったり、集団がどこまでも拡大しつづけたりすることはない[79]。

(ⅱ) ヒトの集団形成の要因

さて、ヒト（もしくはその祖先）の場合も、他の霊長類と同様に、集団形成のメリットは「捕食者回避」及び「餌の確保」にあったと考えられる。「人類

---

[79] 他方、Krebs and Davies［1981］では、主に鳥を念頭に置いて、「捕食者に対する警戒」、「採餌」、「餌をめぐる争い」の3つの要素を基盤に集団形成のプラス／マイナスが分析され、「最適な群れの大きさ」のモデルが検討されている。分析の要素は西田とは異なるものの、ここでも集団生活の「出費と利益」に応じて動物集団に「最適な群れの大きさ」があることが示されている。同書邦訳123-129頁。

学者なら誰でも知っているように、人類初期の集団は大型獣の狩猟者だったとされている。それよりまえの祖先たちは、現存する人間以外の集団生活型霊長類すべてとたぶん同様に、自分たちが狩る側であるよりは狩られる側であったがゆえに、集団生活をしていたに違いない」とアレグザンダーも言っている[80]。

しかし、人間の集団形成には、他の生物のそれに照らして辻褄が合わない点がある。それは、人の集団が、一定範囲の規模にとどまらず拡大していることである。人間の集団といってもさまざまな捉え方があり、どの程度のつながりをもって集団というかは問題だが、最も典型的な人間集団は家族や親族であろう。これらは現代でもほとんどの社会で最も基本的な集団生活の単位となっているが、原始古代では現代以上に人びとの生活の大きな基盤であったと推測される。しかし、人間の場合、それにとどまらず、親族集団同士が結びついて部族集団や首長集団ができ、さらにはそれがまとまって民族集団や国家集団ができるというように、集団が大規模化していく。有史以後、現代に至るまでにその規模はさらに拡大し、最大では数万人から数億人単位に至る民族集団や国家が形成されている。

集団規模のこうした拡大は、（原始古代に話を限定しても）「捕食者回避」や「餌の確保（狩り）」といった要因では説明がつかない。捕食者回避のためには一定規模の集団ができれば十分なのは、動物に即して先に述べた通りだし、人間の場合は、捕食者に対抗するための知識や技術が発達することで、より小規模の集団でも効率的な「回避」が可能になったはずである。また、狩りも、ある程度以上の集団規模の拡大には結びつかない。大型獣を仕留めるのには何人かの労力が必要だが、そこで必要な人数には限度があり、狩人が多いほど仕留めやすくなるわけではないからである。この点も、むしろ、武器や狩りの戦略が発達することで必要人数が少なくなってもいいぐらいで、集団生活に伴うその他のコストを考えれば、集団規模は一定のところで頭打ちになったり縮小したりしてもおかしくない[81]。

では、ヒトに限って集団規模が拡大した原因は何なのか。アレグザンダーは、考えられる仮説を2つ挙げる。その第一は、「集団生活の初期の利益（集団狩猟とか、農耕や漁撈などでの協同とか、その他多くの利益）がたいへん大きかったので、人間は強力な集団化傾向を持つようになり、その多少とも付随的な

80　Alexander［1979］p.220，邦訳297頁．
81　Alexander［1979］p.221，邦訳297-298頁．

結果として、こんにちの巨大な近代国家が発達してしまった」というものである[82]。進化の初期の段階で集団化があまりに有益だったために一種の「集団志向」がヒトに定着し、集団がこれ以上大きくなっても利益がないにもかかわらず、その志向のゆえに規模の拡大が進んだというのがその主旨で、「人間は社会的動物だ」というように社会生活を「社会性」という人間の「本性」的性質に還元する考え方は、この説に通じよう。しかしながら、現実のコストを伴う集団形成が、実質的な効用がなくなったあとも「習性」だけで続いていくとは考えにくい。また、これだと、集団の拡大が他の生物には起こらずヒトだけに生じていることが説明できない。アレグザンダーも、こうした主張は、「私たちは遺伝的歴史のとらわれの身であって、集団生活という足かせにがっちり縛りつけられ、自分自身や子どもたちへの［集団生活の］悪影響——自分や近縁者の繁殖に対する妨害作用——にもかかわらず、無情にもその習性に従っているという意味」であって、これを支持することは、「人間がその行動において私の考えるよりもはるかに融通のきかないものであると仮定する」ことだと言ってこの説を否定している[83]。

第二の見解はアレグザンダーが「力の均衡仮説」(Balance-of-Power Hypothesis) と呼ぶもので、彼はこちらを人間の集団規模拡大の答えと見ている。この説では、人間の集団化及びその規模拡大をもたらした要因はやはり天敵を避けることにあったとされる。が、ここでの「天敵」とは、他種の動物ではなく、ほかならぬ人間自身を指す。一般に、生物は、気候や天候の変化、水や食べ物の所在、捕食者や寄生虫、病気のウィルスの有無など、さまざまな自然的要因によって自らの生存と繁殖を脅かされている。これをダーウィンは各生物にとっての「自然の敵対力」と呼んだが、こうした「力」の制限を受けながら生物はそれぞれ生きている。しかし、人間は、知能の発達により環境への対応がかなりの程度できるようになり、そうした脅威を大幅に防げるようになった。気温の変化には住居の形態や衣服を工夫して、肉食獣の襲撃や狩りには道具を作ったり有効な戦略を考えたりして対処する。また、作物を自分で作ったり保存方法を考案したりして食料確保を効率的に行うようになる。こうしてヒトは

---

[82] Alexander [1979] p.222, 邦訳298頁.
[83] Alexander [1979] p.222, 邦訳298-299頁. 言い換えればこの説は、いわば遺伝決定論的な考え方であり、本書のような（遺伝決定論を否定する）進化生物学的観点からは支持できないものである。

第3章　人間の「本性」とは

「自然の敵対力」をかなりの程度克服したが、その結果、同じように「自然の敵対力」を克服した他の人間が最大の脅威となる。近隣他集団との間に食料や土地、配偶者や労働力などをめぐって争いや競合があることが、ヒトにとって自らの生存と繁殖を脅かす最大の要因である[84]。それに対抗して自分たちの身を守り、必要な資源を確保するため、集団同士が結びついてより大きな集団をつくる。こちらの集団が大きくなれば、対抗して他の集団も連合し大型化するため、その繰り返しにより、ヒトの集団規模はどんどん拡大していく。同一種の「他集団の脅威」が生存・繁殖に大きな影響を及ぼす点が、他の生物に比べた人間の特徴になる。

> 現在とごく初期を除く人類史の全過程を通して存在した、核家族以上のあらゆる種類あらゆるサイズの人間集団が維持されてきた理由を説明する、その必要かつ十分な［選択的］圧力は、(a)戦争すなわち集団間の競合と攻撃性、ならびに(b)そのような集団間の力のバランスの維持であった。…（中略）…他の圧力は集団の規模や構造にまったく影響を与えないというわけではなく、力のバランスが集団の基本的な規模と種類を決め、そこに資源の分布、人口密度、農工業の発達、疾病の影響のような、二次的圧力が作用するという意味である。そして、農業、漁業、工業における協同のような、集団生活にともなう他のすべての適応は二次的なものである。──つまりそれらは集団生活に対する反応であって、（少なくとも、実質上単独生活が無理なほど人間で混み合っているような社会以外では）集団生活の根本原因ではないばかりか、それを維持するのにさえ十分ではないと、私は言おうとしている。社会科学者たちにすれば、単一の一義的な適応的価値を探し出そうとするこのような努力は還元主義的で単純化されすぎており、とうてい支持できないと思うかもしれない。けれども生物学ではふつう、進化的機能に関する疑問に答えるにはこのようなアプローチをする[85]。（傍点原文）

---

[84] 人間に限らず、他の動物でも基本的に同種他個体は生存・繁殖上のライバルである。チーターに襲われて逃げるカモシカにとっては、（追ってくるチーターではなく）一緒に逃げる仲間よりも速く走れるかどうかが生き残りの分かれ道で、勝たなければいけない相手は隣のカモシカである。とはいえ、人間の場合、同種他個体との間の直接的な競争、資源の奪い合いが生存・繁殖を大きく左右するという点で、同種他個体が直接的な「脅威」となることをここでは言っている。

実際、人間の歴史は、土地や資源をめぐってある集団が別の集団と戦い、征服したり支配したりすることの繰り返しである。アレグザンダーも、「集団間の競合や攻撃が有史以来地球上のほとんどあらゆる場所で不断に繰り返されてきた」のは明らかだと言い、部族・民族・国家集団などの協力関係や同盟は他集団への対抗として生まれ、「核分裂、宇宙旅行など科学や技術における近年の目覚しい進歩も、おそらくその大部分が集団間の競合または露骨な戦争の結果として生じたか、もしくはそれによって促進された」ことを指摘して[86]、集団間の競合と攻撃こそが人間の集団の発達をもたらした最大の淘汰圧だと言っている。これに対して、戦争とは人間が定住生活や農耕生活を始めて以降に起こったもので、それ以前の原始社会にはなかったという主張があるかもしれないが、そうでないという証拠が人類学や動物行動学から提示されている。アフリカや南米、ニューギニアなどで今もいわゆる「未開生活」をしている狩猟採集民や原始焼畑農耕民の間で、部族間の戦争が頻繁に見られることは、原始の人類にも戦争が恒常的であったことを示唆するものだし、チンパンジーの間で殺害を伴う集団間の闘争がかなり一般的であることも報告されている[87]。こうしたことから、資源をめぐる集団間の争いは、有史以前より、人間（あるいはその祖先）に不断に繰り返されてきた現象であって、他集団に対する防衛の必要性のために、人間は普遍的に集団を作り、またその規模を拡大させてきたのだと考えられる。

　言うまでもないが、これは、個々具体的な人間集団のすべてが、常に他集団と闘争し、一直線にその規模を拡大させてきたと言っているわけではない。個々具体的な例としては、長期間にわたって他集団からの攻撃を受けない集団

---

[85] Alexander [1979] pp.222-223, 邦訳299-300頁. アレグザンダーは、この仮説に対する人類学者や考古学者からの批判についても具体的に検討している。詳しい内容はここでは省くが、そこで彼は、以下本文で言うような、集団間の同盟、科学・技術の進歩と集団間の競争との因果関係を述べ、有史以前においても集団間の競合や戦争が人類進化の大きな要因であったと考えるのが自然だとして、これらの反論を退けている。Alexander [1987] pp.79-80. この他、人類史上において社会発展の地域間格差が生じた要因を分析したジャレド・ダイアモンドも、食料生産など一定の課題を克服した大規模集団が小規模集団を併合・征服することで、より大きく複雑な社会が発達していったことを指摘し、歴史上の実例を検討している。Diamond [1997] 邦訳下巻118-125頁.

[86] 引用箇所は、Alexander [1979] p.228, 邦訳306頁。

[87] 西田 [1999] 第7章。Ghiglieri [1999] 第6章など。

第3章　人間の「本性」とは

や近隣他集団と友好な関係を築いた集団、そのために一定規模を保って拡大しなかった集団などが当然あるだろう。（あるいは何かの要因で集団が分裂して規模が小さくなることも多々ある。）元の襲来以降幕末まで直接外国の侵攻を受けず、その間、南北朝時代や戦国時代に内部的な分裂はあったものの、大きな規模拡大はなかった日本人集団はその典型と考えられる。しかし、個々具体的にはそうした事例があったとしても、基本的には、人間の集団は「他集団との競合・対抗」を要因として形成され、その規模を拡大させてきたと言える。そのことは、原始時代に小規模な狩猟採集集団あるいは農耕集団であった人間集団が、現在では地球のすみずみまで占拠した大規模国家集団に統合されていることからも明らかであろう。（実際、その日本でも、幕末には「列強の脅威」にさらされ、それに対抗するために国内体制を再編成した上でアジアなど周辺地域を対象とした集団規模拡大が生じている。）

　こうして、人間に共通する特徴――「人間の普遍」――として、「『繁殖』に向けて生きる」ことと並んで、「他集団への対抗」を要因とした「集団生活」を挙げることができる[88]。

---

[88] 正確に言えば、「集団生活」は、――本文にて分析したように――他集団に対抗して各人が「繁殖」効率を高めるために発達させた人間の生態であるから、これは「繁殖に向けて生きる」ことと並列の「人間の普遍」と言うよりは、「繁殖」達成のための至近的手段であり、その一環と捉えられるべきものである。（この点は、第5章第1節(1)の説明の中でも触れる。）しかしここでは、本節で論じてきたような生物学的な分析を通じて、集団生活という生態の「人間にとっての普遍性」が示されることに基づいて、それが人間に「普遍」の事実であることを強調する趣旨であえてこうした位置づけをとっている。

第4章 事実から規範は導出できるか
　　　：手段としての道徳規範

1．事実からの規範の導出

　前章では、生物学的な「マクロ」な観点から人間を見ることにより、

　① 人間は「繁殖」（生存と繁殖、そのための資源獲得）に向けて生きる。
　② 人間は、「他の人間集団への対抗」を主要因として集団生活をする。

という２点を「人間の普遍」として指摘した。念のために強調しておくが、これら２点を「人間の普遍」だとここで言うのは、以上の指摘が科学的にこれ以上の反論・反証の余地なく「正しい」、人間に関する結論的真理だという意味ではない。人間に関する科学的な知見や議論は前章で挙げたものがすべてであるわけではもちろんなく、ここで示した以外の知見や今後の新しい研究に依拠して前章での議論を確証・検証・反証する余地は当然ながら大いにある。しかし、ここで重要なのは、そうした検証も含めて、人間に「普遍」の（これが「人間に共通の」という意味であることは第１章注12で述べた通り）性質や要素の探求が、生物学などの科学的知見を通じて「事実」的検討としてできるということで、限られた範囲ではあるがそれを具体的に行って、上の２点が人間に「普遍」的な性質であることを示したのが前章の議論に他ならない。よって、さらなる確証・検証可能性を大いに含んでいることは認めた上で、少なくとも前章での検討からは上述の２点が「人間に関する普遍的要素」だと言えることを踏まえて、議論を次の段階に進めたい。
　そこで次の問題は、人間についてのこれらの事実から、人権などの「規範」

について何が言えるのかということである。本章以下では、以上2つの「人間の普遍」を基礎として、「規範」の領域で人間に「普遍的な規範」が見出せることを示し、且つそれが人権と結びつくことを示して人権の普遍性を論証するという議論を行いたい。言い換えれば、人権の正当性をこれら「人間に普遍的な事実」に基づいて示すことにより、人権を「人間の普遍」から派生する普遍的な規範だと示す、というのがここからの作業になる。

　その場合に、まず一般的な方法論として重要な論点になるのが「事実と規範の関係」である。上の2点はいずれも「人間とはこうである」ことを言った「事実」命題であるが、それに対して人権は明らかに「規範」概念である。(「すべての人間は一定の基本的自由を享受している」、「すべての人間は生きていく上で一定の自由が必要である」といった事実を示すものではなく、「すべての人間は生きていく上での基本的な自由や利益を保障されなければならない、保障されるべきだ」という「べし」を含んだ概念である。) 一方は「である」ことを言い、他方は「であるべき」ことを言う点で、この両者は性質を異にしており、その違いを無視して「である」命題から「べし」命題を導くのは「誤謬」である。このことは、「事実と規範の二元論」(あるいは「自然主義的誤謬」) として、古くはヒューム以来多くの哲学者や倫理学者によって指摘されてきた[1]。とすると、人間に関する上述2つの「事実」を人権のような「規範」とどう結びつけるのか、「事実」から「規範」を導こうとするその「論法」をはじめに示しておかなければならない。それを本章にて述べていこう。

(1) 事実と規範の二元論

　「図書館でおしゃべりをすべきではない」。これは「べし」を含む規範命題である。その理由(正当化根拠)は、ともすると「おしゃべりをすると他の人が迷惑する」という事実に求められがちだが、そうした事実だけからはこの規範

---

[1] Moore [1903] など。これに対して、「事実」的議論も「論理的な首尾一貫性」などの「認識的価値」を含んだ議論であることを指摘し、「事実」と「価値」との区分自体を疑問視する見解も最近では有力である (例えば Putnam [2002])。しかし本書では、認識的価値の価値性やそれを含んだ事実的議論の価値性は問題にせず、「事実」と対比される「価値」を、善/悪、正/不正を意味する道徳的・法的価値に限定して (従ってここでは「事実と価値の二元論」ではなく「事実と規範の二元論」と言う)、その意味での「べし」論が「である」の議論と性質を異にすることを念頭に、以下「事実と規範の二元論」の問題を論じる。

は成立しない。その前提には「他の人の迷惑になる行動は悪い、すべきでない」という規範的・価値的評価を含んだ命題（以下「規範命題」と略す）が暗に存在しており、

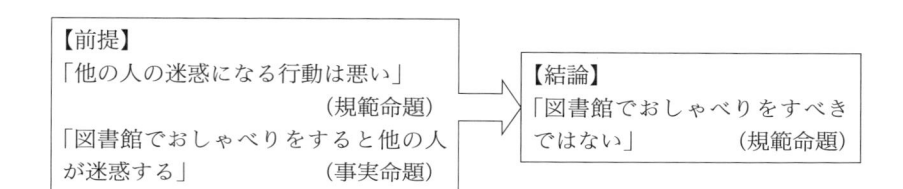

| 【前提】
「他の人の迷惑になる行動は悪い」
　　　　　　　　　　　（規範命題）
「図書館でおしゃべりをすると他の人が迷惑する」　　　　（事実命題） | → | 【結論】
「図書館でおしゃべりをすべきではない」　　　　　（規範命題） |

という形でこの命題は成立している。そもそも、「およそいかなる演繹的推論においても前提のいずれにも含まれていない要素は結論にも含まれ得ない」のであって[2]、「である」命題のみから成る前提に基づいてそこには存在しない「べし」を結論で生み出すのは論理的に「誤謬」である。「事実と規範の二元論」に基づく「自然主義的誤謬」の要点を簡単に言えばこのようになる[3]。

　こうした「誤謬」を犯している典型的な例が、進化理論や生物学としばしば結び付けられる社会進化論である。ハーバート・スペンサーに代表されるこの理論では、生物進化とは、自然淘汰によって「適者」が勝ち残り生存していくプロセスであるという事実に基づいて、だから人間社会でも「適者生存」が働くよう自由競争を促進すべきだという主張がされる。しかし、生物進化が「適者生存」のプロセスであることから「適者生存」であるべきと言う主張を引き出すのは論理が飛躍しており、「事実」と「規範」の混同がここには見られる。生物進化が「適者生存」プロセスであることが事実（「真」）だとしても、何かの根拠からそれを「よくないこと」と評価し、「適者生存」にならない社会や経済の仕組みを作るべきだ、と主張することも可能である[4]。「『適者生存』を促進すべき」という規範命題は、「『適者生存』はよいことだ」という規範命題を前提として、それを根拠に導かれるのであって、「適者生存」に関するなんらかの事実から導かれるのではない[5]。

2　碧海［2000］227頁。
3　その解説は、Frankena［1973］第6章、碧海［2000］第7章など。
4　第2章第2節(2)で述べた阪本理論への筆者の批判はここに通じている。
5　「自然主義的誤謬」を論じて倫理学や法哲学に大きな影響を与えたムーアの議論は、ま

第4章　事実から規範は導出できるか

　一般論としてのこの「事実と規範の二元論」を踏まえるなら、人権のような規範は、それと性質を同じくする規範命題を前提に成立するものであって、その正当化や基礎づけは何らかの規範命題に拠らなければならないことになる。（その意味で、先に検討した憲法学や法哲学での人権正当化諸説が、いずれもなんらかの価値――規範命題と同じ「べし」命題――に依拠して人権を正当化する論理構成になっていたのは至極当然と言える。）これに対し、前章での検討から引き出した2つの「人間の普遍」は人間に関する「事実」であるから、それに基づいて人権の正当性や普遍性を示そうとするのは「自然主義的誤謬」の典型であってそうした議論は成り立たないように見える。

(2) 事実に基づく規範の導出「論法」

　この問題について、筆者は、「事実」と「規範」が性質を異にすること、「事実」をそのまま根拠として「規範」を導出するのが「誤謬」であることを認める。しかし、これらの点を認めたとしても、だからといって「事実」と「規範」が結びつかなくなり、「事実」から「規範」を導出することがまったくできなくなるのかというとそうではない。両者の性質の違いを踏まえた上でも、「事実」から「規範」は十分導けるし、そのための「論法」があるというのが筆者の考えである。

　このことは、ここであれこれ議論するまでもなく、倫理学者の内井惣七によってすでに指摘されている。よってここでは、内井の説明を引用しながらそのことを確認することにしたい[6]。

　内井によると、その「論法」は次のような例から示される。まず、

①　A子さんは自動車を運転したいが運転免許を持っておらず、法に違反せずに運転したいと思っている。
②　そして、彼女は運転免許を取る能力も時間も経済力もあるとする。

さらにこのスペンサーの社会進化論を題材に提示されている。Moore [1903] 第2章．もっとも、スペンサーなどの社会進化論は、そもそも「生物進化」の「事実」の把握の点で「幾重もの誤り」を含んでおり、進化生物学者の多くから厳しい批判を浴びている。例えば、長谷川・長谷川 [2000] 第1章、Ruse [1998] ch.3など。本書で扱っている生物学や進化理論の観点が、社会進化論とはまったく別物であることは言うまでもない。

[6] 内井 [1996] 172-175頁。

という状況を想定する。するとここから、

  ③ A子さんは運転免許を取るべきである。

という結論が導き出される。

　このとき、①、②で言われているのは、「A子さんは自動車を運転したいと思っている」、「A子さんは運転免許を持っていない」、「A子さんは法に違反せずに運転したいと思っている」、「A子さんには運転免許を取る能力も時間も経済力もある」という内容の、いずれも「事実」であって、そこに「べし」は入っていない。にもかかわらず、これらの事実命題に依拠して「べし」を含んだ③の結論が導かれている。しかし、ここでは、先に挙げた社会進化論が犯しているような、「事実」と「規範」を混同して「○○である‐がゆえに‐○○であるべきだ」と主張する「論理の飛躍」や「誤謬」はない。③での「べし」の導出は、正当なものとして論証可能である。すなわち、ここでの「べし」は、

  前提の中で事実として示されている
   ・「『自動車を運転したい』というA子さんの欲求（目的）」を、

  同じく前提の中で事実として示されている
   ・A子さんは「運転免許を持っていない」
   ・A子さんは「法に違反せず運転したいと思っている」
   ・A子さんは「運転免許を取る能力も時間も経済力もある」

  という条件の下で実現するための「合理的な手段」として導出されている。

つまり、ここでは、「A子さんはかくかくの欲求を持っている。ところが、彼女の意志では変えられない条件のもとでその欲求を充足するためには、しかじかの手段が必要である」ということから、当該条件下での欲求（目的）実現のための合理的手段として「べし」が正当化されているのであり[7]、これは「事実」と「規範」を混同することなく、その性質の違いを認めた上でなされる

---

7 内井［1996］173-174頁。

第4章　事実から規範は導出できるか

「べし」の導出である。

　この場合、結論である③の導出が「正しい」ことは、何かの規範命題に依拠せずとも、①②の「事実」に基づく推論だけで「目的-手段関係」の合理性として判定され論証される。「免許を取るべし」以外の結論、例えば、欲求充足のために「A子さんは無免許でそのまま運転すべきである」という結論は、ここでの事実前提に照らして合理的ではない。それだと①に含まれる「法に違反せず運転したい」という前提に反する。あるいは、「運転免許を持っていない」のだから「自動車を運転するのをあきらめるべし」と言うのもここでは合理的でない。それは、「免許を取る能力も時間も経済力もある」という②で示される事実に照らして、「免許を取った上で運転する」というA子さんの欲求充足の可能性を無視している。ここでの①、②の事実前提を総合的に勘案すると、そこでは「A子さんの欲求充足のためには、彼女が免許を取ることが必要である」という事実関係が成立するのであり、「それゆえ、A子さんが（事実と論理に基づく）合理的な意志決定によって行為の指針を求めるなら、先の③を受け入れざるをえない」。と同時に、「A子さんだけでなく、彼女と同じ条件を満たす人なら誰でも③を受け入れざるをえない」ことも明らかで[8]、A子さんのような女性ではなく男性だったら③とは別の結論が出てくるとか、東北の人だったら「免許を取るべき」だが関西の人の場合はそうならないといったことはない。もちろん、「前世の因縁」を信じる人でも「跡継ぎ」に特別の配慮を払う人でも、一神教の人でも多神教の人でも同じである。どういう性別や属性の人が対象でも、またどういう価値観や文化の人が判断しても、ここでの①②の事実前提からは、合理的な判断として③の「べし」判断を導くことができる[9]。こうして、事実前提に照らして、「欲求実現（目的達成）のための合理的手段」として「べし」を導くという「論法」により、「事実命題からの規範命題の導出」が客観的に且つ正当なものとしてなされる。

　この種の「論法」は、実は決して珍しいものでも特別なものでもない。我々は日常生活の中でしばしばこの種の判断を行っている。「本社での2時の会議

---

[8] 「それゆえ、個人的に『したい』というだけではない『べし』という表現が適切なのである」。これらの引用は、内井［1996］174頁より。

[9] 例えば、法に反する行動をとることを生きがいとしているような「アウトロー」な価値観を持つ人が判断しても、「法に違反せず運転したいと思っている」という前提が①の中にある限り、③とは別の結論は出ない。

に遅れずに出席したい」という欲求（あるいは目的）を私が持っており、そこで「私が今いる営業所から本社までは歩いて20分かかる」、「本社まで行くのに使える路線バスや鉄道はない」、「道路は渋滞している上タクシーの数は少ない」、「私は健康で本社まで歩く体力は十分にある」のであれば、「私」は「１時40分以前に営業所を出て本社に向けて歩くべき」である。これは、判定者の主観や価値観に関係なく、誰がその立場であっても妥当する、客観的に「正しい」判断である。実際、同じ（事実）条件の下で「スリルを楽しみたいから１時50分に営業所を出てみる」とか「歩くのは嫌いだからタクシーを使う」といった判断をして「私」が会議に遅れることになれば、周囲の人からは「なぜ１時40分までに営業所を出なかったのか」、「なぜ渋滞が分かっているのにタクシーを使ったのか」と、その判断の「誤り」を非難されるだろう。これらの事実前提の下では、「私」であろうと他の人であろうと、「１時40分以前に営業所を出て本社に向けて歩くべき」なのであって、この「べし」判断は客観的な正当性を持つ。ここでも、事実命題のみから成る前提から、「目的達成のための合理的手段」として「べし」判断が導かれており、ここには事実と規範を混同する「誤謬」はないし、主観や価値観に依拠した判断がなされているわけでもない。

　このように、事実からの規範の導出は、「事実と規範の二元論」を踏まえた上でも、事実命題の中に一定の「欲求・目的」が存在する場合には、それを達成するための「合理的手段の導出」として客観的になされうる。言い換えれば、事実命題からの規範の導出は、事実命題中の「主体の欲求・目的」を達成する手段的「べし」としてなされるのであり、その「べし」は、それが当該事実条件の下での欲求・目的達成手段として十分合理的であることを示すことによって正当化される（次頁図4-1参照）。これが、内井の言う「事実判断と価値判断のギャップは埋められないものとして認め、そのギャップを残したまま事実と事実に基づく推論に訴えて価値判断を正当化できる論法」である[10]。

(3) その一般的妥当性

　しかしながら、ここでの「規範の導出」は、「法に違反せずに自動車を運転したいと思っているが運転免許を持っておらず、免許を取る能力も時間もあ

10　内井［1996］195-196頁。引用文中の「価値判断」は、「規範」もしくは「規範的判断」と言い換え可能である。

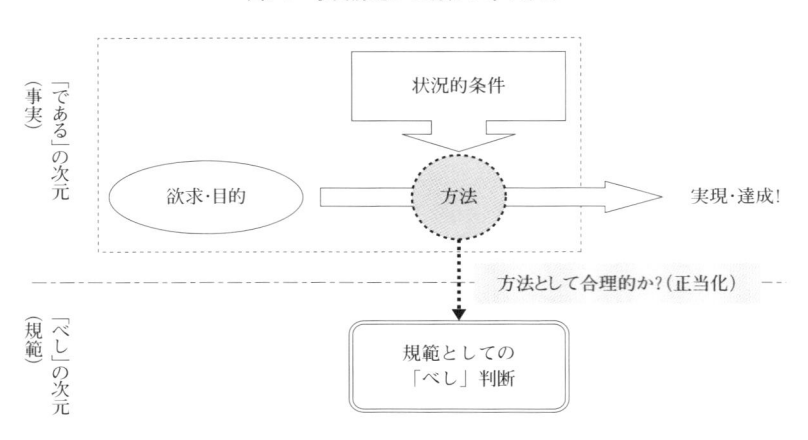

第4章　事実から規範は導出できるか

図4-1　事実前提から規範を導く方法

（事実）「である」の次元
- 欲求・目的
- 状況的条件
- 方法
- 実現・達成！

方法として合理的か？（正当化）

（規範）「べし」の次元
- 規範としての「べし」判断

る」A子さんなど、特定の状況の下にある特定の人を想定してなされる、きわめて限定的なものである。いみじくも上の説明の中にあるように、「A子さんと同じ条件を満たす人なら誰でも③を受け入れざるをえない」としても、そうでない人——例えば「法に違反してでも運転したいと思っている人」や「運転免許を取る能力も時間もない人」——には③の「べし」判断は妥当しない。その点で、このような個別具体的な判断であればともかく、社会的・道徳的な規範のように一般性を持つもの、立場や考え方を異にする複数の人間が対象となるものを考える場合にも、ここでの「論法」が使えるのかという疑問がわく。「A子さん」のようにはっきりとした目的（欲求）を持ち、それに関係する条件も明確に特定できる主体を想定できるならよいが、目的も欲求も、その人をとりまく環境条件も多様な複数の人間がいて、その人たちに共通して妥当する規範を導いたり正当化したりするときに、このような「論法」が活用できるのだろうか。

　この問題について、上の「論法」の提唱者である内井は、これに人間の「共感能力の最大化」という想定を加え、それによって複数の人間の欲求・目的の強度を比較しそのうち最強のものの実現を図るという功利主義的な方法で解決を図っている。内井曰く、人間の共感能力を「理想化によって最大限にまで仮定」すれば、ある人の中で、他者の選好がその強度まで含めて完全に再現可能になる。つまり、ある場面において、そこに関わる複数の人間が抱く多様な欲

求は、その中の誰かの中で種類・強度を含めてすべて再現される。するとその人は、自分の中で再現された関係他者の欲求を、自分自身の欲求と併せて比較し順位づけし、その中で（もともと誰のものであるかに関わらず）最も強度の強い欲求を選ぶことができる。この「最も強い」欲求が、当該場面で関係各人が持つあまたの欲求の中で実現の対象となる。そして、この欲求をそこでの状況の下で実現するための方法を上述「論法」を通じて考えれば、そのための合理的手段として「べし」規範を導くことができる。この場合、共感能力を最大に仮定しているため、「欲求再現」当事者が関係者のうち誰になっても、そこで再現される各人の欲求の強度や順位は同じになり、その中で「最強」とされる欲求も、それを実現するための合理的手段も——理論的には——同じになる。こうして、同「論法」による「べし」規範の導出が一般化・普遍化されて、当該状況の下で、関係する複数の人の間に共通して妥当する客観的な「べし」規範の導出が可能になり、同「論法」を通じた社会的規範の正当化ができると内井は言う[11]。

　しかし、内井のこの主張には、共感能力を最大に仮定するといった非現実的な想定が社会規範の正当化として妥当か、関係者の欲求のうち単純に「最強」のものを選択しその実現を図るという考え方に問題はないか、「強度」だけではなく質的・内容的に「実現されるべき」欲求とそうでない欲求とを（まさに道徳的に）選別する余地があるはずでその点での選別の「正当化」が未解決ではないか、などといった疑問があり、社会的・道徳的規範の導出・正当化としては問題があると筆者は考える[12]。筆者に言わせれば、ここでの問題はもっと単純な形で解決可能で、「共感能力」などを持ち出してこのように複雑なモデ

---

[11] 内井［1996］196-224頁．
[12] これらの疑問は内井の著書の中ですでに検討されており、「共感能力最大化の仮定の非現実性」については「ここでの議論は、理想化されたモデルを考える批判的レベルの検討であるから問題ない」と内井は答え、「実現されるべき欲求の内容的正当化可能性」については「ここでの結論が人間が持つ道徳感情によって支持されることで、『実現されるべき』欲求の質や内容が道徳にかなうことが裏づけられる」と答えている。しかし、これらの答えはいずれも不十分だというのが筆者の考えで、前者に関しては「理想化されたモデルだとしてもここでの共感能力の想定はその本来の作用規則から外れている（人間の共感能力は、あらゆる他者の選好を同じように再現するようにはできておらず、自分の近縁者や友人に深く『肩入れ』するような作用規則を有している）」、後者に関しては「それだと結局規範の究極的正当化がここでの論法ではなく道徳感情にあずけられる」という問題が指摘できる。この点の詳しい検討と説明は、拙稿［2004-05］第Ⅴ章参照。

ルを構築するよりも、むしろ、ここでの「論法」における主体（A子さんなど）を規定する条件に着目し、主体が複数（多数）であるならその人たちに共通する「条件」を見つけて、それに基づいてこの「論法」から社会的規範の導出・正当化を図ればよいのである。

　運転免許の例に見られるように、ここでの「規範の導出」は、「A子さんと同じ条件を満たす人」には妥当するがそうでない人には妥当しない。このことは、「条件の異なる主体には妥当しない」と後ろ向きに捉えることもできるが、逆に、「同じ条件を満たす人」の間であれば上述「論法」から導き出された規範が正当なものとして妥当する、と前向きに捉えることもできる。そうであるなら、ここでの「一般化」の問題は、複数の人の間に「同じ条件」が見出せるかどうかの問題に転化され、その「条件」の面で、例えば、ある国の人すべてが他の欲求や目的に優先して共通に有する欲求や目的を特定でき、またその人たちに共通する環境・状況的要素を特定できるなら、そこから同「論法」を通じて、その国の人すべてにとって「正当な」規範を導くことができる。つまり、同「論法」が、複数（多数）の人の間に適用される社会的規範の導出・正当化に使える。となると問題は、ある国なり社会なりの人に共通して当てはまるそうした条件をそう都合よく見出せるかどうかだが、国としてはともかく、人間すべてに共通する目的や状態ということなら、「繁殖」志向と集団生活という2つの「人間の普遍」が、前章での検討からすでに見出されている。ということは、これら2つの「人間の普遍」を前提として、そこから上述「論法」により一定の規範が導ければ（この2つでは同「論法」に基づく規範の導出には条件として不足かもしれないので、本当にこれで規範の導出ができるかどうかは検討してみないことには分からない）、それは、当該前提を共有する人――すなわちすべての人間――の間で妥当する正当な規範だと言えるし、その規範は人間に普遍的なものだと言えることになる[13]。

---

[13] この「論法」を使って実際に「人間の普遍（的事実）」から普遍的規範を導き出す理論の例は、ホッブズの自然法論に見られる。（このことは内井［1996］159-177頁で詳しく検討されている。）ホッブズは、人間は「自己保存」を目的とし、「心身の諸能力において平等」で、「力への意欲」「争論への愛好」を持ち、「仲間をつくることをよろこばない」といった「本性」を持つと言い、その人間に共通する「自然状態」が「各人の各人に対する戦争」状態になることを指摘する。その上で、「戦争」状態の下では各人の目的である「自己保存」がかえって脅かされるから、それを脱け出して各人の「自己保存」を確保するために「自然権の一部放棄」と「共通権力の設置」を「自然法」として導き出している。

2．実践的判断と道徳的判断

　以上のように、「事実からの規範の導出」を可能にする「目的達成のための手段的合理性」論法と、先に示した人間に関する普遍的「事実」を組み合わせることで、すべての人間に妥当する普遍的な規範を見出せる可能性がある。しかし、その検討に入る前に、ここでの同「論法」の活用に対しては、もうひとつ重要な批判が予想できるので、その問題を解決しておかねばならない。それは、実践的判断と道徳的判断の区別を問題にする批判である。

(1)「手段的合理性」論法を道徳的判断に適用することへの批判

　確かに、先の論法では「事実からの規範の導出」ができるように見える。しかし、そこでの例が「運転免許」や「本社の会議」に関するものであることからも分かるように、こうした判断はいわゆる実践的判断であって、これは、善悪や正不正が関わる道徳的判断と一緒にしていいものではない。実践的判断の場合、上の例にもあった通り、「免許を取る」「2時の会議に出る」といった明確な目的あるいは欲求が存在し、しかもその目的は「よい」とか「悪い」とかに関わらない、道徳的・価値的に中立なものである。そのため、当該目的・欲求の実現に向けてどうしたらよいかは、善悪、正不正と関係なく、合理性の問題として、事実に基づく推論によって判断できる。だからこそ上述の論法が成立するのだが、これに対して、本書で問題にしている人権をはじめ、社会的な

　Hobbes [1651] 第11章〜15章参照。ここでは、「自己保存」という目的達成のための、「戦争」状態下での合理的手段として「自然法」という規範が導かれており、その論理は、内井の示す「事実から規範を導出する論法」そのものである。次章で提示する筆者の議論も、「事実的に見出された人間に普遍的な要素」を基礎に、上述「論法」を通じて「人間に普遍的な規範原理」を見出そうとする点で、ホッブズの議論と構造を同じくする。但し、そこで想定される「人間に普遍的な要素」すなわち「人間の本性」の中身が本書とホッブズとでは異なっており、本書では「自己保存」ではなく「繁殖」が人間の目的であり、「仲間をつくることをよろこばない」のではなく人間は生物学的性質として集団生活をすると捉えられる。こうした相違について、ホッブズの示す「人間本性」には、ホッブズがそのように人間を観察しそのように考察したという以上の根拠がなく、ホッブズの主観に基づく人間理解であるにとどまるのに対して（人間科学が現代ほど発達していない当時はやむをえないことではあるが）、本書では、第3章で示したように、生物学的・科学的な根拠に基づいて「人間に普遍的な本性」を指摘する点で、こちらの方が信頼度が高いと考えられる。

規範の正当化は道徳的な要素を含んでいる。その場合、「お年寄りに席を譲るべし」、「障害者への差別をなくすべし」といった道徳的規範には、具体的に「これ」のためにお年寄りに席を譲るのだ、障害者への差別をなくしたら私は「これ」を得るのだといった特定の目的は存在しない。その代わりに、「他者や弱者に優しくするのはよいことだ（善だ）」、「差別はよくないことだ（悪だ）」といった文字通りの道徳的価値が前提に想定されており、その価値から派生する具体的規則としてこれらの「べし」が成立している。言い換えれば、道徳的規範・規則の「べし」は、その前提に存在する価値の「善／悪」性、「正／不正」性に基づいて成立するのであり、この点での価値の正当化（「善／悪」、「正／不正」の論証）が問題になるところに道徳的な判断や規範の正当化の特徴がある。こうした相違を考慮せずに、実践的判断で生じる「目的達成のための手段的合理性」を、道徳的判断・規範にもそのまま活用するのは、後者が内包している善悪、正不正の要素を見落とすもので、上述の「論法」は道徳的規範の導出・正当化に適用することはできない。これが、ここで想定される批判である。

　人権が道徳的な規範であることは本書の第1章でも確認した通りだから、この批判がもっともだとすれば、ここでの「論法」を人権の基礎づけや正当化に結びつけることはできなくなる。しかし、筆者の考えでは、こうした批判は妥当ではない。道徳的な判断も、実践的判断と同じように、「目的達成のための手段的合理性」に還元して考えることができる。

（2）「間接互恵」下での利益確保手段としての道徳規則

　このことは、前章にて「人間の利他性」に関連して述べた「互恵」の議論、特に、「間接互恵の理論」を踏まえて道徳を考えると分かる。抽象的に説明しても分かりにくいので、ここでは、「人を殺してはいけない」という規則を例に考えてみよう。モーゼの十戒に「殺すなかれ」が入っているように、これはキリスト教道徳の基本的規則だが、キリスト教の国や文化に限らず、日本でも中国でも、その他世界中多くの国や地域に同様の規範は見られ、「人を殺してはいけない」というのは人間社会で最も一般的な道徳規則の例だと言える。通常、これは何か特定の目的や欲求に向けた手段だとは考えられず、「人の命を尊重すること」が道徳的に「善」「正」な価値と想定されて、その価値を前提として、それに反するがゆえに「人を殺す」ことは「悪い」、「やってはいけな

い」とされる。この規則の正当性は「人の命」の価値性に依拠しており、この価値の重みが、嫌いな相手に対する憎しみの感情や、邪魔な相手が自分の前からいなくなるといった利益を凌駕し、それよりも重んじられるというのが、「人を殺してはいけない」という規則を成立させる一般的な論理である。我々が日常経験するように、人は、社会生活の中で、甚だしく嫌いな相手、邪魔になる相手に出遭い、憎しみや怒りを覚えて時にその相手を殺してしまいたくなるが、それに対してこの規則は、そうした感情やその相手がいなくなる利益を我慢して、それ以上に「人命」という価値を重んじ、それにかなう行動をとるよう我々に説くものである。しかし、ではそうした「我慢」は我々自身の利益に反しているのかというと、実はそうではない。

　前章にて述べたように、人間社会の人と人とのつながりは「互恵」を基盤に成り立っており、個々の人間は、他者との「互恵的利他行動の交換」を通じて有形・無形の資源を獲得し、生存・繁殖に役立てている。人間の生活では、他者の手をまったく借りずに完全に独力で資源を獲得するというのは稀で、そのほとんどは他者との関係の中で入手される[14]。言い換えれば、他者との互恵関係なくして我々が生存・繁殖するのは困難であり、他者との互恵関係の構築は、人間にとって生存・繁殖を左右する、生活上の一大事である。そして、その互恵関係は、人間社会にあっては、直接的なものに限らず、不特定多数の相手に向けた間接的なものに広がっていることも先に言った通りである。

　その説明の中で述べたように、間接互恵社会の中では、周囲の人から「あの人は積極的に利他行動を行う、互恵関係の相手として望ましい人だ」（縮めて言えば「いい人だ」）と思われること、そういう情報が周囲に伝わることがきわめて重要である。そういう評判を得た人は、今後、多くの人と互恵関係を結び、それを通じて様々な資源を確保する可能性が広がる。そのためには、各人は今つきあいのある相手との関係の中で積極的に利他行動を行い、それを見聞きするであろう周囲の他者一般に自分の「利他性」を示すと共に、時には献血やチャリティにも参加して自分の「利他性」を誇示し、「いい評判」を確保しておく必要がある。それと反対に、「この人は互恵関係の相手として望ましく

---

[14] 有形の資源の多くは（貨幣を含めた）交換によって手に入れられるし、また、他者から得る情報が資源獲得に大きな意味を持つことも多い。配偶者という最重要資源の獲得には、他人を通じた紹介や情報交換が大きな意味を持つ。前述第3章第3節(1)・第4節(4)(ⅱ)(ⅲ)参照。

第4章　事実から規範は導出できるか

ない」と他人に思われかねない行動をとること、そういう情報が伝わることは、他者と互恵関係を築く上で大きなマイナス（不利益）だから断じて避けねばならない。以前に仕事を助けてくれた同僚が忙しくしているときに自分は手伝わないとか、お中元をもらったのに返さないといったことをすれば、その相手との関係にひびが入るのみならず、その情報が周囲に伝わることで多くの人から「嫌な奴」と思われ、将来の他者との互恵関係構築・維持の可能性を狭めてしまう。よって、他者から「つきあっても『見返り』のない相手」、「こっちの利益にならない相手」と思われそうな行動をとることは、人間集団の中で生きていく上でタブーとなる。まして「つきあったら害を受ける」と思われるなどというのは言語道断で、とりわけ、「あいつに近づいたら下手をしたら殺される」、「あの人は人を殺しかねない」などと他人に思われたら、いかに日常で互恵的振舞いに精を出しても誰からも忌避される羽目になって生きていけなくなる。従って、仮に本当に人を殺すことはなくともそうしかねないと思われるような行動は慎まなければならないし、実際に人を殺すなどということは絶対にしてはいけない。それは、他者との互恵関係とそれを通じた利益のほぼ完全な損失を意味し、社会の中で資源を得る途が——象徴的に言えば「生きる」途が——閉ざされてしまう。実際、殺人を犯して刑務所から出てきた人や、「あの人は以前に人を殺したことがあるらしい」と言われている人などと積極的に友達になりたい、近所に住みたいという人はまずいないだろう。そうやって他者から忌避され、互恵の利益を喪失する羽目になるがゆえに、「人を殺す」ことは絶対にしてはいけないのである[15]。

---

[15] 人を殺してはいけない理由がここにあることは、戦争などで相手が「敵」であれば、それを殺すことがむしろ推奨されることから裏づけられる。現代社会はグローバル化が進み、他国や他集団のメンバーであってもさまざまな取引やつきあいが発生するのでその意味あいが薄れてはいるが、基本的に、人間にとっての「つきあい」は自集団のメンバーが第一で、「間接互恵のネットワーク」は自国や自集団の中で機能することが多く、他集団のメンバーはその枠から外れる。のみならずその集団が、こちらの集団と土地や資源をめぐって争う「敵」である場合、そのメンバーを殺したり傷つけたりすることは、自集団とそのメンバーにとって利益の増進につながる。つまり、自集団の他のメンバーにとっては、「敵」を殺す人は「自分に利他行動をしてくれるいい人」なわけで、そのために「敵を殺す」行為は賞賛されるのである。このように、「人殺し」が敵を含めて普遍的に禁じられるのではなく、「仲間を殺す」ことは悪だが「敵を殺す」ことは推奨されるという点に、人を殺してはいけない理由が「間接互恵のネットワークの中での『評判の利益』の獲得」にあることが表れている。

「盗むなかれ」、「嘘をついてはいけない」などの道徳規則にも同じことが言える。人の物を盗るというのは、文字通り、こちらからは何も相手に与えずに相手の資源を自分の物にしてしまう行為であり、正面から「互恵」に反する。そんな人と関係を持てば、こちらに「恵」はないまま自分の資源をいつ盗まれるか分からないから、誰もそんな人とはつきあいたがらない。「嘘」というのも然りで、これはいわば情報を通じて他者から「非-互恵」的に利益を引き出そうとする行為である。例えば、Aさんが偽のダイヤを「本物だ」と言ってそれをBさんに「本物価格」で買わせれば、AさんはBさんから「本物価格マイナス偽物価格」の差額分の資源を「盗」っている。そうした直接的な資源「盗み」でなくとも、「母が病気だから」と偽って同僚に残業を引き受けてもらいながら友人と麻雀に行くのは、本当なら得られないはずの同僚からの「恵」をこれまた「盗」る行為である。そんな風に騙されて「恵」を貢ぐ羽目になるのは誰も嫌（損）だから、嘘つきとすすんで付き合おうとする人はいない。こうして、人の物を盗ったり嘘をついたりする人は、周囲から「互恵関係の相手として望ましくない」と思われて関係を持ってもらえなくなる。そうなると一番大変なのは実はその本人で、互恵関係を通じた資源獲得の途が断たれて結果的に大きなマイナスをこうむる。そうなっては「いけない」がために、「盗む」「嘘をつく」ことは「してはいけない」ことになる[16]。

（3）利益の無意識化と道徳

ところで、この場合、「殺すなかれ」「盗むなかれ」といった規則が「自分の利益のため」のもの、言い換えれば、自分の生存・繁殖、そのための資源獲得に向けた手段であるとは、個々の人間には基本的に意識されていない。「なぜ人を殺してはいけないか」が倫理学や教育学の課題としてよく論じられることからも分かるように（筆者は、以前に「『なぜ人を殺してはいけないか』を根

---

[16] 「互恵」に反し、他者との互恵関係構築が難しくなるために「嘘をついてはいけない」というここでの説明は、「互恵」に反しない「他人のためになる嘘」は、「反-互恵的な利己的嘘」よりも禁じられる度合が弱くなるという一般的事実によって裏づけられる。本人が傷ついたり不安になったりするのを防ぐために真実を隠すといった行為は、そこに「相手のため」を思う「利他性」が作用しており「互恵」にかなう。利己的に嘘をつく人と違って、そういう性質を持つ人であればつきあって「損」にはならないから、周囲の人がその人を忌避することもなく、よってその人も互恵関係の可能性と利益を失わない。よってそういう嘘は「やってはいけない」ことにはならない。

源的に討論するセミナー」の広告掲示をある大学で見かけたことがあるが、それが「なぜ」かが誰にも明白なら、このようなセミナーは企画されない)、それが何のためかは多くの人にとって「難問」なのであり、それを「自分の利益のため」と意識した上でこれらの道徳規則を遵守したり人に説いたりしている人は少ない。それはどうしてかというと、個々の人間は、自分が「繁殖」に向けて動いているというその目的を無意識化しているからで、ではなぜ人間はその目的を無意識化するのかというと、そうすることが自分の「繁殖」にとってプラス（利）だからである。

前章での説明から分かるように、「繁殖」への志向は、各人が持つ感情や感覚に反映されていて、個々の人間は、自分の感情や感覚に従い、それに動かされることによって結果的に「繁殖」に向けた行動をとっている。通常の場合、ここで各人に自覚されるのはその場で自分に生じている感情や感覚までで、個々の行動が「繁殖」につながるか、「繁殖」にどういう意味を持つかは意識されない。これは一見不思議なことのようだが、しかし、「繁殖」という目的達成のために、当の本人がそれを自分の目的として意識している必要は実はまったくない。（このことは、自意識が未発達で自覚的な行動目的を持たないと思われる動物──例えば魚類、甲殻類、微生物など──でも、「繁殖」に向け、餌を獲り、異性と配偶しといった行動を立派にとっていることからも分かる[17]。）むしろ、ヒトのように、他者との互恵関係を通じた利益の蓄積が各人の「繁殖」に大きな意味を持つ種の場合、「繁殖」という自分の行動目的を本人は自覚していない方が利益を獲得する上で効果的であることが多い。

他人に親切にしたり好意を寄せたりするのを「本当は自分の利益のため」と自覚していると、そこでの利他行動が、えてして自覚的な「計算」に左右される。例えば、自分を引き上げてくれそうな上役には積極的に好意を寄せ親密にしようとする一方で、上司であっても窓際化している人や、現状では周囲の評価が低く出世が予想されない部下などには利他行動をおろそかにするといったことをついつい我々はしがちになる。しかし、そうした「計算」がしばしば裏目に出ることも我々がよく経験するところで、出世すると「読んだ」はずの上司が失脚したり、窓際だったはずの人が一躍実力者になったり、さえないと思

---

[17] 但し、「繁殖」という目的ではなく、それに向けた日々の行動過程での内面作用をある程度自覚することには意味があり、その利点のために「自己意識」の発達が人間に起こったと考えられることは第3章第5節(1)にて述べた通りである。

った部下が突然出世して自分の上に来たりして、以前の自分の「計算」やそれに基づく振舞いを後悔する羽目になることが、人間の世界では実によくある。こうしたとき、「自分の利益」を意識して「計算」で人に接するのではなく、そうした利益には気が回らないままに他人に対して「心から」接し、上司／部下／窓際といったわけ隔てなく、純粋な「心」を持って窓際の上司や冴えない部下とも懇意にしておいた方が、あとあと自分の大きな利益につながる。そもそも、「この人は地位があるからつきあっておくとなにかと得がありそうだ」とか「こいつは能力があるので利用価値が高い」と思って自分に近寄ってくる人を人間は嫌い、相手にそうした損得勘定の意識があるように思えるとその相手に対して我々は警戒心を抱く。逆に、そうした計算や「利益」の意識なく、純粋に他人に親切にする人、自分を好きだと思って寄ってきてくれる人のことをわれわれは好きになり、そうした人に対してこちらも積極的に利他行動をしようとする。

　ここに典型的に表れているように、「繁殖上の利益」を志向する個体同士の「互恵関係」で成り立つ集団の中で自分の「利益」を増進させるには、逆説的であるが、自分の「利益」に無自覚な方がよいのである。従って、まさに自分の本来の目的である「繁殖」を効率的に達成するために、人間は自らのその目的を無意識化して生きている。そのため、それが何に向けて合理的かは各人には不明なまま、集団生活下でその目的を達成するために合理的・必要な規則として各種の行為規範が生じる[18]。人間は、それが「繁殖」という自分の目的と結びついていることは意識せず、しかしその目的のために現実に有益な効果を生むがゆえに、その規範を守り受け継ぐ。こうして成立するのが道徳（的な規範や価値）である。

　以上のように道徳を理解すると、本節で問題になっている道徳的判断と実践的判断との違いがどこにあるかが浮かび上がり、同時に、実践的判断だけに該当するはずの「手段的合理性に基づく正当化」が道徳的判断にも当てはまるとする筆者のここでの主張の根拠が明らかになる。道徳的判断と実践的判断の違いは、一言で言えば、そこでの根本にある目的が当の本人に意識されているかいないかの違いである。先の運転免許の例にあるように、我々が実践的判断と呼ぶ判断においては、「自動車を（法に違反せず）運転する」という目的を自

---

[18]　「情けは人のためならず」、「悪事身にとまる」などの格言には、それに該当するものが多い。

身が自覚した上で、「運転免許を持っていない」「免許をとるための時間も経済力もある」といった状況をこれまた自覚的に勘案して、「運転免許をとる"べき"」という規範的判断が、目的実現のための合理的規則として意識的に導き出される。他方、道徳的判断においても、「繁殖（に向けた資源獲得）」という目的を、互恵関係に基づく集団生活という状況の下で達成するための合理的手段として「殺すなかれ」「盗むなかれ」といった規則が成立していることは上で述べた通りで、その点で、「一定の状況の下で目的を達成するために合理的な手段」として当該「べし」規則が導出され裏付けられる点は、実践的判断でも道徳的判断でもなんら違いはない。ただ違うのは、道徳的判断においては、目的である「繁殖」が、（まさにその目的を効果的に達成するために）我々自身に意識されないという点で、そうであるがゆえに、道徳的判断は実践的判断とは本質的に異なる種類の判断であるかのように人は思い、そこでの規則を導き出したり裏付けたりするのに実践的判断と同じ「目的達成のための合理的手段」論法を適用するのは誤りであるかのように思うのである。目的が見えないために、道徳規範の「べし」は手段としては捉えられないと勘違いされ、利益や損得などではない、それ自体が目的化した特別の価値や基礎に基づいて道徳は成立しているかのように思われている。しかし、そうした「道徳の基礎」がなかなか見つからず、道徳が何なのかは難問のままであることは、歴史上古くから「道徳とは何か」という議論がえんえんと論じ続けられていることからも明らかで、そうなってしまう根源は、そもそもの前提である「人間は『繁殖』に向けて動く」ことが人間自身に自覚されていないことにある。前章で検討したように、生物学的な観点で人間を捉えこの点を認識することにより、道徳的な判断や規範（「べし」）も、我々が日常行っている実践的判断とまったく同じように、「目的達成のための手段的合理性」で裏付けられ、それによって正当化されることが分かる。

第5章　人間社会に普遍的な規範とは
： 集団存立と「繁殖資源獲得機会の配分」

１．集団成立の条件

　このように、「繁殖」という、普段人間が無意識化している自らの目的をはっきりさせると、我々が日常行っている実践的判断と同じように、道徳的な「べし」（道徳的な規範）も、「目的達成のための手段的合理性」に基づいて導出・正当化が可能であることが明らかになる。これはすなわち、実践的な判断に限らず、道徳性を含む社会規範に関してもこの「合理性」論法が使え、これによって「事実からの規範の導出・正当化」ができるということである。では、この論法により、第3章で示した人間に普遍的な2つの「事実」から、実際になんらかの普遍的な道徳規範を導くことができるだろうか。そしてそれは人権に結びつくだろうか。筆者の答えはいずれも「イエス」である。このことを、本章と次章でそれぞれ示していこう。

(1) 繁殖資源獲得機会の配分

　これを論じるにあたって、まず、先に述べた人間に関する普遍的事実を改めて確認しておこう。他の生物と同様に、人間も、自分（と近縁者）の「繁殖」を究極目的として、これに向けて生きる。ここでの「繁殖」は、文字通りの意味で「子どもをつくること」のみならず、そのための至近目的である「自分自身の生存」及び「それらに必要な有形・無形の資源の獲得」も含めた「自分が生存して繁殖することに向けた広い意味での利益確保」という意味である。もうひとつの普遍的事実は人間が集団生活することであるが、これは、「他集団への対抗」を主たる要因とする。人間にとって、「他の人間集団」は、食料そ

第5章　人間社会に普遍的な規範とは

の他の財、居住場所や狩場（その他生産活動の場）、あるいは配偶者といった「繁殖のための資源」をめぐる最大のライバルであり、それに対抗してこれらの資源を確保するために、人間は集団を作り、部族集団、首長集団から民族集団、国家集団へとその規模を拡大させてきた[1]。

　しかしこのとき、どういう形でもいいから集団さえ作って各人はその中にいればそれでよいというわけではない。ひとつ重要な要件が満たされなければ個々の人間は集団のメンバーにはならないし、集団は成立しない。それは、集団の中にいて、メンバー各人に「繁殖」の見込みがあること、生存・繁殖のための各種の資源を獲得できる見込みがあることである。

　上で確認したように、個々の人間は、自分（と近縁者）の「繁殖」に向けて生きている。集団を作ってその一員となるのも、それによって「他集団の脅威」を防いで自らのその目的を達成するためである。しかし、「他集団の脅威」からは身を守れても、その集団の中で自分には繁殖の機会がない、そのための資源を得る機会がないのでは、自分のその目的が達成できなくなって集団にいる意味はなくなる。分かりやすいように規模の小さな原始の集団を想定して説明すると、図5-1のような、酋長A一家以下Eまでの5家族から成る集団αがあるとする。原始の厳しい生活環境の中にあって、この集団は、酋長の優れた指導力の下で常に協同して狩りや採集をし、食べ物を無事入手して暮らしている。各家族のメンバーは健康で体力もあり、近隣にいるβ集団、γ集団よりも強い力で居住場所や獲物の豊富な狩場・採集場、水場を確保できているとしよう。その中にいて暮らす5家族のメンバーは、他集団から襲撃されたり掠奪されたりすることはなく安全である。しかし、そうであっても、その集団の中では酋長がえこひいきをし、自分の家族及び普段からお気に入りのB、Cの

---

[1] もっとも、人間の集団にはさまざまな種類があり、現代の我々の身のまわりを見るだけでも、家族、親族、地域の自治会、商店会、趣味のサークル、会社、医師会や弁護士会、国家など多種多様な集団がある。その中で、ここでは、人びとが生活を共有する共同体として、歴史を通じて最も基本的な単位である、いわゆる「くに」レベルの集団——原始であれば部族集団や首長集団として、有史以降は民族や地域を基盤とした国家集団として表される単位——を想定して話を進めていきたい。「くに」は、人間が生活上の基本的なルール（法）や慣行を共有する重要な単位であると同時に、生活上の協力・協同を行うネットワークの一般的な外延であり、また他集団と競争・対抗する中心的単位でもある。これらの点で人間にとって最も基本的な生活共同体と考えられることが、ここで「くに」レベルの集団を考察対象とする理由だが、しかし、それを想定して以下で論じる内容はそれ以外の集団、例えば会社などにもしばしば当てはまる。

1. 集団成立の条件

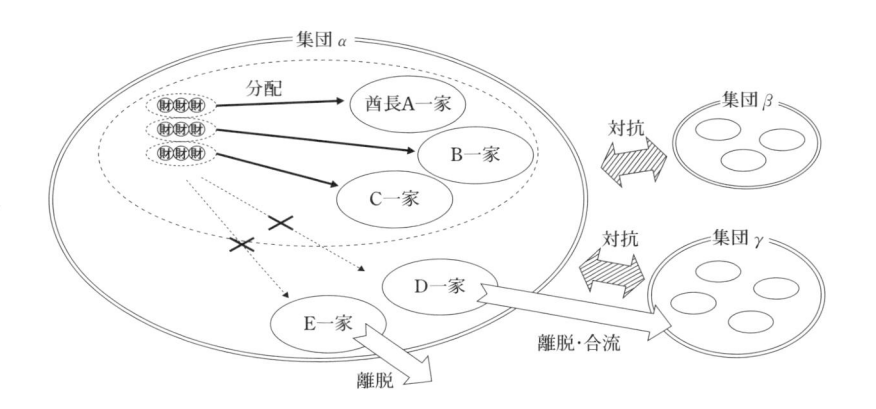

図5-1 集団成立とメンバーの資源獲得

家族にだけ獲物や収穫を分配し、家畜もこの３家族で独占して、嫁取り・婿取りもこれら３家族のみに認める、DやEとその家族は、狩りや戦争で仕事はさせられるが収穫は分けてもらえない、自分で野ウサギや小鳥を捕まえてきても取り上げられる、結婚も異性との接触も許されない、というのであれば、DとEの一家は、いくら他集団に襲われる心配が少なくともそこにいては「繁殖」できない。そうであるなら多少弱くてもβ集団かγ集団に入れてもらってそこでわずかでも食べ物と配偶者を得るか、自分たちで独立してα、β、γ集団と競合しながら生きる道を探った方が、多少なりとも資源獲得と繁殖の可能性があるだけましである。そうなると、これら５家族から成る元の集団は崩れてしまい、成立するのは、そこで資源獲得の見込みのあるA、B、Cの３家族から成る集団である（図5-1の集団α内の点線部分）。

　個々の人間はあくまで自分の「繁殖」に向けて生きており、集団を作ってその一員になることはいわばそれを効果的に達成するための手段だから、その手段は、本来の自分の目的に反しない形で、自分や近縁者に繁殖（とそのための資源獲得）の可能性がある形でないといけない。そうならないメンバーが出てくるなら、その人はその集団に所属しなくなってその人を含めた集団は成り立たないのであって、集団が成立するのは、原則としてそこにいて一定の資源が得られる人の間でのみである。つまり、集団の中では、各メンバーが相応の（少なくとも最低限の）資源を得、生存・繁殖できるような体制、状況になっ

ていなければならない[2]。

このとき、各人にとっては、その集団に所属すれば確実に食べ物その他の財が得られる、妻（夫）も間違いなく持てて確実に子どもを作れるというのが理想だが、実際には、どういう集団にいようとそうした繁殖資源そのもの、繁殖そのものの保障は誰にもできない。日照りが続いて草木が枯れてしまって果実も木の実もまったく採れないとか、寒波と大雪で狩りの獲物が全然見つからないなど、（特に原始古代の集団では）そもそも集団全体で食べ物その他の資源が確保できないこともよくあるわけで、集団でいようが一人でいようが一定の資源が必ず確保できるという状況は基本的にありえない。配偶者の獲得に関しても同様で、例えば、ある集団には女性がたくさんいて男性から見て配偶のチャンスが多いような場合でも、その男性が個人的にどの女性にも嫌われて配偶相手として選んでもらえないとか、配偶相手は確保したが自分か相手かいずれかの原因で不妊だということもあるので、繁殖自体が保障されることはどういう集団にいるかに関わらずありえない。しかし、少なくとも、その集団のルールや慣行の上で、自分は財や配偶者を得ることが許される（禁じられる）か、そこにどういう条件や制限が付くかということは人為的に操作可能な問題で、そうした次元で繁殖資源を獲得する「機会」をメンバーが得られるか得られないかは、個々人がその集団に属するか否かを左右する条件となる。

---

[2] このことは、同じ集団を作る動物でも、メンバー間で「繁殖」を分担する動物と比べてみるとよりはっきりする。アリやハチのような社会性昆虫、あるいは東アフリカに住むハダカデバネズミなどは大規模な集団を作るが、その中で繁殖するのは特定のメス（いわゆる「女王」）だけで、他のメンバーは、自分では繁殖せずに「ワーカー」として女王の繁殖を助ける。これは、これらの動物の集団メンバー同士の血縁度が高いゆえである。アリやハチの集団では、メンバー（ほとんどがメス）同士が姉妹関係にあると共に、「半倍数体」という特殊な遺伝様式を持つために姉妹間の血縁度が親子間の血縁度よりも高い。よって、その集団のメンバーにとっては、各自が自分で子供を作って繁殖するよりも、集団が一体となって特定のメスが「繁殖」し、他はそれを助けるという「分業」をすることが、各メンバーの「繁殖」上効率的である。また、ハダカデバネズミも、「半倍数体」ではないものの、近親婚が進んでいて集団メンバー同士の血縁度が高いために、繁殖を分業し、血縁者の繁殖を助けることで自分の「適応度向上」につなげるワーカーが現れる。これに対して、人間の集団では、集団メンバー同士にそこまでの血縁はないので、兄弟姉妹や近い親戚など近縁者への繁殖支援行動は見られても、基本的には各人が自分で子供を作ることが「繁殖」（適応度向上）の中心になる。長谷川・長谷川［2000］第6章。よって、集団の個々のメンバーには「自分」が繁殖する機会が必要になり、アリやハチに見られるような純然たる「ワーカー」は存在しなくなる。

1. 集団成立の条件

　例えば、先の α 集団において、日照りや寒波で収穫や獲物がないために、Dの一家やEの一家のみならず酋長Aの一家やB、Cの一家にとっても食べる物がまったくない、すなわち資源が確保できないという状況は起こりうる。しかし、だからといってそれを理由にBやCが集団を離脱しようとするかというとそうはなりにくい。（独力でもっとうまい資源獲得方法を編み出すといった場合は別だが。）問題なのはむしろその集団での資源の分配のあり方で、前述のように、酋長の「えこひいき」でDやEの一家は資源を分けてもらえない、すなわち、資源獲得の「機会」がその集団で与えられないのなら、彼らは不満を覚え「こんな集団からは出て行こう」と考えるだろう。このように、この集団にいればある程度の資源は絶対得られる、子どもも絶対持てるという保障は誰にもできないから、その点での保障は各人の集団帰属／離脱を左右する条件にはならないが、集団の体制やルールの上でそうした資源獲得の「機会」の保障がされるかどうかは人為的に操作可能であり、メンバーの集団帰属／離脱を左右する。その意味で、「メンバーに繁殖とそのための資源を確保する一定の機会があること（少なくとも自分が生き延びて子どもを作ることに向けて必要となる最低限の資源は獲得できるよう、その機会が閉ざされないこと）」が、個人が集団の一員となる不可欠の条件となる。集団とは所属するメンバーがいてはじめて成立するものだから、裏を返せばこの条件が満たされずメンバーが集団に集まらない、とどまらないのでは集団が成立しないということで、つまり、人間集団が成立するには「メンバー全員に最低限以上の繁殖資源獲得機会が配分されること」が基礎的な条件となる[3]。

(2) 「配分」格差の発生と抑制

　しかしながら、現実には、集団の中でメンバーすべてに同じように繁殖資源獲得機会が行き渡るというような状況、体制はめったに生じない。集団のメンバーたる個々人は、あくまで「自分（と近縁者）の繁殖」を目指してそこにいるわけだから、他のメンバーに比べて力が強いとか知恵がまわるとか、その他

---

[3] なお、経済学では普通「資源や財をどの用途にどれだけ使うか」を「配分」と言い、「生産の成果や初期の資源を誰がどれだけ取得または所持するか」を「分配」と言うが（『岩波現代経済学事典』）、本書ではそれと異なり、原則として、資源そのものを集団のメンバーに割り当てることに対して「分配」を使い、「資源獲得の機会」の割り当てを言う場合に「配分」を使う。

第5章　人間社会に普遍的な規範とは

いろいろなアドバンテージを持つ者は、そうでない者を抑えてたくさんの資源を確保しようとする。他の動物の集団でも、力の強い者、ランクの高い者が、弱い者、劣った者を抑えて多くの食べ物と配偶相手を確保することが観察されているが、人間の集団でも基本的に同じ現象が生じる。(以下、便宜的に前者の立場にある者を「上位者」、後者の立場にある者を「下位者」と呼ぶ。実際の集団の中では「上位者」「下位者」がきれいに二分されるわけではなく、より細かい階層に分かれたり、時と場合によって階層が入れ替わったりするが、ここでは説明を簡単にするため、主に「上位者」「下位者」の2つの階層を想定して話を進める[4]。) 狩りの獲物や採集した果実を分けるときには上位者がたくさんの量を取っていくし、住む場所、休む場所にしても快適なところは上位者のものになる。上位の男性は、下位の男性を押しのけて集団内の女性を確保し、他の男性が「自分の女」に近づくのを防ぐ[5]。このように、集団の中では、程度の差はあれ、個々人の能力や実力などに応じてヒエラルヒーができ、メンバーの資源獲得機会(それを通じて獲得する資源)に偏りが生じるのが常である[6]。

　しかし、では集団内の上位者は、その力や立場に応じて思うがままに資源獲得機会を専有できるかというとそうはいかない[7]。というのは、先に述べた通り、上位者ばかりが資源獲得機会を持ち、それ以外の下位メンバーの中に必要最低限の「機会」を得られなくなる者が出てくれば、その者たちが不満を持って集団を出て行ってしまう可能性が生まれるからである。集団を出て行くとなると、その者たちは少ない人数で「他集団の脅威」に直面し、その中で独力で

---

[4] 但し、後述注11の「機会コスト」は、それが細分化される要因に相当する。
[5] 本書では、「配偶者」という繁殖資源の確保を問題にする際、主に、男性から見た女性の確保を念頭に置く。これは、筆者が男性中心主義だからとか女性に対する差別意識を持っているからではなく、人間を含めた哺乳類など、有性生殖する動物の多くでは、一般に、メスの間でよりもオス同士で配偶者の獲得競争が激しくなり、配偶者の確保はオスの間で重要な問題になるからである。これについては後で(次節(2)(ⅰ)参照) 詳しく説明する。
[6] このヒエラルヒーは、必ず個体単位で決まるわけではない。集団内では血縁などを基にサブグループが生じるのが普通であり、ヒエラルヒーの構成にも、このサブグループが大きく影響する。実力者の兄弟や子ども、配偶者や姻戚などは、個人としての能力や実力は低くても、他の者より優越的な地位を占めることが多い。本文では説明を簡単にするため「上位者」「下位者」を個体単位で想定した説明をしている。
[7] 以下での「上位者の専有制約要因」の分析は、Grady and McGuire [1999] を基にしている。

1. 集団成立の条件

資源獲得を図らなければならなくなるから、好き好んでそんなことをする人はあまりいない。しかし、前項でも述べたように、既存の集団にいて自分たちはまったく資源を得られない、生き延びて繁殖していく見込みが見出せないとなると、いかに実力のない下位者でも、一か八か集団を離脱して自分たちだけで資源確保の途をさぐるか、あるいは近隣他集団に合流してそちらで資源確保を図るかする方が、いくぶんかでも資源獲得と繁殖の可能性が見出せるだけましになる。(新参者は普通低い地位に置かれるから、他集団に合流しても十分な資源獲得機会が得られる可能性は低いが、元の集団にそのままいる以上の「機会」は得られる可能性がある。)もちろん、資源獲得機会が得られない下位者が必ず集団離脱するわけではなく、我慢して集団にとどまったまま繁殖できずに死んでいく人もいるだろうが、少なくとも、資源獲得機会がないことがその者の集団離脱への重要な動機づけになることは間違いない。

　このとき、もし本当に下位者の集団離脱が起きると、その集団にあってもともと資源獲得機会を十分に確保していた上位者にとっても大きなマイナス(不利益)が生じる。まず何より、メンバーの人数が減り集団規模が縮小することで、その集団の他集団に対する対抗力が低下する。前述のように、人間の集団形成の最大の要因は「他集団への対抗」にあるので、(もちろん、個々のメンバーの能力や働きなども関わってくるので絶対ではないが基本的には)集団規模が小さくなると、他集団の襲撃を受けやすくなったり、それまで「数の力」で確保していた居住地や狩場、水場などの確保が難しくなったりする。そうなると、集団全体で獲得が見込める資源の総量が減ってしまい、上位者各人が得る資源も減少する。まして、離脱した下位者が近隣他集団に合流するようなことがあれば、自分たちは規模が縮小するのにライバルは勢力を拡大することになってそのマイナスは一層大きくなる。

　加えて、集団のメンバーの減少は、狩りや採集といった活動における人手の減少につながるので、そのために集団全体として従来ほどの資源獲得が見込めなくなり、その結果、上位者個々人が手にする資源もそれまでより少なくなりがちである。のみならず、出て行った下位者たちの中に若い女性がいれば、その損失は、当該集団の「上位」男性にとって「配偶者」候補という貴重な資源を失うことを意味し、その点でも上位者は大きな「損」をする。これらの点で、下位者が集団を離脱することは、集団の上位者にとっても大きなマイナスであり、そうであるならはじめから資源獲得機会の専有を抑え、下位者に一定の資

源獲得機会が行き渡るようにしてその離脱を防ぎ、集団規模を維持した方が上位者にとってもプラス（利益）である[8]。こうして、「他集団への対抗」や「資源獲得活動の人手」などの面で、下位者が集団にとどまることに上位者にとってのメリットがあるがゆえに、その「下位者の集団離脱の価値 (the exit values of the subordinates)」に応じて[9]、集団内では上位者の資源獲得機会の専有が抑制され、一定のレベルで資源獲得機会の配分が促される。

　上位者の資源専有を抑える要因は「下位者の集団離脱」可能性だけではない。「集団離脱」には至らずとも、下位者の資源獲得機会が上位者のそれと比べて著しく乏しくなると、その者たちが集団に従わなくなる（狩りや採集、他集団に対する防衛など、集団全体で、あるいはその中の複数のメンバーで行う資源獲得・維持活動に下位者が積極的に協力・参加しなくなる）、上位者に抵抗する、反乱を起こすといった可能性が出てくる。集団での活動に下位者が消極的になれば、その効率が低下して獲物や収穫が減ったり、他集団との戦いに敗れたりといった事態が生じる。とすると集団全体で確保できる資源が減るから、上位者の「取り分」も少なくなりがちである。また、「どうせ自分たちには資源がまわってこない」下位者が、集団の秩序やルールを無視して上位者の食べ物を盗む、その妻や娘を犯すといった行為（いわば「不正な資源獲得行為」）に走れば、せっかく確保した上位者の資源が脅かされる。さらに、複数の下位者が手を組んで反乱を起こすような事態になれば、その鎮圧のために上位者にも大きなコスト負担、資源の浪費が生じる。本来なら狩りや採集に使えた時間を鎮圧のための戦いやその準備に使わなければならなくなるし、実際の戦闘が起これば生命や身体が危険にさらされる。それ以上に、このように不安定な状態に集団が陥ると他集団への対抗力が大きく低下し、他集団から攻撃を受けたり、土地や狩場を奪われたりしやすくなる。こうした状況になると、集団の上位者にとっても大きな「損」だから、その点でもやはり下位者への抑圧や搾取はほどほどにしておき、ある程度の「機会」の「配分」を行って下位者をおとなしくさせておくことが集団とその中の上位者にとってもプラスになる[10]（図

---

[8] なお、この場合の「下位者の集団離脱」とは、必ずしも下位者たちが荷物をまとめて別の土地に引っ越すといった「場所の移転」を伴うわけではない。それももちろん「集団離脱」のひとつだが、それ以外に、同じ場所に住み続けたままその集団のルールや秩序を無視して野盗化、匪賊化する、別の集団によしみを通じる、といったことも「集団離脱」の一形態である。

[9] Grady and McGuire [1999] p.228.

1．集団成立の条件

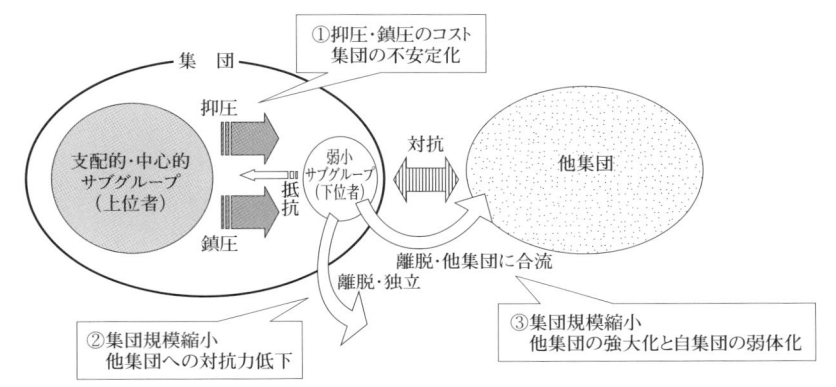

図5-2　集団内での「資源獲得機会の偏り」のデメリット

①抑圧・鎮圧のコスト
集団の不安定化

集団
支配的・中心的サブグループ（上位者）
抑圧
鎮圧
弱小サブグループ（下位者）
抵抗
対抗
他集団
離脱・他集団に合流
離脱・独立

②集団規模縮小
他集団への対抗力低下

③集団規模縮小
他集団の強大化と自集団の弱体化

集団内の「上位者」が資源獲得機会を過度に専有してしまうと、「下位者」の不服従や抵抗・反乱を招きやすくなり、それを抑えたり鎮圧したりするのにコストがかかって（上位者の、あるいは集団全体での）資源が浪費される。（場合によってはそれで集団の分裂や崩壊を招く。）のみならず、集団が不安定化して他集団への対抗力も弱くなる（図中①）。さらに事態が進んで「下位者」の離脱を招けば、集団規模が縮小し、他集団への対抗力は大きく低下する（図中②、③）。こうした事態は「上位者」にとっても「損」なので、資源獲得機会の過度の専有を避け、一定の「機会」が集団内の全メンバーに行き渡るようにして集団の安定化を図ることが、「上位者」「下位者」を含め「全員の繁殖資源確保（生物学の用語を使えば適応度向上）」につながる。

5-2参照）。一定の「配分」があるなら、下位者にとっても集団離脱・抵抗・不服従などのリスクを冒さずにある程度の資源確保が図れるから当然プラスで、「配分」は上位者・下位者含めて集団の全メンバーにとって利となる。こうして、下位者の集団離脱、集団への非協力・不服従・抵抗・反乱などの可能性を

10　もちろん、これら下位者の不服従や抵抗・反乱の可能性があっても、上位者の側にそれを強圧的に抑えるだけの実力と資源がある場合には、あえて資源専有を抑制せず、むしろ専有を強化して、得た資源を「下位者の押さえつけ」に活用するというやり方もある。しかし、「実力」にまかせて下位者をいかに抑えつけても、本当に「限度」を超えて自分たちの生存と繁殖が危なくなれば、いかに弱い下位者でも頑強に抵抗することは次節で述べる奴隷や植民地の反乱などからも見て取れる通りで、それは結局集団全体の安定性を損い、自集団の「他集団への対抗力」を弱めることにつながる。よって、ある程度までは「実力」による上位者の強権的な資源獲得機会専有が可能でも、限度を超えれば下位者の文字通り「必死」の抵抗・反乱・不服従を招くので、やはり、下位者への抑圧や搾取はほどほどにしておき、ある程度の「配分」を行うことが集団とその中の（上位者を含めた）メンバーにとって必要であり「得」となる。

要因として、上位者による資源獲得機会の専有は抑制され、下位者を含めた全メンバーへの「配分」が促進される[11]。

(3)「配分」が作用する現実

ここまでの話は、主に原始の小規模集団を念頭に、人間集団が存立するには「メンバーへの繁殖資源獲得機会の配分」が条件になることを説明したものだが、これはなにも原始小集団に限った話ではない。国家（近代国家をはじめ中世的な領邦や領国などを含む）のような大規模な集団にあてはまる。もっとも、規模の大きな集団では、その中で血縁、地縁、職業その他多くの要素を基盤と

---

[11] 本文で示したのは、下位者が集団に対してネガティブな行動をとるおそれに基づくものだが、これ以外にも、より積極的に、上位者が下位者の一部を「取り込む」ために生じる専有制約要因もある。これは、「支配者が資源専有を推進する機会コスト（the opportunity cost to the sovereign of further appropriations）」と呼ばれ（Grady & McGuire [1999] p.228）、主に次の２つから成る。第一は、集団内の下位者の中に、上位者を脅かすだけの有力者、実力者がいる場合、あるいは、下位者の中で人望や信頼を集めている者がいる場合に、その人に相応の資源獲得機会を配分する、しておいた方が上位者にとって都合がいいことである。集団内で上位者が資源を独占して下位者に不満が生じれば、この有力者を中心に下位者がまとまって抵抗や反乱を起こす可能性が高い。よって、上位者にとっては、自分たちが優位な立場にいる既存の体制の下で、かかる有力者には十分な資源獲得機会を与え、他の下位メンバーとの間に連帯が生じないようにするのが得策である。言うなれば、支配者が臣民のうち有力な者を取り込んでおくわけで、上位者の側からすれば、このように、下位者の中の有力な存在に相応の資源の「分け前」を与えなくてはならないことが、自分たちが集団内の資源を専有することへの制限要因になる。第二は、下位者の中に、集団全体の活動にとってプラスになる能力を持った存在がいる場合に、そうした者に上位者が相応の「分け前」を与える必要があることである。狩りで高い能力を発揮する者、体力に優れ外敵との戦いで活躍が見込める者、下位者同士で諍いや紛争があったときにこれを上手に解決する者、調停する能力のある者などがこれに該当する。上位者にとっては、こうした人も「体制側」に取り込んで、集団全体の資源獲得効率を上げれば、その中での自分たちの「取り分」も安定的に確保できる。逆に、こういう人に十分な資源を与えず、集団を離脱されたり集団活動へのやる気を失わせたりしては資源獲得活動の効率が低下してマイナスになるので、自分たちの取り分を多少減らしてでもこうした人には相応の「分け前」を与え、集団活動で能力を発揮してもらった方がよい。このように、人間の集団では上位者だけで資源を最大限独占するのではなく、集団を維持しその中で獲得資源を増やす上での「有用性」に応じて、下位者にも相応の資源獲得機会の「配分」がなされる。こうなると、集団内の序列は細分化して、「上位者」「下位者」の区別もあいまいになるが、それでも、序列が細分化された中で相対的に低い位置にいる人たちにとっては、自分たちが生存し繁殖するための「最低基準」以下の資源獲得機会しか得られなくなれば、集団離脱、抵抗、不服従などが喚起されることに違いはない。

1. 集団成立の条件

して内部的な小集団（サブグループ）ができるのが普通だから、上の「法則」は、個人よりもこのサブグループを単位に作用することが普通になる。それと共に、集団内のメンバー・サブグループ間の関係、それに絡む具体的な利害も多様化して、上述作用が働く過程も複雑になるが、基本的には、「配分」の必要性は、国家レベルの大規模集団にもあてはまる[12]。

　実際、歴史上のさまざまな国の存亡の例を見れば、集団内のサブグループ間で資源獲得機会に大きな格差が生じる、あるいは従来よりもその格差が拡大することによって、「下位」の立場に置かれたサブグループに抵抗や反乱、集団離脱の動きが生じ、それを契機に集団が分裂したり、既存の体制が崩壊したりして結局は「上位」サブグループも資源獲得機会を減らす、失うという例が多々見られる。（もちろん、個々の事例に応じてその具体的な要因はさまざまだが。）

　ある国の中でメンバーやサブグループの間の繁殖資源獲得機会に大きな格差が設定される最も極端な例（下位者に与えられる「機会」が著しく少ない例）は、奴隷制と植民地支配であろう。奴隷は、権利や自由を認められず、主人のための生産や労働にひたすら従事する存在で、これは要するに、自分のために資源獲得活動をしたり財を保有したりする主体性を完全に奪われ、その活動（労働）と成果（そこから生み出した資源）はすべて他者（主人）の生存・繁殖に向けられるということである。つまり、自分の繁殖のための資源獲得機会はなく、その分、他者の資源獲得に「使われる」存在が奴隷で、これは集団内で「機会配分」をほとんど受けていない最「下位者」に相当する[13]。

---

[12] もちろん、比較的規模の小さい部族集団などでも、その中に血縁の強さなどに基づくサブグループが存在し、それを単位に集団への「抵抗」や「離脱」の動きが生じることはあるので、ここで述べている、「配分」とそれが作用する構造が、個人単位なのかサブグループ単位なのかは、状況に応じた相対的な区別でしかない。が、そのいずれが単位になるにせよ、集団内で実力に応じた「機会」の格差が生じ、しかし、「機会」専有への抑制作用が働いて、集団存立・安定のために「配分」が必要になるという構造は人間集団一般にあてはまる。

[13] 実際には奴隷も生きていないと主人のために労働できないから、主人から食事や寝床といった資源——最低限の資源——は与えられる。しかしそれは主人の「任意」というきわめて不安定な要素に依拠したもので、生きていくために必要な最低限の食べ物、飲み物さえも与えられるかどうかの保証はない、集団のメンバーとして最低限以下の「配分」設定である。その意味で、奴隷は「人」ではなく主人の所有「物」だから、そもそもそれを集団の構成員として、最「下位者」と位置づけること自体が適当でないかもしれない。しかし、ここでは、奴隷も生物学的にはヒトであることに鑑みて、また、「資源獲得機会」を

第 5 章　人間社会に普遍的な規範とは

　そこまで徹底した形ではないにしろ、地域単位でそれに近い「繁殖資源獲得機会の制約」を受けるのが植民地である。例えば、イギリス支配下のインドは、本国インド省と現地インド総督の下で、税制、経済、文教、軍事・外交などあらゆる政策決定権をイギリス本国に握られ（自治権を奪われ）、且つその統治費用を負担させられた。自治権がないということは、自分たちが資源獲得活動を行う、あるいは資源を処理したり交換したりする際のルール・体制を自分たちでは決められず他者（本国）に決められることを意味する。逆に言えば、本国が植民地の人たちの繁殖資源獲得活動を自分に都合のいいように制約し、それによって植民地の資源や富、人びとの労働を自分たちの繁殖資源獲得に資するように利用できるということで、本国サブグループと植民地サブグループとの間で著しい「繁殖資源獲得機会の格差」が設定されている[14]。

　こうして、奴隷も植民地も、上位者の繁殖資源の獲得・確保に利用され、自分たちは資源獲得機会を制限される最「下位」な立場にあるわけだが、このように極端な「配分」格差がある体制を維持するには、当然ながら上位者に相当の実力が必要になる。事実、奴隷制が浸透した古代ローマや中世近世のアメリカ（を支配したスペインなど）、世界中に植民地を築いたイギリスなど近代欧米列強は、いずれも強固な支配体制を確立させた、文字通りの「強国」である。しかし、そのように強固な支配体制下で上位者との圧倒的な実力差があっても、奴隷や植民地は現実にしばしば反乱を起こしている。ローマでは、記録に残っている大規模なものだけでも、シチリアで二度にわたる大きな奴隷反乱があり[15]、また、紀元前73～71年には有名なスパルタクスの反乱が起きた。当初小

　著しく少なくしか与えられない人間はいかに実力差があっても集団に対して抵抗・反乱することを示す例として、「人として扱われていないこと」を集団の最「下位」と位置づけて奴隷を捉えた。

14　例えば、インド植民地の人たちは、イギリスが任意に導入した新しい地租制度によって、それまでの農民的土地所有を廃され、高額の地税負担を課された。これによって、インドの農民は、土地という重要な繁殖資源を奪われると共に、地税による財の収奪を受けることになった。また、第一次世界大戦が起きると、本国の決定によりインド人民は本国のための戦争に協力させられ、相次ぐ増税でそのコストを負担させられると共に、兵士や物資の面でも多大な貢献を強いられた。これはつまり、上位サブグループの防衛や領土確保（生存と資源確保）のために下位の立場にある植民地サブグループの身体（生命）や財を使われたということで、両サブグループの間での繁殖資源獲得機会の偏った設定がここに見られる。なお、ここでの記述には、辛島編［2004］（特にその第 7 ～ 9 章）を参照している。

15　前135～132年、及び、前104～101年。

規模だったこれらの反乱が、緒戦の奴隷の勝利を契機にまたたく間に大きくなり、シチリアでの一回目の反乱では 7 万人以上の奴隷が奴隷王国の建設を試み、スパルタクスの反乱は南イタリアを席巻する大戦争に発展したという事実は、繁殖資源獲得機会を奪われた奴隷というのがいかに抵抗・反乱するものか、奴隷制を維持するにはどれほど大きな強制力が必要かを実感させる。(そしてスパルタクスの反乱後、ローマは、以後の反乱を防ぐため、奴隷に一定の財産保有を認めるなどしてある程度の「資源獲得機会の配分」を行っている[16]。) 同じく奴隷制が浸透したスペイン支配の中世ラテンアメリカでも、例えばメキシコでは、16世紀前半にアフリカ人奴隷の導入がはじまったのに対して1537年には早くも奴隷反乱の動きが生じ、16世紀後半以降は奴隷と先住民との反乱が頻発して植民地政府を悩ませ続けた。中には逃亡奴隷団が自治体を作り上げた例もあり[17]、こうした反乱は19世紀はじめに奴隷制が廃止されるまで続いている。この地域では比較的奴隷の反乱が少なかったハイチでも、18世紀終わりに白人と混血自由民とが対立する中で大規模な奴隷蜂起が起こり、武力闘争を経て(フランス革命の余波もあって)1793年には奴隷制廃止の宣言が出されている[18]。

　他方、植民地における抵抗や独立運動もほぼあらゆる植民地で見られ、インドでは1875年に全土にわたるインド大反乱があり、それが鎮圧された後も、国民会議派を中心とした民族運動、ガンジーの非暴力運動などが根強く続いて最終的に1947年の独立につながっている。こうした解放運動や独立運動は、あらゆる地域・時代の奴隷制や植民地に見られる共通の現象で、このことは、いかに大きな実力差によって抑えつけても、人間は繁殖資源獲得機会を奪われれば必死で抵抗・反乱することをはっきり表している。そうした中で、上位者は実力にものを言わせてこれを抑えるが、それを維持するのも容易ではなく、最終的にはこれら下位者に一定の「配分」か「独立＝集団離脱」を認めざるをえないことは、かつてさまざまな国でみられた奴隷制や植民地支配が、現代の世界ではほとんどなくなっている事実に表れている。

16　奴隷を小作人化するいわゆる「コロヌス化」がそれにあたる。土井 [1988]、太田 [1969] 413-414頁。ここでのローマの奴隷反乱に関する記述は、この他、森田編 [1976] 52-55頁、太田 [1988] などを参照。
17　集落パレンケの形成。増田・山田編 [1999] 127-130頁。
18　増田・山田編 [1999] 157-163頁。

第5章　人間社会に普遍的な規範とは

　奴隷や植民地ほど極端でなくとも、税や夫役によって自らの繁殖資源（とその獲得活動）を削られ、その分を支配者に搾取されている下位サブグループ（典型的には農民）が、資源の窮乏から反乱を起こし、既存の体制の崩壊や集団の分裂を引き起こす事例は歴史上数多い。例えば中国の歴史を見ると[19]、漢帝国の後の王政権の新は、飢饉と経済失政のために全国規模で起きた農民反乱に敗れて崩壊しているし[20]、その後成立した後漢が倒れたのも、内政の混乱に天災が重なって困窮した農民たちが全国規模で起こした反乱を大きな要因としている[21]。律令制で有名な唐の繁栄を終わらせたのも、各種の増税、特に塩への増税と旱魃から起こった大反乱（黄巣の乱）が契機となっており、中国の歴史は、典型的下位サブグループとして資源（獲得機会）を搾取されている農民層が、天災などのためにもともと少ない資源が限度を超えて欠乏することから上位支配者へ反乱を起こし、それが拡大して体制が打倒されることの繰り返しと言っても過言ではない。

　この種の抵抗・反乱は、奴隷、植民地人民、農民のような明確な下位者が上位者に対して行うだけでなく、社会全体としては上層に位置するサブグループ複数の間でも生じうる。例えば、日本の歴史の中から鎌倉幕府の事例を見ると、そこでは、代々執権職に就く筆頭上位サブグループである北条家、その他の御家人、朝廷・公家勢力、地方の有力豪族など、さまざまなサブグループ（もちろん、より下位のサブグループ・メンバーとして、地方の小豪族や農民層その他がいたことは言うまでもない）が存在し、それらが微妙なバランスで利害を調和させながら、ある時期までは比較的安定的な体制が維持されていた。それが、蒙古襲来前後の時期に、北条得宗家が他のサブグループを排斥し、あるいはその利権を奪い取って専制体制を敷くようになる。得宗家に対抗する有力御

---

[19] 以下での記述は、尾形・岸本編［1998］参照。
[20] 荊州（河南省・湖北省）の緑林山の農民蜂起、青州（山東省）の赤眉軍の農民反乱、黄河下流での銅馬軍の反乱などが徐々に結束し、鎮圧軍を破った。
[21] この時期、宮廷での外戚と宦官の政争のために農地管理事業が停滞し、農地が荒廃した。加えて旱魃や洪水などの天災も重なり、生活が立ち行かなくなった小農民が国家・政府に抗議して各地で反乱を起こした。（このほか、地方豪族の地域支配・農園経営の拡大に伴って周辺の農民が没落したため、そうした地方豪族への抵抗としても暴動が起きた。）これが全国に広がり、政権の崩壊につながる。その最大のものが184年の「黄巾の乱」で、鎮圧後もその残党の活動は根強く続き、そのうち一部は地方軍閥の下に吸収されて地方独立政権の基盤となり、三国時代につながる集団分裂・混乱に至る。尾形・岸本編［1998］第2章。

家人は滅ぼされ、合議制は廃されて北条一門の「寄合」で政治的決定がなされ、それまで朝廷や公家が支配していた地域や荘園に幕府の権限が及ぶようになり、得宗家の資源獲得機会の拡大、他のサブグループとの「機会」格差の拡大が生じた[22]。これに対して、朝廷・公家サブグループの中に、自分たちの権限弱体化と北条家の支配強化に反発する勢力（後醍醐天皇と側近日野資朝・俊基ら）が出現し、その下に、北条得宗家の専制支配の下で圧迫を受けたり没落したりした御家人勢力や幕府体制の外に置かれた非御家人、地方の諸豪族、悪党・海賊などが徐々に結集し大規模な内乱に発展する。その結果、鎌倉幕府は倒れて、「繁殖資源獲得機会の専有」を享受していた北条氏も滅ぼされてしまう[23]。

これらの事例は、いずれも

　　上位サブグループによる繁殖資源獲得機会専有
　　　　　　　　↓
　　他の（下位）サブグループの抵抗・反乱・集団離脱
　　　　　　　　↓
　　集団の体制崩壊・分裂（上位サブグループの繁殖資源獲得機会減少・喪失）

---

[22] 少し具体的に言えば、得宗家の専制強化は、まず、得宗家を脅かす有力勢力の排除に始まる。得宗時宗の庶兄時輔、評定衆筆頭名越氏などが相次いで排斥され、1272年の二月騒動で滅ぼされると共に、御家人所領の移動が規制され、得宗に対抗する有力御家人の出現防止が図られた。その後、蒙古襲来を契機に、外敵防衛の必要に乗じて、幕府は、従来その支配が及ばなかった西国の本所一円地への動員権・徴税権を獲得、同時に、守護による国衙機構の掌握を進め、それまで朝廷や公家の支配領域だった部分に踏み込んで全国的な支配体制を強化した。（朝廷や公家などのサブグループに対して資源獲得機会を拡大した。）さらに、政治的決定においては、御家人衆との合議制が無実化されて北条一門の「寄合」による絶対支配が打ち立てられる。それに反対する有力御家人安達泰盛、武藤景資は1285年の霜月騒動と1286年の岩門合戦でそれぞれ滅ぼされてしまい、全国の守護職も北条氏一門に集中して、得宗の独裁体制が成立する。

[23] ここで示した鎌倉幕府崩壊に至る動きと事実の把握は、主に新田［1975］に依拠した。もちろん、その過程には、流通経済の発展などさまざまな社会経済的要因が関わっており、単純に得宗家の専制とそれに対する他勢力の反抗だけが幕府崩壊の要因だったわけではない。しかし、他の条件とも関連しながら、「得宗専制→他勢力の抵抗・反乱」という流れがその主要な要因になったことは事実であり、「集団内の上位サブグループの資源獲得機会専有→下位サブグループの抵抗→集団分裂・体制崩壊」の典型的な例がここに見出せることは確かである。

第5章　人間社会に普遍的な規範とは

というパターンに当てはまる。このように、上位サブグループが「配分」をせずに資源獲得機会を専有し、上位－下位サブグループ間でその格差が拡がると、一時的には上位サブグループの大きな利益になっても、遠からず下位サブグループの反乱や集団離脱を招いて集団の分裂・崩壊につながる（と同時に上位サブグループも利益を失う）ことは、規模の大小に関わらず人間集団の常である。ここでの例は「下位サブグループの反乱」で体制が崩れたケースを集めたが、近隣に強力な他集団がいれば、内部でのサブグループ間の不協和音が「外敵」への対抗力の低下をもたらし、集団の存立とそのメンバーの繁殖資源獲得機会とが一層脅かされることは言うまでもない。こうしたことから、上位サブグループがいいように繁殖資源獲得機会を専有するのではなく、それを抑制して、集団内のメンバー・サブグループにその「機会」を行き渡らせる——少なくとも「最低限の繁殖資源獲得機会」は誰もが得られるように——ことが、集団を安定的に存立させるために必要であることが分かる。それは結局、その集団の中で優位に繁殖資源獲得機会を確保している上位サブグループにとってもプラスだし、一定の「配分」を受けることで集団離脱や抵抗・不服従などのリスクを冒さずに済む下位サブグループにとってもプラスである。こうして、「繁殖資源獲得機会の配分」は、メンバーを安定的に保持して人間集団が存立するための基本的条件になる。

　この条件は、個々のメンバーに意識されるわけではないし、そうした「機会」が計算された上でメンバーに配分されるわけでもない。執権であれ将軍であれ、地方豪族であれ土豪や農民であれ、誰も自分が「繁殖とそのための資源獲得」に向けて動いているとは思っていないし、「資源獲得機会の配分」が自分たちの集団を存立させて自分の利益を保持する条件だなどと意識はしていない[24]。しかし、そうした自覚や意識がなくても、食べ物がない、税や夫役が強化される、自分の仕事や活動を制約する命令や法令が出されるなど、自分の資源獲得が脅かされる事態が起きれば、人間はそれに対し、怒り、抵抗する。それが一時的・単発的であればほどなく治まることもあろうが、程度がひどかっ

---

[24]　もっとも、筆者は、江戸幕府初代将軍の徳川家康は、ひょっとしたらこうした原理を自覚していたのではないかと思っている。彼が言ったとされる「百姓は生かさぬように、殺さぬように」という言葉は、下位サブグループに最低限の資源獲得機会は保障した上で、それを上回る「剰余資源」は最大限搾取して自分たち支配層の「繁殖資源」とするのが、集団を存立させた上で自分たちの利益最大化を図る方法であることを表したものと考えられるからである。

たり恒常化したりすれば、それに対する本格的な抵抗や反乱が生じ、ひどい場合には集団が分裂したり崩壊したりすることは上述の例で見てきた通りで、このようにして、「集団存立のためには資源獲得機会の配分が条件になる」という「原理」は、現実の人びとの行動を通じて、誰にも意識されないまま「自然に」作用する[25]。

(4)「配分」の基準

ではこのとき、繁殖資源獲得機会が集団のメンバーに配分される、その基準はどういうものになるか。どの程度の「機会配分」が集団を成立させるために必要なのか。これはそのときどきの集団と周囲の状況によって変わってくるし、そこで対象となるメンバー（下位者）の能力や資質にもよるので、具体的に確たる基準を示すことは難しい。しかし、ある程度抽象的な次元でなら、なされるべき「配分」の最低限の基準として一定の定式を見出すことができる。

先に、上位者の「機会」専有の制約要因として、下位者の非協力、不服従、抵抗・反乱、集団離脱などを挙げたが、このうち究極的な要因は集団離脱にある。下位者にとって、集団を離脱することは抵抗や不服従を行う以上に重大事であり、集団離脱を下位者が起こすのは抵抗や不服従を起こす場合以上に切羽詰まった状態であるのが普通である。（自分の得られる資源獲得機会が少し減るだけで抵抗運動や集団活動へのボイコットは起こるが、集団離脱・独立まではなかなか起きない。このことは、増税に反対して市民運動や抗議行動は起こるが、それだけで国籍離脱や海外移住を試みる人は少ないこと、あるいは、会社で格下げされたり給料を減らされたりするのに抗議したり、やる気をなくして投げやりになったりする社員はよくいるが、それだけで会社を辞めてしまう人はもっと少ないこと、などを考えてみれば明らかである。）上位者にとっても、下位者の集団離脱は、抵抗や不服従以上に重大事でマイナスも大きい。そこでここでは、「機会」配分の究極的な、絶対最低限の基準（下位者からすると、少々の不満については我慢するとしても「これ以下の『機会』配分では絶対に我慢できない」という基準。上位者からすると、自分たちがなるべく多くの資源獲得機会を確保するとしても、間違いなくこれだけは配分するしかない

---

[25] 原始古代の人間の集団でも、有力メンバーの支配的行動を抑え、メンバーの間に資源配分が行きわたるようにする構造や動きが様々な形で見られたことを実証する研究がある。Boehm [1993].

という最低限の配分基準）を見出すという意味で、下位者の集団離脱が起きる場合を想定して、そこで求められる「配分」基準を考えてみよう。

　この答えは実は簡単で、「集団内のメンバー（下位者）が、その集団を出て行ったときに獲得が見込める資源よりも、その集団にそのままいた方が多くの資源を獲得できる、それに相当する機会が当該集団の中で各メンバーに配分されること」である。もちろん、実際に集団を出て行ってどの程度の資源獲得が見込めるかはその時々の具体的状況によって変わるので一元的に確定はできないが[26]、そこにとどまるよりも出て行った方がたくさんの資源獲得が見込める場合に人は集団を出て行く、そういう気になるという点については多言を要しないだろう。もっとも、これにはひとつ留保が付き、集団を離脱するにはそのこと自体に一定のコストが生じるので、その分を割り引いて考えなくてはならない。実際に今いる居住地から移動するのであればそれに時間と労力がかかるし、それに伴って精神的な不安やストレスも生じる。元の集団からなんらかの制裁や攻撃を受ける可能性も大きい。物理的な移動を伴わず、生活場所はそのままでただ元の集団の制度やルールにはもう従わないという「離脱」パターンの場合も、同じように、自立に伴う不安、元の集団からの制裁といったリスクが生じる。このように、集団を離脱することには有形無形のコストがかかるので、あるメンバーが集団離脱に至るには、「今まで得られていた資源獲得機会」と「離脱後に獲得が見込める資源獲得機会」とを比較して後者の方が大きいと予想され、且つそのプラス分が「集団離脱のコスト」を差し引いてもお釣りが来るほど大きいこと、が条件になる。（もちろん、各人がこれらを完全に正確に計算することは不可能なので、その人に実感できる範囲での予測――これは無意識的なものでもよい――においてである。）数式で表現すれば、「集団を離脱してその外で獲得が見込める繁殖資源獲得機会」を「R_o（resources と out

---

[26] 例えば、近隣に、既存のどの集団にも占拠されていない森や川があり、これらのメンバーが集団を出て行ってもそこである程度の食べ物や水が確保できる、という状況の下では、集団離脱がやりやすくなるので、それを防ぐために当該集団内で配分されるべき資源獲得機会の基準値は上がる。他方、狩場や水場が近郊になかったり、周辺に強力な他集団がいて襲撃される恐れが高かったりする場合には、少人数のメンバーが独立して生きていくのは難しくなるから、当該集団で得られる資源獲得機会の配分量が少々少なくとも、メンバーたちに集団離脱は起こりにくい。その集団を出て近隣他集団に合流するという場合にも、「受け入れ先」となる集団が「よそ者」に対して寛容か、よい狩場や水場などを確保した豊かな集団かそうでない貧しい集団か、などによって離脱と合流のしやすさが変わり、それに応じてここでの「配分」基準値も変わる。

より)」、「その集団に今まで通りいて獲得が見込める繁殖資源獲得機会」を「R_i (resources と in より)」、「集団を離脱したり集団に従わなかったりすることに伴う物理的・精神的コスト」を「C (cost)」として、

$$R_i < R_o - C$$

のときに、当該メンバーの集団離脱が喚起される。逆に、

$$R_i > R_o - C$$

なら——「集団を離脱して見込める資源獲得機会」から「離脱コスト」を差し引いたものよりも「現状のままで得られる資源獲得機会」の方が大きければ——原則としてメンバーは集団を離脱しない。

こうして、集団の中でメンバーに必ず配分されなくてはいけない資源獲得機会の最低基準値は、「当該メンバーがその集団の外に出て獲得が見込める資源獲得機会から『離脱』自体に伴うコストを割り引いたもの」に求められ、それ以上の「機会」が今の集団にいてあるかないかがメンバーの集団離脱が喚起される分かれ目となる。一見ややこしいようだが、ここで言っていることはきわめて単純で、日常的な言い方でこれを言い換えれば、各人は、「怒りを買って罰や制裁を多少受けるとしても、このままこの集団にいてひどい暮らしをするよりは、場所を変えて独力で暮らした方がまし（あるいは同じ場所にいながら集団の秩序は無視して野盗でも強盗でもした方がまし）」と思うときに集団離脱を考えるということで、そう思うに至らないだけの繁殖資源獲得機会が、集団内でのメンバーへの「配分」の基準となる。

2．規範としての「配分」

(1)「配分」的規範の普遍的正当性

ここまで本章では、「『繁殖』を目的とする」人間は「他集団に対抗してその目的をかなえるために集団を作る」が、その際、集団の中においても各メンバーのその目的が達成される条件が整っていなければ集団が成立しないから、その存立のためには「メンバーへの繁殖資源獲得機会の配分」が必要であることを述べてきた。集団のメンバーの間では、各メンバーの能力や立場に応じて必

第5章　人間社会に普遍的な規範とは

然的に「繁殖資源獲得機会の格差」が生じるが、そのせいで「下位」のメンバー・サブグループに（少なくとも最低限の）「機会」が行き渡らなくなると、そこにいて「繁殖」達成が見込めない彼らには集団離脱、抵抗・反乱、不服従といった行動が喚起される。そうなると、集団の不安定化と規模縮小を招いて「他集団への対抗力」が弱まるし、ひどい場合には集団が分裂したり体制が崩壊したりして、「上位」のメンバー・サブグループもせっかく確保した「機会」を失いかねない。そうであるならば、「上位」者も「繁殖資源獲得機会の専有」を抑えてメンバー全員にそれを「配分」した方が、集団が安定的に存立し、自分の「機会」の安定的な確保が図れて「得」である。それによって一定の「機会」配分を受けられれば、「下位」者の方も、集団離脱や抵抗などの危険を冒さずに、大きな集団の中で他集団の脅威から守られながら「繁殖」ができてプラスだというのがその趣旨であった。

　これは、言い換えれば、そうした形で「配分」を行うことが、「『繁殖』を目的とする」人間にとって、その目的達成のために合理的だということである。この場合、上で見たように、集団内の位置によって「上位」者、「下位」者それぞれにそれが合理的である理屈は変わってくるが、いずれにとっても、その効果の面では「配分」がなされることが「繁殖」上プラスであり合理的であることには変わりはない。つまり、集団内で「メンバーに繁殖資源獲得機会が配分されること」は、「上位」メンバーにとっても「下位」メンバーにとっても、「私」にとっても「あなた」にとっても妥当する、「繁殖」という目的達成のために合理的な、そのために有効な手段である。（「下位」者の場合、自分たちに「配分」があるかどうかは「上位」者次第の部分があるのでこれを「手段」と言うには違和感があるが、集団として「配分」がなされている状態にあることは「下位」者の「繁殖」の重要な条件であり、またそういう集団に抵抗・反乱せずにいることが「下位」者の「繁殖」のためには必要である。）

　この論理は、前章で示した「事実からの規範の導出・正当化」論法に合致する。「配分」は、「繁殖」という各人の目的を、「集団生活」という各人がおかれた状況の下で達成するための、各人にとって合理的な手段であり、従って、「配分がなされるべき」ことは、それらの条件が当てはまる人たちの間で妥当する「正当な」規範と位置づけられる。そして、このときの「『繁殖』という目的」や「（他集団に対抗しての）集団生活という状況」は、すべての人間に普遍的に当てはまる条件であるから、ここでの「配分」規範の導出には、すべ

2. 規範としての「配分」

ての人間に対して妥当する普遍的な正当性が認められる。第3章で述べたように、個々の人間が持つ価値観や行動パターンは（文化を反映して）さまざまだが、それにも関わらず「『繁殖』に向けて生きる」ことは共通でどの人間にも妥当するし、また、「繁殖」に向けて具体的にどういう「生き方」が効果的かは地域や文化によって多様化するが、その目的を達成するために「集団を作る」のも人間に共通である。よって、その中で「機会」の「配分」が必要である（みんなの「繁殖」上合理的である）ことも人間に共通して言えるのであり、「配分」は人間に普遍的な規範だと言える。

　ここで「配分」が普遍的規範だと言っているのは、古今東西のあらゆる人間集団の規範はこの原理にかなっている、これに反する規範は人間社会には見られない、という意味ではない。それに反する規範や法の例は人間社会に数え切れないほどある。実際、先に挙げた奴隷制や植民地制を定めた法、農民に重い税や夫役を課す法令、北条得宗家が専制に向けて定めた諸法は、いずれも反「配分」的な法規範の実例である。しかし、そうした規範は「正しくない」。なぜなら、そこで十分な「配分」を受けない（下位）メンバーにとって、その規範は自らの「繁殖とそのための資源獲得」を妨げるもので、目的達成のために合理的どころかきわめて逆効果だし、そこで（一時的に）十分な「配分」を享受する（上位）メンバーにとっても、他のメンバーの抵抗や反乱を誘発して集団を不安定化させ、自分たちの「繁殖」を脅かす効果を持つから——すなわち、どのメンバーの立場に立っても自らの「繁殖」という目的達成のために不合理だから——である。（しかしその不合理性を認識できないため、えてして「上位」者はこうした「正しくない」規範を設定する。）これは、「『繁殖』に向けて生きる」という、人間が生物として持つ普遍的な性質に照らして言えることであり、地域や文化によって「繁殖」に向けて生きる人がいたりいなかったりするわけではないから、それらを超えた普遍性を持つ。まさにこの意味で、反「配分」的な規範は、地域的・文化的な条件によらずどの人にとっても「繁殖」上不合理だと言える点で「正しくない」のであり、人間の普遍的あり方に照らしてその目的達成に合理的である「配分」的規範こそが「正しい」。それが、ここで「配分」が人間にとっての普遍的規範だと言っている意味である[27]。

---

[27] ここでの論理は、「配分」を行って集団を存立させることが「多くのメンバーの利益になる」から正当だという功利主義的な考え方とは「似て非なるもの」で、それが「どのメンバーにとっても」利益になり、誰にとっても「繁殖」上合理的であることがここでの

第5章　人間社会に普遍的な規範とは

(2)「配分」的規範の例

ではそうした「配分」的な規範として、具体的にはどういうものがあるのだろうか。その例は、「一夫一婦制」と「選挙権の拡大」に見られる。いずれも、繁殖資源獲得機会を一部のメンバーが専有するのを防いで多くのメンバーに「配分」し集団を安定させる規範であり、実際に多くの社会で「正しい」規範として認識され浸透している。

(ⅰ) 一夫一婦制

第3章（第3節(1)）で述べたように、有性生殖種である人間にとって配偶者はきわめて重要な繁殖資源である。食料その他の財をいくらふんだんに所有していても、配偶者が得られなければ繁殖は不可能だから、その「配分」を集団として規律する婚姻のルールは規範として最も重要な意味を持つ[28]。また、

「配分」の正当性の根拠である。その一方で、これは、「配分」は誰の利益にもかなうから誰もがそれに「合意」するであろうということをもって「配分」規範の正当性の根拠とするという「合意」論的な考え方とも違う。（個々のメンバーの中にはそれまでの経験を通じて非「繁殖」的・反「繁殖」的な価値観を持った人も存在しうるから、例えば「王様が資源をふんだんに確保し、他のメンバーはひたすら王様に尽くすのが望ましい集団のあり方だ」と考える人がいてここでの「配分」に合意しないことも当然想定できる。）そうではなくて、以上のように「人間の普遍」（と言える事実）を見出しそれに基づいて「配分」の合理性が「示されること」、以上の立論に照らすと「配分」が人間の「繁殖」のために合理的だと（誰が判定しても）「考えられること」をもって、筆者は「配分」規範を正当なものだと主張している。先に、「本社での2時の会議」に対して、「スリルを楽しみたい」という価値観のゆえに「1時40分以前に営業所を出る」ことを実行しない人は存在しうるが、にもかかわらず客観的に「1時40分以前に営業所を出るべき」ことがそこでの前提から導かれるという説明をしたが、ここでの論理はそれと同じ趣旨での規範の正当化である。さらにもう一点、ここでの論理は、群淘汰理論（他集団に対抗して自集団を存立させることが「繁殖」上プラスだから「自分の集団に尽くす性質」がメンバーの間に進化することを言う理論）とも別物である。本論を見れば分かるように、ここではどの個体、どのメンバーも自分の「繁殖」上のプラスに向けて動くことを前提に考察がなされており、「集団のために尽くす性質」はどこにも想定されていない。（例えば、ここでの論理から、集団内の上位者にとっても「配分」をして集団を維持することがプラスだから、彼らの間に"「配分」を志向する性質が進化する"、と言うならそれは群淘汰理論になるが、本論にはそうした主張は含まれていない。）

[28] この点で、繁殖する、すなわち子どもを作るためには婚姻は必ずしも必要ではなく、婚姻外でも性交の機会があれば十分繁殖は可能だからここで念頭に置くべきはむしろ性交の機会だと考える人がいるかもしれない。しかし、人間は集団の中で生きており、子どもをもうけて育てるというのもそこでの社会関係の中でなされることだから（子どもを育てる

2. 規範としての「配分」

　この繁殖資源は、集団の個々のメンバーが直接対象となるもので、集団内での総量をそうそう自由に増やすことができない。食料なら、狩りに割く時間を増やす、狩りの効率を上げるなど、努力と工夫によって集団全体での獲得量をある程度増やすことが可能で、それに応じてメンバー各人の取り分を増やすこともできる。しかし、配偶者の場合はそうはいかないので、集団の中でどういう形でそれが「配分」されるかが食料など以上に各メンバーにとって大きな意味をもつ。このように、配偶に関する集団のルールは各種の集団規範の中でとりわけ重要であり、そうであるがゆえにここには「配分」の必要性が強く表れる。

　この点で、現代人にとっては、男女一組ずつのペアを基本とする「一夫一婦制」が最も単純で自然な配偶パターンと思われるかもしれないが、生物学的に見れば必ずしもそうではない。有性生殖をする他の動物を見れば、むしろ、一夫多妻的な配偶形態がよく見られ、集団を作る動物では特にそうである。アザラシやセイウチはオス同士が激しく戦って勝った者がメスを独占するし、ライオンやゴリラもオスが複数のメスを引き連れてハーレムを作る。人類も、歴史的に見れば、一夫多妻的な配偶形態をとっていた時代や集団が多々あった。

　先にも触れたが（本章前出注5）、そもそも、有性生殖する動物、特に哺乳類では、オスによるメスをめぐる争いが、その反対よりも激化するのが普通である。その原因は、両性の生殖形態の違いにある。一般に、子どもを作るにあたって、メスには妊娠、出産、授乳などさまざまな拘束があり、一生の間に作れる子どもの数も自ずと限られる。たくさんのオスを確保してたくさん性交渉を持てばそれだけ多くの子どもが作れるわけではない。これに対し、オスには妊娠期間も授乳期間もなく、繁殖そのものにかけるコストはメスに比べて著しく小さい。複数のメスを確保して自分の子どもを同時に作ることもできるから、一生の間に作れる子どもの数は、理論的には無限である。そのため、オスにと

というのは、子どもが社会の中で生きていけるようにするということで、その過程には周囲の人との関わりが必然的に絡んでくる。完全にプライベートでなされる子育てというのはありえない）、子作り・子育ては集団の中で無制約・無限定には行われえず、集団と周囲のメンバーから承認された形で（少なくとも否定されたり無視されたりしない形で）行われる必要がある。その意味で、「承認された子作り・子育て」の枠組みを設定するのが婚姻であり、その枠組みを制度化することで、「配偶者」という最重要の繁殖資源の獲得を集団内で規律・統制するのが婚姻制度だと言える。だからこそ、人類は、古代から婚姻を社会的に儀式化したり祝ったりして「公」事としてきたのであり、それをまったくの「私」事として周囲の人や集団からのコントロールの外に置く社会というのはまず見られない。

っては、できるだけ多くの配偶相手を確保してそのそれぞれにたくさん子どもを産んでもらうのが自分の「繁殖」率の向上（「適応度向上」）につながる。

　さらにもうひとつ、メスにとっては、自分の産んだ子どもは確実に自分の子であるが、オスにとっては、自分の配偶相手が産んだ子が自分の子であるという保証はない。となると、特に子どもの生育にオスが資源と労力を投資する種の場合（もちろんヒトはその一種である）、オスにとっては、自分の配偶相手が産んだ子どもが本当は他のオスの子であれば、他人の繁殖のために自分の資源を浪費することになって「繁殖」活動として大きなマイナス（適応度上のマイナス）になる。そうした事態を避けるため、オスは、自分の配偶相手に他のオスを近づけないようにするし、いわゆる「配偶者防衛」の志向を生物学的に発達させている[29]。

　生殖に関する両性のこうした相違から、メスには多くのオスを獲得しようという志向は生じないのに対し、オスは、自分の「適応度向上」のために、なるべくたくさんのメスを、他のオスから遠ざけて「独占」しようとする志向が生じ、その結果、オス同士でのメスの獲得競争が激しくなる。人間も然りで、男性の間に女性の獲得をめぐる激しい競争が（その逆の場合以上に）生じ、地位や能力の高い男性は多くの女性を「独占」しようとする一方でそうでない男性は配偶者の獲得が難しくなる。こうして、多くの人間集団では一夫多妻的な婚姻形態が一般化・標準化し[30]、その下で支配的地位にいる男性が多くの配偶者を確保して「繁殖」成功率を高めようとする。（もっとも、社会的に一夫多妻が容認されていたとしても、人間の場合、男性が妻子の扶養・養育に投資を行

---

[29] 他方でメスは、自分の配偶相手のオスが他のメスと関係しても「自分の産んだ子が自分の子であること」は変わらず、その子の面倒を自分が見ることに「適応度」上のマイナスはないので、オスほどには「配偶相手の不貞」に支障はない。とはいえ、配偶相手のオスが他のメスに子どもを産ませ、日常の世話などを含めてそちらに資源投下をするようになると、その分こちらにまわってくる資源が減って「損」なので、その点では「夫の不貞」を阻止する動機づけが一定程度生じる。「配偶者防衛」に関する解説は、長谷川・長谷川［2000］第9章など。

[30] 女性にとっても、資源獲得能力が高く、自分と自分の産んだ子どもの生存のために多くの資源を投下してくれる男性、すなわち地位や能力の高い「競争に勝つ」男性と結びつくことが望ましいから、こうした傾向は一層顕著になる。但し、配偶形態は、集団ごとの人口構成や資源の偏在状況など、さまざまな具体的要因によっても変わる。本文で述べた説明は、ごくごく基本的な理屈を簡単に述べたものにすぎない。配偶者獲得や婚姻に関して進化生物学的な観点から考察した文献は数多いが、代表的なものとして、Wright［1994］、Batten［1992］、Fisher［1982］、Pinker［1997］第7章など。

2．規範としての「配分」

うため、夫の側に相当の「富」がないと現実に一夫多妻を実践することは難しい。この点で、富の蓄積が難しい初期人類の狩猟採集社会では一夫一妻が基本で、定住や農耕などにより富の所有と蓄積が可能になって以降、ここ1万年ぐらいに一夫多妻が実質化したという見方が一般的である[31]。)

　しかし、そのように男性間に激しい競争がある状態だと、集団内のメンバー間で自ずといさかいや紛争が増え、集団が不安定化する。と同時に、当然ながら、メンバーの中には配偶者を獲得できない男性が出てくる。こうした男性たちは、そのままおとなしくしていたのでは自分の生きる目的である「繁殖」を達成できないから、集団の体制や秩序に反することになっても（すなわち暴力やレイプに訴えてでも）繁殖機会を得ようとする。（全員がそうしなくても、それを試みる人が出てくる可能性が高まる[32]。）となると、せっかく配偶相手を確保した男性もその資源を脅かされ、女性も暴力やレイプの恐怖に怯えることになって望ましくない。それを力で抑え、繁殖にあぶれた男性の行動を監視・統制するとしても、それにはかなり強い支配体制や警察力が必要になって大きなコストがかかるし[33]、何よりもそうした状態では集団が不安定で、「他集団の脅威」への対抗力が弱まる。

　であればむしろ、「上位」の男性がはじめから女性の独占を控え、集団内のなるべく多くの男性が配偶相手を獲得できるようにする方が、彼らの暴力や反抗を抑制することにつながって、秩序維持のためのコストも低くすみ、集団も安定する。「上位」の男性にとっては自分の配偶者や娘の安全が図れるし、女

31　Rubin［2002］pp.116-123. 長谷川・長谷川［2000］第10章。
32　こうした形で、「繁殖」のために男性が女性に、あるいはそのライバルになる他の男性に向ける暴力に関する研究は、Daly and Wilson［1988］、Ghiglieri［1999］、長谷川・長谷川［2000a］；［2000b］など。
33　進化の観点から法と経済についての研究をしているポール・ルービンは、このことが、現代の国家の体制にも表れているという。アラブやアフリカの一部のイスラム諸国は現在でも一夫多妻制をとっているが、そうした国々の多くは民主的な政体ではなく、専制的・強権的な支配体制にある。同じイスラムの国でも、トルコは民主的な政治体制をとっているが、ここは一夫一婦制である。ルービンはこれを、一夫多妻による男性間の配偶者獲得競争と厳しい社会統制の必要性との相関を示すものとしている。Rubin［2002］p.120. しかしながら、ここでのルービンの記述は、若干客観性に欠ける感があり、筆者としては多分にルービンの先入観が反映している印象を持つ（一夫多妻で配偶にあぶれた男性の暴力とテロとを関連づけるなど）が、一夫一婦制／一夫多妻制と集団の安定、民主化の程度とに相関を見出す余地はあると思われ、より客観的なデータを通じて詳しく検証する価値があろう。

性にとっては自分自身に降りかかる危険が少なくなる。こうした形で多くの男性が配偶機会を得られれば、「上位」以外の男性もその集団に属している利益を享受でき、集団としての凝集力も高まるので、他集団への対抗力も強まる。こうして、男性間でもともと偏りがちな配偶者の獲得機会を「配分」して、なるべく多くの男性に配偶者獲得機会が行き渡るようにすることが、集団メンバー全員にとっての「繁殖上の利益」(「適応度向上」) になる。それが制度化したのが一夫一婦制で、メンバー各人にとってのこうした「繁殖」上の合理性のゆえに一夫一婦制は「正しい」規範として多くの集団で浸透するのである。実際、世界各地の多くの集団は、もともと一夫多妻的な配偶形態だったのが一夫一婦制へ移行し、現在ではほとんどの人間集団で、一夫一婦制の「法定」による (男性間での) 配偶者の配分が達成されている。(とはいえ、複数の女性を独占することが男性にとって「繁殖」率の向上になることに変わりはないので、そうした志向は男性の間に厳然と存在し続ける。また、女性にとっても、資源獲得能力が低くて本来ならば配偶者にあぶれたはずの男性と配偶するよりも、たとえ「先妻」がいても資源獲得能力の高い男性と配偶した方が優れた遺伝子と豊富な資源の獲得につながることがある。こうした事情から、社会的・経済的に優越的な立場にいる男性が「外に女を作って」不法に複数の配偶相手を確保するという事態がしばしば生じる。これは当該男性と女性双方の「繁殖」上のプラスから生じる現象だが、当該男性以外の男性にとっては自分の配偶機会が減ってマイナスだし、それによって集団が不安定化すれば複数の配偶者を確保している男性を含めて誰にとってもマイナスだから、こうした行為は「正しくない」。実際、それが一般に知られたときには——「正しくない」行いとして——厳しく糾弾されることは我々の身の回りを見ても明白である。)

(ⅱ) 選挙権の拡大

近代以降の社会では、国王や皇帝の任意でなく、議会において法律が制定されるのが一般的である。その法律とは、集団のメンバーの行動や活動を規律するルールだから、各メンバーが繁殖資源を獲得する上でどういう活動が可能でどういう活動が許されないか、個々のメンバーにとっての資源獲得活動機会を集団として規律・制限するものである。そこで、それを制定する「場」である議会の構成員を選ぶ権限を誰が持つか、言い換えれば、選挙権を誰が持つかは、その集団における「資源獲得機会の配分」のあり方に対する (間接的な) コントロールを誰がするかという問題になる。よってそれは、その集団における

2. 規範としての「配分」

「資源獲得機会の配分」の重要な一環となって、その権限が集団内の多くのメンバーに「配分」されるよう、選挙権の拡大が多くの集団（国）で生じる。

例えば議会制度発祥の国であるイギリスでは、市民革命で近代的な主権議会が成立したあとも、議会を構成していたのは貴族とジェントリの代表に限られていた。これに対し、産業革命後の社会変動により産業資本家や労働者の政治関心が高まったことを背景に、1832年に選挙法が改正され、産業資本家に選挙権が与えられる形で選挙権の「拡大配分」が生じた。とはいえ、その時点では、納税額で選挙権が決まる制限選挙であり、選挙権の「配分」は集団内のごく一部のメンバー間にとどまっていたが、1867年には都市労働者に、1884年には農業労働者や鉱山労働者にも選挙権が与えられ、男子普通選挙制が実質化する。さらに、第一次世界大戦を経た1918年には一定の資格を満たす30歳以上の女性にも選挙権が与えられ、1928年には21歳以上の男女の普通選挙制が実現した[34]。このように、選挙権は、選挙法の改正がなされる度に拡大し、集団内でどんどん多くのメンバーに「ルール設定を間接的にコントロールする権限」が与えられるようになった。

同様の傾向は議会制を採るほとんどの国で見られ、選挙権者は時代と共に拡大し、その進行が停滞することはあっても、時代と共に選挙権が縮小したという例は聞かない。わが国ではもともとすべての男性に選挙権があったのが何度も選挙法を改正して選挙権者を限定しようやく高額納税者だけの選挙が実現した、以前は男女両方に与えられていた選挙権が男性だけに限定されたといった選挙法の改正例を筆者は知らないが、明治以降の日本をはじめ近現代の多くの国で、選挙権拡大の要求や運動が激しくなされたことを踏まえれば、もし選挙権の縮小が試みられることがあっても人びとの間に激しい抵抗が起こるのは必至だろうし、選挙権の縮小が国の安定的な存立につながるケースがあるとは思えない。（クーデターなどで選挙に依拠しない軍事政権などができることはあるが、そういう政権は、まさに「選挙によらない」そのことのために批判されるし、選挙に向けた「民主化」要求がしばしば生じる。）こうして、集団内での「資源獲得活動のルール」設定に関与する権限をより多くのメンバーに「配分」する選挙権の拡大が、集団の安定とメンバーの「繁殖（資源確保）」につながる「正しい」こととして多くの集団で起こる。

---

[34] 村岡［1988］。

第6章 人権は普遍か：「配分」原理としての人権

　こうして、生物学的な観点から人間とその社会を捉えることを通じて、「繁殖資源獲得機会の配分」が人間社会に普遍的な規範であることを指摘するのが本書の重要な主張になるが、これだけでは抽象的でその中身にあいまいさが残ると共に、それと人権との関わりも不明のままである。ではこのことと人権とはどう関わるのだろうか。本章ではこの「配分」と人権との関係について、集団内の「配分」の具体的なパターンを想定しながら述べていくことにしたい。

1．「繁殖資源獲得機会の配分」を見る視座

　先に（第3章第3節(1)）述べたように、人間にとっての繁殖資源には、有形資源としての財や配偶者、無形資源としての情報、人脈、地位、評判などさまざまなものがある。それらを得るために各人が行う活動も当然ながら多様で、特に情報や人脈、評判といった無形資源の獲得には、我々が日常行うほとんどあらゆる活動が関係すると言ってもよい。しかし、あまり広範に繁殖資源とその獲得機会を捉えてしまうと以下での分析がしにくいので、ここでは直接的な繁殖資源である「財」と「配偶者」に焦点を当てて、その獲得機会が集団の中でメンバーの間にどのように「配分」されるか、そのパターンの比較を考えてみたい。

　この場合、比較の視座にはいろいろな捉え方があり、どういう観点でそのパターンを捉え、分類するかがまず問題になる。例えば、原始の部族集団や、現代でもいわゆる未開集団などにおいては、その「配分」を集団のリーダーである酋長や族長などが一手に取り仕切っているケースが考えられる。この場合、どのメンバーにどの程度の「配分」がなされるかは、明示された基準やルールによるのではなく、酋長や族長に委ねられており、いわば「人為」的に「配

分」が決まる。他方、近代の国家などでは、法によって「一夫一婦制」が定まるといった具合に、集団全体に適用されるルールでその「配分」のあり方が定められることが多い。こちらは「人為」ではなく、「ルールによる配分」である。

　このとき、「人為による配分」と「ルールによる配分」とでどちらがよいか、どちらが効果的・安定的に「配分」機能を果たせるかを一概に言うことはできない。前者の場合、リーダーが個々のメンバーの具体的なニーズや状態を踏まえてそれに合わせた「配分」ができるという利点がある。反面、「配分」がうまくいくかどうかはリーダーの個人的資質によるところが大きく、いわゆる「暴君」がリーダーになると「配分」そのものが機能しなくなる危険性もある。その点、後者は、ルールによって「配分」のされ方が明確に示されるので恣意性や不安定性は抑えられるが、前者におけるような細かいケアを含んだ柔軟な「配分」はできない。いずれの場合も、「配分」がうまくいくかどうかは個々の集団の具体的状況による。しかしながら、一定規模以上の大集団に話を絞るなら、前者よりも後者の方が「配分」がうまく機能する確率が高いことは明らかである。「人為」の場合、リーダーの目配りや配慮が実際の「配分」を左右するから、小集団では個々のメンバーや細かい状況に目が行き届いてそれを踏まえた効果的な「配分」ができるかもしれないが、メンバーの数が増え、集団内の人間関係も複雑になる大集団ではそうはいかない。たとえリーダーの「徳」や能力が高くても、何千人、何万人の集団で細かいケアを含んだ「配分」を行うのは不可能で、メンバーへの「配慮」に差が出たり、不平等や不公正が生じたりするのは不可避である。その点で、大きな集団で「配分」を行う上では、特定の個人にそれを委ねるのではなく、法などのルールを通じてそのやり方を明確化し、制度化するのが安定的で効果的だと言える。

　では、このルールによる制度的な配分を想定したとき、その中身として具体的にどういうパターンが考えられるだろうか。ここにもいろいろな見方ができるが、きわめて一般的な次元で考えられるのは、「配分」という文字の通りに、集団のメンバーを何らかの指標によって区分けし、その区分に応じて「あなたにはこれだけを、あなたにはこれだけを」と資源獲得機会を固定して割り振る方法である。その典型は身分制で、詳しくはこのすぐ後で説明するが、高い身分の人に資源獲得の機会を豊富に与え、低い身分の人にはそれを少なく割り振るというのがその一般的なパターンになる。これに対して、割り振りを固定せ

ず、個々のメンバーの得る「機会」を各人の活動の形態や状況に応じて変化させる、いわば流動的な配分システムも考えられる。人権保障に基づいて各人に自由な資源獲得活動と資源獲得を認めるシステムがその例で、以下、本章では、これら「固定的配分」と「流動的配分」を比較検討することで（「固定／流動」以外の比較の視座についてはその後で触れる）、大集団での「配分」システムとしては前者よりも後者の方が原則として効果的であることを示したい。これはすなわち、「配分」の具体化として人権に基づく「流動的配分」が合理的で優れていることを示すということで、前章の議論と併せて言えば、人権（保障を基礎とした社会システム）が、「繁殖」という人間に普遍的な目的を（大）集団生活の下で達成する具体的手段として合理的で優れている――すなわち「正しい」――ことを示すということである。こうして、規範としての人権の正当性・普遍性を示すのが、本章の、そして本書全体の結論になる。

2．固定的配分としての身分制

　繁殖資源獲得機会を集団内のメンバー・サブグループに「固定」して配分する最も典型的なシステムは、身分制である。身分制にも時代や地域によって様々な形態があってその中身は多様だが、一般的に多く見られるのは、「職業（生業）」と身分を結びつけ、そこに上下関係を設定するという形である。例えば、我々になじみ深い江戸時代の身分制度では、職業に応じて「士農工商」「えた」「ひにん」という身分が設けられた[1]。支配階級として「宮仕え」して

1　もっとも、これはあくまで大枠の区分にすぎず、個々の身分にはさらに細かい区分がある。「武士」の中にも「将軍・大名・旗本・御家人・藩士」の区別があり、その中で例えば「大名」（一万石以上の封地を有する将軍直属の家臣）は「三家・家門・譜代・外様」に分けられ、またその封土に応じて「国持・准国持・城持・城持格・無城」といった格式の差があった。万石以下の武士は「旗本（御目見以上を指すのが一般的）」「御家人（御目見以下）」と呼ばれるが、その中で同じ「御家人」でも、役職との関連で「譜代・二半場・抱」といった細かい格式の差があった。同様に、「農民」にも、屋敷を持ちそれに相応の夫役を負担する「本百姓」のほか、小作である「水呑」、本百姓に隷属する「譜代・名子・門屋・家抱・被官」などの細かい身分の差があったし、「工商」にあたる町人にも「町年寄（惣年寄）・名主」といった支配層があり、その「名主」も「草創名主・古町名主・新町名主・門前地名主」に分かれた（児玉［1963］）。また、これらの身分が完全に固定されていたわけではなく、下級武士でも能力のある者が上位身分に値する役職に登用されたり、刑罰を受けて身分を落とされたり（逆にもとの身分に戻ったり）といった形で身分の変動はあった。さらに、身分間の上下関係もあいまいな部分があり、近年の研究では「農工商」に上下差はみ

俸禄で暮らすのが武士、田畑を耕作して食糧生産に従事する（副業を持つ者もいたにしろ）のが農民、ものづくりや商売に従事するのが「工商」で、「えた」は皮革加工その他履物・竹細工・わら細工などを営む身分、「ひにん」は園芸・芝居・軽業・古木拾い・紙くず買い・家々の清掃などを行う身分である。職業の変更は原則として不可能で[2]、しかもそれは世襲される。

　同時に、身分は、婚姻関係への制約を伴うところも大きな特徴で、江戸時代の婚姻は「相互の身分格式の対等であることが必要条件」であった。身分をまたいだ結婚は不可能ではないにしても「身分格式の低い家と婚姻を通ずれば、それにつながる一門縁類も一様に家格が低くなるものと考えられた」ため、「したがって大庄屋級の百姓は、他郡・他領にも及んで通婚し、名主・庄屋級は他村の同階層の家と通婚するのが例」となった。「幕府でも、御目見以上と以下の通婚、あるいは、陪臣・牢人・百姓・町医師・祢宜・山伏等の娘を娶ることも禁じてはいないが、身分に差別があるときは内慮伺いのうえで願書を出させた」ので、その結果、「現実には、同じ身分内での婚姻が通例であった」[3]。「藩士と町人との婚姻はほとんど見られない」し[4]、「えた」「ひにん」等の被差別民と「百姓」その他の身分の人との婚姻は処罰された[5]。

　このように、身分は、集団のメンバーを職業や婚姻において区別し規制するものだが、この職業と婚姻こそ、「財」と「配偶者」という、人間にとって基本的な繁殖資源を獲得する主要な機会を表しており、それを各人の身分ごとに「固定」して「配分」するところに（本書の観点から見た）身分制の本質的な特徴がある。「財」を得るには、贈与や交換などいくつかの方途があるが、その基本は職業を通じてそれ（お金あるいは財物そのもの）を得ることである。「生業」という言葉が表す通り、職業とは各人が生きて繁殖するための資源を得る第一の手段であって、誰にどういう職業をさせるか、許すか、自分がどう

　　られないこと、「えた」と「ひにん」の上下関係も地域によって異なることなどが指摘されている（斎藤・大石［1995］プロローグ及び第1章、朝尾［1992］107頁）。しかし、基本的には、職業を基盤に身分が固定され、身分に従って上下関係があったと言える。
2　職業による区別は絶対だったわけではなく、例えば、江戸時代の農民の中には酒造業や質屋その他の商工業に従事し、農業経営をむしろ従としていた者もいた（児玉［1963］236頁）。しかし、基本的には、江戸時代の身分の基盤は職業にあったと言ってよい。
3　以上の引用箇所は、児玉［1963］240頁、255-256頁より。
4　児玉［1963］255頁。
5　斎藤・大石［1995］第3章。

2. 固定的配分としての身分制

いう職業を持つか、持つことを許されるかは集団の中で繁殖資源獲得機会が配分される最も基本的な要素である。身分制は、身分を通じてそれを（各人生まれながらに）「固定」し「配分」する仕組みになっている。もっとも、割り振られた職業において個々人が実際にどれだけの資源を獲得するかは可変的で、同じ本百姓でも本人の努力や工夫によって多くの財を獲得する者とそうでない者が出たり、同じ商人でも儲ける者と没落する者が出たりすることが当然ある。しかし、各人の生業が基本的に固定され、またそこでの活動の仕方も制約を受けることで（例えば信州の山間の小規模農家に生まれた人が東北の広い耕地を手に入れて大規模農場を経営するといったことは原則として不可能である）、個々のメンバーの繁殖資源獲得機会と資源（の量）は、身分によっておおよそ一定の範囲に収まる。

そしてこのとき、上位身分と下位身分では、上位の方に有利に繁殖資源獲得機会が割り当てられている。将軍や大名をはじめ、支配者たる「士」は、「農」が生産した資源の一部（大部分？）を貢租徴収することによって資源を獲得しており、「士」は自分の生存・繁殖のための資源生産を他者に担わせ、逆に「農」は他者の生存・繁殖のために活動し、資源を生産しなければならない。ここに、上位身分と下位身分の「繁殖資源獲得機会の格差」設定が表れている[6]。（これは、農民各人が労働して収穫した物が、その農民の所有物になるのではなく、一部が自動的に他者——「士」もしくは「公」——の物になるという意味で、農民の「所有」への制限という側面を含んでいる。）とはいえ、上位身分と下位身分との間で、絶対に上位の方が獲得資源が多いかというとそうは言えず、例えば、商売に成功した豪商が下級武士より豊富な財を持つといったケースは現実によくあったであろう。しかし、それでも、大名や旗本は「えた」「ひにん」よりも恵まれた暮らしをしていたし、食べ物や着る物が粗末なのは大名より下級武士に、本百姓より水呑百姓に、年寄・名主より奉公人に多かったはずで、このようにして、身分制においては、職業という「各人にとって最も主要な繁殖資源獲得の手段」を固定することで、集団のメンバーの間で、繁殖資源獲得機会が固定的に、上位の者を優先する形で割り当てられる。そして

---

[6] 加えて、城の普請役など、身分に応じて農民その他に課せられる「役」も、農民などの労働——資源獲得活動——を、他者である将軍や大名の生存・繁殖のために用いる「資源獲得活動の搾取」であって、下位身分の繁殖資源獲得活動とその成果を上位身分が享受し、身分間で「繁殖資源獲得機会の格差」を設定する重要な要素である。

この「配分」は、身分が世襲されることで、世代を超えて固定されつづける。

他方、「配偶者」という繁殖資源の獲得機会を表すのが婚姻で、身分によるそれへの規定は、「配偶者」資源の獲得機会が身分に応じて「固定」されることを意味する。上で見たように、江戸時代に婚姻が同一身分間に制限されたというのは、各人にとって「配偶者」という繁殖資源の供給先が同一身分に限定されるということで、これは、身分による「繁殖資源獲得機会の固定」を、世代を超えて、言い方を変えれば遺伝子レベルで維持することを意味する。職業、すなわち各人の「資源獲得の主要手段」を身分で固定しても、もし婚姻が身分を超えて自由であれば、農民の娘が旗本に嫁いでその子は旗本になるといったことが起こる。すると、「私」は農民だが、「私」の遺伝子（子や孫）は農民身分を脱して旗本としての繁殖資源獲得機会を享受することになる。これでは、実質的に、世代を超えて身分が変動することになり、メンバーへの「繁殖資源獲得機会の配分」は通世代的に大きく変動する。そうではなく、武士の子は武士となって武士としての繁殖資源獲得機会を親も子も孫も享受する、百姓の子は百姓になって百姓の家の繁殖資源獲得機会は世代を経ても変わらないようにする、そうやって「集団内の繁殖資源獲得機会の配分」を通時的・通世代的に固定化させ安定させるのが身分による婚姻関係制限の意義である[7]。

この他、身分は、居住地や交際範囲の制限といった点でも、「繁殖資源獲得機会の固定的配分」として機能する。江戸時代の「えた」「ひにん」が河原など特定の場所に居住地を制限されていたことは広く知られるところだが、こうした場所は居住するに不便なところであって、より住みやすい場所は上位身分の者の居住地となる。どこに居住するか、便利で環境のよいところに住むかそうでないかは、生活上の便宜や健康状態に大きく影響するので、快適な場所に住む人が「生存・繁殖」に有利になり、そうでない人が不利になるのは言うまでもない。また、このように身分によって職業や居住地が区別されることで、各人の交際する相手や範囲も自ずと身分によって区分され固定される。これによって身分ごとに生活環境が固定化され、身分をまたいだ財や配偶者の交換は

---

[7] 婚姻が「同一身分」間に制限される以外にも、例えば、上位身分の者は自分と同等以下の身分から妻を娶れるが、下位身分の者は上位身分から妻を迎えることはできないといった制限がされる場合もある。この場合は、「配偶者」の供給範囲に差をつける形で、上位と下位との間の「繁殖資源獲得機会の格差配分」がなされている。（本文後述カーストについての記述を参照。）

2．固定的配分としての身分制

一層難しくなって「配分」の固定が徹底される。

このように、身分が集団メンバーの「繁殖資源獲得機会の固定配分」機能を担うのは、日本の江戸時代に限った話ではない。インドのカースト制では、司祭階級バラモン、王侯・武士階級クシャトリヤ、庶民階級バイシャ、隷属民シュードラという4つの「ヴァルナ」及びその下にある不可触民という階級に、実体的社会集団としての「ジャーティ」が組み入れられて、上下に序列化された階層区分が作られる。ここでも、その区分の中核である「ジャーティ」は、例えば「壺つくりのジャーティ」、「洗濯屋のジャーティ」というように、基本的に職業に基づく区分になっていて（表6-1参照）[8]、身分による「資源獲得の主要手段の固定」がなされている。それと共に、これらのカースト集団は基本的に内婚集団であって、細かいところでいろいろな規制はあるものの、基本的には「カーストの成員は自分と同じカーストに属する者と結婚する義務がある」[9]。これも、江戸時代の身分制と同じく、「繁殖資源獲得機会の通世代的な固定配分」になっているが、カースト制の場合、上位カーストの男性は下位カーストの女性を「ソーイリー」（一番目の妻ではない妻）として娶ることができる（その逆はいけない）ので[10]、上位カーストの男性に「配偶者」の獲得機会を量的に多く配分する「格差」設定になっている。加えて、カースト制においては、「共食」も重要な意義を持っており、一緒に食事するということは同じカーストの成員であることを示す重要且つ象徴的な行為とされる。何かの理由でカーストから追放された人は共食に加わることができなくなるし、他のカーストの者と共食することは穢れた行為とみなされる。これは、カースト身分

---

[8] 職業以外に、階層や宗教などもカースト（ジャーティ）を形成する要素である。また、個々のカーストと職業の結びつきも絶対ではなく、同一カーストに属する者が異なる職業に従事する例もあれば、農業はほとんどのカーストに開かれている（山崎［1988］296頁）。しかし、そうした例外やバリエーションを伴いつつも、カーストを区分する重要な基盤が職業にあることは確かで、実際、それまで同一の職業であったものがいくつかに分かれる「分業」が生じると、それに伴ってカーストも分かれて新しいカーストができる（小谷［1996］60-66頁）。

[9] 但し、内婚の範囲はカーストの大小や地理的条件によって多様で、大きなカーストの場合、その内部がさらに幾つかの内婚集団に分かれていることが多い。その中で、南インドのケーララ地方に住むナンブードリ・バラモンと母系のナヤール・カーストの間に見られるような、異カーストの間の通婚関係が慣行として定着した例もある。山崎［1988］296頁。そうした例外はあるものの、基本的には本文で述べたように、カーストは内婚集団である。

[10] 小谷［1996］43-48頁。

表6-1　カースト構成の一例（北インドのカリンプル村）

ランク	カースト名	伝統的職業	戸数	ヴァルナとの関係
1	バラモン	司祭、教師	41	バラモン及びその同類
2	バート	歌詠、系図作成	2	
3	カーヤスト	会計	1	クシャトリヤ及びその同類
4	ソーナール	金細工	2	
5	マーリ	花作り	1	シュードラ
6	カーッチー	野菜作り	26	
7	ローダー	米作り	1	
8	バルハイ	大工	8	
9	ナーイ	床屋	1	
10	カハール	水運び	19	
11	ガダリヤ	羊飼い	6	
12	バルブーンジャ	穀粒炒り	1	
13	ダルズィ	仕立屋	5	
14	クムハール	陶工	3	
15	マハージャン	商人	3	
16	テーリ	油搾り	4	
17	ドービ	洗濯屋	1	アウト・カースト（不可触民）
18	ダーヌク	筵作り	7	
19	チャマール	皮革加工	8	
20	バンギ	汚物清掃	8	
21	ファキール	乞食	8	（ムスリム）↓
22	マニハール	ガラス腕輪売り	2	
23	ドゥーナ	木綿梳き	1	
24	タワイフ	踊子	2	

W・H・ワイザーの調査による[11]

が各人の「交際相手・範囲」を区分・限定する重要な機能を果たしていることを象徴しており、これによって身分を超えての「財」や「配偶者」の交換・交流が阻止される。もちろん、カースト制と江戸時代の身分制とは、社会制度としての基盤や背景が異なっており相違点も数多いが[12]、「職業」、「婚姻」という主要繁殖資源の獲得機会がその所属身分によって固定的に定まるという、身

分制の特徴としてここで指摘したポイントはいずれにも共通している。

　このほか、ヨーロッパでの封建的身分制においても、繁殖資源獲得機会が身分によって固定的に優位／劣位をつけて配分される点は共通である。例えば、中近世のフランスでは、「貴族」「聖職者」「ブルジョワ」「農民」といった社会集団が存在し、それらが階層的な身分を構成していた。貴族や聖職者、（特に上層の）ブルジョワは、直接・間接の税を通じて農民から生産物を収奪し、その「配分」を受けることで自分が生存・繁殖するための資源を獲得する。また、身分や官職に応じて免税を含む様々な特権を享受し、それに応じて「繁殖資源獲得機会の格差配分」を受ける[13]。もちろんここでも各身分の中に細かい階層の相違があり、それによって個々人の収入や生活様式、すなわち資源獲得機会は多様化・多層化するが（同じ聖職者でも高位聖職者が高い収入を得るのに対して教区の司祭はそれほどでもないなど）、大枠のところでは身分によって固定された特権や納税義務を通じて、繁殖資源獲得機会がメンバー間に格差をつけられて固定的に割り当てられるところにその特徴が見出せる。

　このように、身分制度は、集団内のメンバー間の繁殖資源獲得機会を身分によって固定し、上位身分の者により多くの「機会」を、下位身分の者にはそれより少ない「機会」を配分するシステムである。こうした固定的配分は、格差はあるものの、繁殖資源獲得機会を集団のメンバーの間に一定の比率で永続的に行き渡らせるという点で、集団の中で「配分」を実現するひとつの安定的なパターンである。（奴隷制のように最下位身分にほとんど「機会」が認められない場合は「配分」がなされているとは言えないが、下位身分でも一定の「生業の機会」と「婚姻の機会」が認められ、最低限生存して繁殖していけるだけの「機会」の「配分」を受けていることが多い。）実際、日本で身分制度が確立される契機となった1591年の刀狩令において、豊臣秀吉は「百姓は農具さえ持ち、耕作を専らにすれば、子々孫々まで長久である」と言っている[14]。これはもちろん下位者の獲得資源を抑え、それを搾取する支配者の、自分に都合の

11　山崎［1988］296頁より。
12　「士農工商」は、江戸幕府という「特定の政体」が「上から」設定した制度である。他方、カースト制は、地域的・文化的な慣習に基づいて自生的に形成・維持されてきた側面を持ち、また、古代から現代に至るまで複数の王朝や支配体制にまたがって機能してきた社会制度である。
13　福井編［2001］170-175頁、190-200頁。
14　児玉［1963］244頁。

いい言い分ではあるが、身分制によって、百姓が農業を通じて一定の資源獲得機会を世代を超えて保障されるという点で一面の真実を表した言葉であるのも確かである。そして現実に、身分制という「配分システム」を導入した江戸幕府体制は約250年にわたって存続しているし、インドのカースト制も紀元前のアーリア人社会に起源を持ちつつ現代に至るまでインド社会に強い影響力を持って存続するほどの持続性と浸透性を示している[15]。そうした意味で、固定的配分は、集団を安定的に存立させる条件であり人間集団に普遍的な規範である「メンバーへの繁殖資源獲得機会の配分」を実現する、ひとつの有効なパターンだと言える。

3．固定的配分の構造的難点

しかし、この固定的配分には構造的に大きな難点がある。それは、「配分」が世代を超えて永続的に固定されるために、時間の経過の中で、「既存の『配分』枠組みがない方が、その下で自分に割り当てられた繁殖資源獲得機会よりも多くの機会を得る見込みのある（それだけの能力と自信がある）メンバー」が恒常的に出現しうることである。代々農民として暮らしてきた家でも、何世代かを経る中で、政治的資質に優れ政権の中核で大きな権力を握る能力のある人や、商才があって大規模な商業経営をさせたら大きな儲けを生み出せる人などが出てくる場合がある。こうした人は、従来の身分の枠の下ではその能力が活かしにくいが、その枠がなく自由に活動できれば資源獲得の見込みが増える。言ってみれば、そうした人にとっては既存の「配分」枠組みは邪魔なわけで、するとその人には、集団の既存の体制に従うのをやめたり、その体制を崩すよう働きかけたり、あるいは集団から抜け出したりすることが「繁殖」上プラス

---

[15] 「資源獲得機会の固定配分」としては、身分制のように格差的な配分システムだけでなく、すべての人に「平等」に「繁殖資源獲得機会」を配分しようとするシステムもある。その例としては、「各人が能力に応じて働き、必要に応じて分配される」（マルクス「ゴータ綱領批判」より。原文は「各人はその能力におうじて、各人はその欲望におうじて！」だが、ここではより分かりやすく山田［1991］32頁の表現を採った）という、高度の段階での共産主義が挙げられよう。もっとも、こうした「高度共産主義」が「空想」の範囲を超えてどの程度現実的かは議論の余地があるし、また、「必要」や「欲望」に応じた分配が「すべての人に平等」といえるかどうかも問題が残るが、とりあえず「必要」を基準とした「すべての人に平等な配分」も固定配分の一形態であることは確かである。しかし、こうした「平等」配分も、次節で述べる「固定的配分」特有の難点をまぬがれえない。

3．固定的配分の構造的難点

になりうる。もちろん、そうした行動を実際にとれば、おとなしく集団の中にいれば得られたはずの利益を失うし（「他集団の脅威」からの保護、固定的に集団にいる他のメンバーとの間で安定した互恵関係を確保することなど）、反逆や離脱に伴って元の集団から制裁や攻撃を受けるリスクもあるので、その点は割り引いて考えなくてはならない。しかし、そうしたマイナスを補って余りあるほど、「今のまま」より「既存の制約がなくなった場合」の方が多大な資源獲得が見込めるというメンバーが出てくることも十分ある。これはつまり、先に集団のメンバーが集団を離脱する条件定式として示した

$$Ri < Ro - C$$

が当てはまるメンバーが出てくるということで、そういう人には、集団離脱、抵抗・反乱、不服従などの行動が喚起され[16]、それは集団にとっての大きな不安定要因になる。

　この種のメンバーは、主に次の2つのパターンで現れる。その第一は、上で挙げたような、資源獲得のための高い能力や資質を持ち、既存の体制が自分の繁殖資源獲得活動の邪魔になる人である。こうしたメンバーは、集団内の（最「上位」以外の）どの階層、どの身分にも出現しうる。そこそこの階層・身分において従来のままでもある程度の「機会」は確保できているという人、すなわち上記定式の「Ri」がある程度の値になる人でも（且つ集団離脱・抵抗に伴うリスクやコストが大きく右辺の「C」が相当の値になる人でも）、著しく高い能力を持っていて政治的指導者になったり新しい商売を始めたりすれば甚だしく大きな資源獲得が見込めるなら、「Ro」の値もそれに応じて大きくなり、上式「$Ri < Ro - C$」は十分成り立つ。個人としての能力の問題に限らず、長い間には集団をとりまく環境条件や社会経済的条件、他集団との関係などに変化が生じるから、そうした変化の中で、既存の枠組みで割り当てられた資源獲得方法以外の方法をとった方が自分の資源の拡大が見込める者が出てくる可

16　前述のように、この定式は、メンバーの集団離脱を想定した、集団内での繁殖資源獲得機会配分の最低限の条件にあたる。そこまで切羽詰らなくても、すなわち当該メンバーにとって「Ri」の値がもう少し大きくても抵抗・反乱や不服従は起こりうるので、ここで「集団離脱、抵抗・反乱、不服従」を並べて扱うのは厳密には問題がある。しかし、ここでは、この条件が満たされればかなりの確率でメンバーが集団に対してネガティブに行動するという基準として、より最低限の「配分」基準であるこの定式をもって「集団離脱、抵抗・反乱、不服従」が個々のメンバーに喚起される目安とする。

第 6 章　人権は普遍か

能性もある。農民としてずっと米を作ってそこそこの暮らしをしてきたが、実は織物の才があり副業でそれを営んでいた。そのうちその織物への外国市場での需要が高まったので、いっそ農業をやめて大規模に織物業を展開した方が多くの実入りが見込めるのだが、そのための設備の入手は制限されているし職業変えも認められていないといったケースがそれにあたり、そうした形で既存の「配分」枠組を抜け出したり壊したりすることが「得」になるメンバーが出現する可能性が「固定的配分」システムの下では常にある。そしてこのことは、体制を脅かす不安定要因になる。

　この第一のパターンは、既存の「配分」枠組の下でよりもそれがない方が「もっと多くの」繁殖資源獲得が見込めるという、いわば「前向きな」形でメンバーに集団離脱や抵抗への動機づけが生じるケースだが、逆に、特に集団内の「下位」層が、既存の枠組の下では生きていく上で最低限の資源獲得すら見込めなくなるために集団離脱や抵抗に走るという「後ろ向き」なパターンもある。前述のように、固定的配分体制では、下位者である農民が働いて生産した資源を上位者である武士が搾取するなど、上位者に有利で下位者に不利な「配分」格差の固定があるのが普通である。しかし、だからといって下位者は、作った作物を100％年貢に取られて自分たちが食べる物はまったくないというわけではなく（それでは下位者が生きていけず、集団も存続しない）、下位者にもある程度の取り分や自分のための資源獲得活動の余地は残されている。つまり、通常の「固定的配分」体制の下では、下位者であっても生存・繁殖はできるよう、少なくとも「最低限の繁殖資源獲得機会」は確保されている。しかし、搾取や格差が固定されているために、例えば災害や凶作などが起きて資源の生産量・収穫量が減少した場合には、もともと少ない「配分」しか受けていない下位者にそのしわ寄せが行きがちで、そのとき彼らは生存するための最低限の資源すら得られなくなることがある。

　これは、上の定式の左辺の「Ri」が限りなく「0」に近くなっていることを意味しており、そこでおとなしく集団の「配分」体制に従っていては下位者は生きていけない。であるなら、そのまま「座して死を待つ」よりも、自分たちの資源獲得機会を制約している既存の「配分」体制からの脱却を図り、集団の秩序を無視して不正な資源獲得に走る、集団に抵抗・反乱する、集団を離脱する方が「まだまし」である。もちろんそこでは、下位者と上位者（支配層）の間に相当の実力差があるのが普通なので、もし本当に抵抗や反乱を起こせば、

3．固定的配分の構造的難点

それに対する上位者からの制裁はかなり厳しいはずである。つまり、上式のうち、集団離脱のコストを表す右辺の「C」の値はかなり高い。しかし、どうせ自分が生きていけないなら、現状打破の行動にどれだけのコストがかかろうと同じなので（つまり、ここでの定式の値には「0」以下のマイナスはない）、「C」の値がいくつになろうと、集団への抵抗や集団からの離脱を図ることで僅かでも資源獲得の可能性が「ある」のであれば、それを実行する意味はある。必死で抵抗や反乱を起こせば、それに対して上位者の妥協を引き出して年貢の減免など既存の「配分」の修正を勝ち取れる可能性はあるし、反乱の展開次第では自分たちに有利なように体制の変革・打倒が実現するかもしれない。であれば、ほとんど「0」である左辺と比べて右辺は「正数」になり、「左辺 ＜ 右辺」が成立して、本定式で表される「集団離脱（抵抗・不服従）の条件」が整う。実際、こうした状況におかれた下位者が抵抗や反乱をしばしば起こすことは、江戸時代に災害や凶作が起こる度に、困窮した農民の一揆や打ちこわしが頻発したことにはっきり表れているし、場合によってはそこから既存の体制が崩れかねないことは、先に挙げた、中国の漢や宋が農民反乱を契機に崩壊した例などに表れている。

これら２つのパターンを典型として、「$Ri\ <\ Ro\ -\ C$」があてはまる、すなわち、集団の既存の「配分」におとなしく従っているよりもそれに抵抗したりそこから離脱したりした方がたくさんの資源獲得が見込める、そういうメンバーが出現する可能性を、固定的配分体制は恒常的に抱えている。これは、固定的配分体制の構造から来る必然で、そこに起因するメンバーの抵抗・集団離脱の可能性、集団（の既存の体制）存続への脅威がぬぐえないところがこの体制の重大な難点になる[17]。

---

17 事実、江戸幕府の体制は、薩摩、長州に代表される西国雄藩とその中で実力を発揮した若手下級武士、それを支援した新興有力商人などが中心となって、その力の結集によって打倒されている。薩摩、長州などはいわゆる外様大名で、大名としては徳川一門や譜代大名に比べて相対的に低い立場にあった。（将軍職や老中職を手に入れて幕府を動かし、存分に資源獲得を図れる立場にはなかった。）その中にあって倒幕運動の中心となった西郷隆盛、大久保利通、木戸孝允らも、藩士としての身分は決して高くなく、従来の体制の中ではその才能に見合うほどの資源獲得機会を得られる立場ではなかった。（実際彼らは、幕府崩壊後の明治政府おいて中枢的な地位を占め、仮にそのまま藩士で一生を過ごした場合に得たであろうよりもはるかに大きな資源獲得機会を獲得した。）その運動の経済的な後ろ盾になった新興商人たちも、既存の秩序の下でさまざまな制約を受けるよりも、それがなくなって「自由」に商売ができた方がたくさんの資源獲得が見込めた。こうして、幕

4．市民革命と流動的配分としての人権保障

(1) 市民革命による固定的配分の打破

　固定的配分に対して、各メンバーの繁殖資源獲得機会を確定せず、個々のメンバーに極力自由に繁殖資源獲得活動をさせてそれに応じた各人の資源獲得を認める、いわば「放任」的な「配分」の体制が「流動的配分」である。前述のように、身分制では、身分によって各メンバーが行える繁殖資源獲得活動の種類（「生業」）とそこから生じる収益の取り分（例えば「五公五民」の下では農民の生産物の取り分は50％）が固定されているが、ここではそうした制限が極力取り払われ、各メンバーが各自好きな方法で資源獲得活動を行ってその成果を自分の生存・繁殖のために使える。集団の体制として設定されるのは、そのように各メンバーが自由に資源獲得活動をし、その収益を自分のために使うための条件の整備で、それ以上の各人の活動への介入、規制は抑えられる。（とはいえ、もちろんまったく介入や制約がないというわけにはいかず、集団を成り立たせその体制を維持するために、一定の制限は各人の活動に対して生じる[18]。）こうした流動的配分の典型が、「人権」保障を通じて個人に自由な繁殖資源獲得活動と収益の所有を認める社会体制である。

　この場合、各人がどれだけの資源を得られるかは基本的に「自分次第」になり、能力のある者はそれを発揮してたくさんの資源獲得を図れる。よって、固

府の体制の中よりも、それを崩してその外に出た方がより多くの資源獲得が見込める、それだけの能力と才覚のあるサブグループによって、江戸幕府の固定的配分体制は打破されるに至ったのであり、これは上で挙げた第一のケースに相当する要因から集団の体勢が崩壊した実例と言える。もちろんここには外交・経済面での諸要素が絡んでおり、「配分」体制の問題だけで江戸幕府が崩壊したわけではないが、少なくとも、既存の体制の外での方が内でよりもたくさんの資源獲得が見込めるメンバーが出現し、社会経済的な条件次第で実際にそれが体制打倒の力になりうることは、この例から示される。

[18] そうした制限の典型は、集団を維持・運営するための公的コストをメンバーが「税」として負担すること（メンバーは自分の活動から生じた収益を100％自分の「繁殖」のために使えるわけではない）に表れる。同時に、各人が行う資源獲得活動の態様にも一定の制約は生じ、例えば、対立する近隣他集団に武器や情報を提供してその対価として資源を得るといった活動は、集団の存立を脅かす行為として普通は規制される。この点については次項及び第7章(iii)で言及する。

4．市民革命と流動的配分としての人権保障

定的配分の下では集団からの規制が邪魔で、離脱した方が「得」なメンバーでも、わざわざ集団を出て行くことなく、集団にいながらにして能力を存分に発揮して相応に多くの資源獲得が見込める。先の定式「$Ri < Ro - C$」に当てはめて言えば、繁殖資源獲得活動への制約が極小化するため、各人にとっての「Ri」と「Ro」の値は、流動的配分の下では基本的に一致する。（「Ro」の値が大きい人は「Ri」の値も相応に大きい。）そうであるなら、各メンバーにとっては、集団離脱のコスト「C」がある分、離脱を図るのは「損」になり、能力が高いからといって集団から出て行こうとするメンバー（「$Ri < Ro - C$」が成り立つメンバー）は基本的にいなくなる。

　このことは、「$Ri < Ro - C$」のもう一方の該当者である下位者についても言える。流動的配分の場合、例えば、災害や天候不順などで農民が「最低限の繁殖資源」すら得られない状況が生じても、それは純粋に災害や天候不順で収穫がなくなったためで、支配層など他のメンバーが彼らの生産物を収奪しているからではない。つまり、彼らの窮乏は集団の体制や支配者のあり方とは関係ないから、抵抗や反乱をする意味はないし、それをしても自分たちに「配分」される資源が増えるわけではない。（もちろんそうした場合に、下位層が、上位層や支配層に政策的な配慮を通じた救済を訴えることはあるが、それは既存の「流動的配分」体制の変革や打倒を図るものではない。）つまり、「Ri」が「0」に近いからといって、そのメンバーが抵抗や体制変革の行動を起こしたとしても「Ro」が大きくなる見込みがあるわけではなく、「Ri」の値が低いならその人は同じように「Ro」の値も低い。とすると、先の定式の右辺と左辺では、抵抗や集団離脱のコスト「C」の分だけ右辺にマイナスが生じるから、やはり「$Ri < Ro - C$」は成り立たない。（集団離脱や抵抗は喚起されにくい。）

　このように、流動的配分の下では、固定的配分において不可避的に出現した「集団離脱、抵抗・反乱、不服従が喚起されるメンバー」は基本的に生まれず、どのメンバーにとっても、「集団離脱、抵抗・反乱、不服従」を行うよりも、集団の中にいて「自分次第」で資源獲得活動をしてその獲得にいそしむ方が生存・繁殖上プラスになる（次頁図6-1参照）。とすると、集団全体としてメンバーの確保・固定が図れ、集団の安定的な存立が可能になって、メンバーいずれにとっても「繁殖」上プラスになる。その意味で、流動的配分は、固定的配分よりも優れて合理的・効果的に「配分」を達成する体制である。そして現実に、

第6章　人権は普遍か

図6-1　「固定的配分」と「流動的配分」の対比

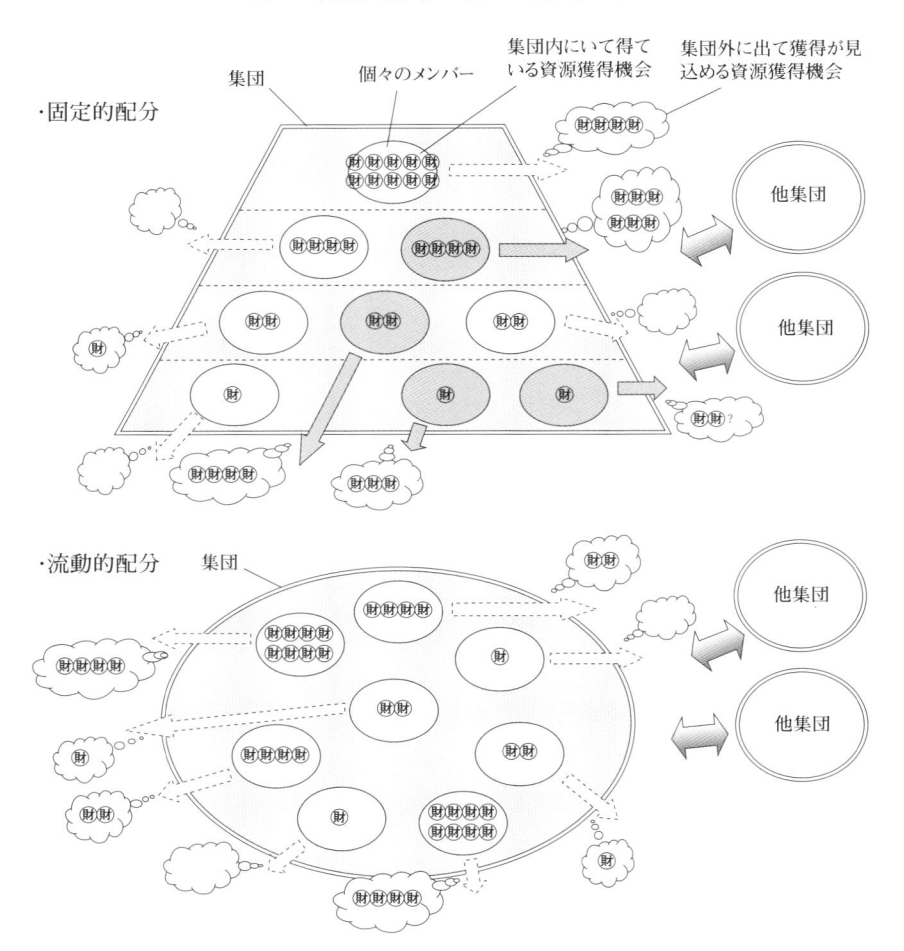

㈶は各人の得る「繁殖資源獲得機会」を表す。固定的配分では、集団内で割り当てられている㈶よりも、集団外に出たときに獲得が見込める㈶の方が多いメンバーが出現しうるため（図中の灰色で塗りつぶしたメンバーがそれにあたる）、その者たちに集団離脱や抵抗・反乱が喚起されやすい。他方、流動的配分の下では、集団外に出て多くの資源獲得が見込める者は集団内でも自由な資源獲得活動を通じて相応に多くの資源を得ており、集団内・外の㈶が対応するため、集団離脱や抵抗への動機付けが生じにくい（灰色になるメンバーがいない）。なお、他集団の脅威がある分、各人の「機会」は、集団内でよりも集団外での方が少なくなるのが普通である。（が、具体的にどの程度少なくなるかは状況によって様々なので、図中、集団の内と外とで各人の㈶がどれぐらい変わるかは任意である。）

4．市民革命と流動的配分としての人権保障

固定的配分がその難点ゆえに打倒され、替わって流動的配分の体制が立てられた歴史的な事例が、西洋の近代市民革命である。

例えば、フランス革命は、細かく見れば多様な要素を含んでいるものの、基本的には、旧来の身分制やそれに基づく特権・規制を廃して、個人の経済活動や労働の自由化への道を拓いたところにその歴史的意義が見出せる[19]。それまでの封建的身分制は、特権に基づいて貴族や聖職者に繁殖資源獲得機会を優遇「配分」し、他方、農民からは直接・間接の税などを通じて資源を収奪する、繁殖資源獲得機会の格差固定体制であった。これに対し、そうした「固定」の枠がなくなって自由な経済活動ができる方が獲得資源の大幅な増加を見込める新興ブルジョワジーと、既存の体制の下では重税と貧困に苦しむ農民が中心になって既存の特権や規制の撤廃を図り[20]、経済活動や労働の自由化を実現したのが同革命である。これは、身分や特権に基づく「繁殖資源獲得機会の固定的配分」体制を、それが崩れた方が「機会」の増大が見込めるサブグループが打倒し、「流動的配分」体制への移行を実現させた歴史的事例の典型と言える。

同じく市民革命のひとつに挙げられるアメリカの独立革命は、イギリス本国が経済規制や課税を通じて北米植民地の人たちの繁殖資源獲得機会を抑圧したことに対して植民地が抵抗し、集団離脱を図ったものと見ることができる。独立戦争の大きな要因は、ひとつは、砂糖法、印紙法、タウンゼント諸法など北米植民地への課税・規制立法が（特に英仏の七年戦争後に）制定されたこと、もうひとつは、これらの立法が植民地からの代表がいない本国議会で制定され

---

[19] 福井編 [2001] 267頁。1789年8月4日の国民議会において、租税上の特権、領主裁判権、教会の十分の一税、官職売買などさまざまな封建的特権の廃止が宣言された。ここには各身分間の利害の妥協や農民の誤認（特権廃止を無償なものと思った）なども絡んでおり、これだけで既存の体制が完全に一新されたわけではないが、それでも、ここで特権という「繁殖資源獲得機会の固定的格差配分の基」を廃止する宣言が出された意義は注目に値する。同書248-249頁。木下・木村・吉田編 [1995] 324-325頁。

[20] この時期、フランスの農民は不作と重税にあえぎ、「最低限の繁殖資源獲得」が難しい状況にあった。その中で、既存の特権を守りたい貴族がならず者を使って農民の抑圧を図っているという「貴族の陰謀」の噂を契機として、全国規模で農民蜂起と領主への襲撃が起こった。これはつまり、既存の体制の下では「Ri」が「0」化して「$Ri < Ro - C$」状態になった農民が実際に集団への反乱を起こしたことを意味する。他方、新興ブルジョワジーも、既存体制の下では国内関税や重商主義的統制、ギルド的拘束のゆえに繁殖資源獲得機会が制限される立場にあり、体制を打倒することで自分たちの「機会」の拡大が図れた。こちらは、「Ro」の増大の見込みのために「$Ri < Ro - C$」状態になったメンバーの抵抗・反乱にあたる。

たことにある。上記諸法による課税は、植民地の人にとっては自分たちの繁殖資源獲得活動（例えば貿易）への制約であり、またその資源の直接収奪（「税」の徴収）である。加えて、そうした課税・規制を本国議会が任意に決めるということは、植民地の人たちの繁殖資源獲得活動・機会に対して本国が任意に制約や拘束を設定するということで、これは、本国と植民地という「上下」関係の中で、両サブグループの繁殖資源獲得機会に間接的に格差設定がなされていることを意味する。（さらに、課税に対する植民地の反対を本国は軍隊によって威圧し、実力による「格差」の押し付けが図られた。）こうした「配分」格差の設定とその「固定」に対して植民地が抗議・抵抗し、幾度かの協議と妥協の末、最終的に本国との間に折り合いがつかなくなって武力衝突から独立（「集団離脱」）に至ったのが独立革命の流れである。フランス革命が、封建的身分制と特権に基づく固定的配分体制を打倒するものだったのに対し、ここでは「本国－植民地」というサブグループ同士の関係として存在した固定的配分体制に下位サブグループである植民地が反乱し、最終的に独立＝集団離脱という形で既存の「配分」体制からの脱却が達成されている[21]。

　これらの革命の中で高らかに宣言された「人権」は、集団の中で、各メンバーに自由な繁殖資源獲得活動とその収益の確保を保障するもので、これによってその社会には「繁殖資源獲得機会の流動的配分」体制が打ち立てられる。近代市民革命の中で宣言された「人権」の源は、言うまでもなくロックの「自然権」概念にあり、その中身は「生命・自由・財産への権利」であるが、これらの権利は、各人が繁殖資源獲得活動を自由に行い、その収益を自分のものとするための基本的な条件を定めたものに他ならない。

　まず、「生命への権利」とは、文字通り各人の「生命」がその人のもので、権力者や支配者をはじめ他者によってそれを任意に奪われない、奪われてはいけないことを表している。第3章の説明から分かるように、「繁殖」を至上目的とする生物にとって、生命とは、「繁殖およびそのための資源獲得」活動を行う上で最も基本的な「資本」である。権力者や支配者が自分の都合や気まぐれで他のメンバーの生命を自由にしたのでは、メンバーたちは集団にいて、いつ、何をしたために自分の命が奪われるか分からない、きわめて不安定な状態にあり、繁殖活動、繁殖資源獲得活動を行う基礎的条件が脅かされている。そ

---

[21] アメリカ独立革命については、前川［1973］128-138頁、川北［1997］、紀平編［1999］などを参照。

4．市民革命と流動的配分としての人権保障

ういう状況にメンバーを置かないことを保障し、メンバーすべてが繁殖に向けた資源獲得活動を落ち着いて行える、きわめて基本的な「繁殖」達成条件を整備するのがこの「生命への権利」の意義である。

次いで「自由への権利」とは、メンバーたちが文字通り自由に繁殖資源獲得のための活動をできることを保障したものである。人間が生存・繁殖するために必要な各種の財は、何もしないで手に入るものではない。個々の人間はそれを獲得するためにいろいろな活動をしなくてはならない。その基本になるのは先に述べたように「職」だが、それ以外にも資源獲得には、休日に釣りに行って夕食のおかずを得る、友人と物々交換をする、資産を運用して株でもうける、などさまざまな方法がある。と同時に、具体的にどういう資源を自分が欲するか、それをどういう形で手に入れたいかは各人の状況によって様々で、それに応じて各人が行いたい資源獲得活動の種類もさまざまに分かれる。（土地こそがあらゆる経済活動の基盤だから土地を持つことが家計安泰の一番の道と考えて不動産投資に熱を上げる人もいれば、権力こそがあらゆる利益の元と考えて政治家を目指す人もいる。貨幣経済が浸透した社会では、汎用的な交換財であるお金を得ることをほとんどの人は欲するだろうが、そのために効果的な方法は、人によって「漁師」、「学者」、「野球選手」など多様化する。前述第3章第4節(3)参照。）もうひとつの主要繁殖資源である配偶者についても同様で、その獲得のための活動にはさまざまなバリエーションがある。これら諸々の活動を（基本的に）自由にできることをメンバーに保障するのがこの権利であって、こうした「自由」が保障されることで、各人は、自分の能力や性質、嗜好、周囲の状況などに応じて、自分が欲しい種類の資源を自分がいいと思うやり方で獲得することができる。（「獲得」できるかどうかはそのときの状況次第であるから、「獲得するための活動ができる」というのが正確な言い方である。）

その際、活動は自由でも、特に財については、自分の活動から生じた収益が本人のものにならないというのでは、資源獲得活動を自由に行う意味がない。身分制下の農民のように、資源生産活動をして、しかしその成果の一定割合は自動的に他人のものになるのでは、各自の活動に応じた繁殖資源獲得が保障されていないことになる。自分の活動から生み出された収益・資源はその人のものになることが、個々人の自由な活動を「繁殖資源獲得機会の配分」の軸とする流動的配分の、より根本的な基盤である。そこで、個々のメンバーに「財産への権利」、すなわち「所有権」が認められることが流動的配分を支える重要

な要素になる。

このように、自然権の中身である「生命・自由・財産の権利」とは、集団のメンバー各人が自由に繁殖資源獲得活動を行い、それに応じて実際に繁殖資源を確保するための基本的条件の保障を意味している。こうした権利を集団のメンバー全員に保障することで、集団の中では、メンバー各人の活動に応じた「流動的な繁殖資源獲得機会の配分」がなされる。西洋近代の市民革命とは、それまでの（身分や特権に基づく、あるいは本国と植民地の関係に基づく）固定的配分体制を打破して、個々のメンバーの能力と活動に応じた「繁殖資源獲得機会の流動的配分」体制への移行がなされた契機であり、その中で提示された人権は、流動的配分に基づく社会体制を基礎づけ支える規範概念だと言える[22]。

(2) 繁殖資源獲得活動の自由

「自然権」として提示された「生命・自由・財産への権利」は、その後その内容が「自由権」として具体的に整備されて、現在に至るまで人権概念の中核的位置を占めている。この自由権とは、基本的に上で述べた「生命・自由・財産」保障の趣旨――「繁殖とそのための資源獲得活動」を集団のメンバーが自由に行う条件の保障――を徹底させ、内容を詳しく確定したものである。自由権の具体的な中身としてどのような権利を想定するかには若干解釈の余地があるが、ここではその典型例として、日本国憲法の人権規定を参照してその中身を整理してみる。するとそれは、大きく分けて、①包括的基本権としての「生命・自由・幸福追求権」と「法の下の平等」、②精神的自由権としての「内心の自由」（「思想・良心の自由」「信教の自由」「学問の自由」）と「表現の自由」、③経済的自由権としての「職業選択の自由」「居住・移転の自由」「財産権」、④人身の

---

[22] 固定的配分と流動的配分とでは、当該配分体制を誰が決めるか、その枠組みを設定する主体も変わってくる。固定的配分の場合、集団の中で「上位」の立場を占めるサブグループが、配分の枠組み（ルール）を決定する権限を持つのが普通である。（江戸幕府の体制は、徳川一門とその家臣団を中心とした幕府の中枢的サブグループが決めている。）他方、流動的配分の場合、集団内のいずれかのサブグループが体制やルールを決定する権限を持つのではなく、その決定自体がメンバーに開放され、多くのメンバーがその決定に参加する権限を持つ。国民主権の理念や参政権の保障はそれを具体化したものだが、このように、集団内の「配分」のルール設定に関与する権限自体がメンバーに「配分」されることで、メンバーへの「繁殖資源獲得機会の配分」が徹底する点も流動的配分の特徴である。

4．市民革命と流動的配分としての人権保障

自由としての「奴隷的拘束からの自由」「不法な逮捕・抑留・拘禁からの自由」「住居等の不可侵」等、の4つに分類される。加えて、これらの4つには普通入れられないが、⑤「合意による婚姻」（憲法24条で明記されている）も重要な自由権である[23]。

このうち、①の「生命・自由・幸福追求権」が、各人が「繁殖資源獲得活動」をするための基礎的条件の保障を意味することは、先に自然権に即して述べた通りである。そこには「幸福追求権」は含まれていなかったが、「幸福」とは人間が追求する目標一般を抽象的に表した概念であり、本書で取っている生物学的な観点からすると、それはすなわち「繁殖」と重なる。（正確には、「幸福」とは「繁殖の至近目的」と考えられる[24]。）つまり、「幸福追求権」とは「繁殖」追求権（繁殖とその至近目的である生存、資源獲得に向けた活動を保障する一般的権利）を意味しているのであり、「各人が繁殖資源獲得活動をするための基礎的条件」の保障を、より日常的な言葉で言い換えて示したものと見ることができる。また、「法の下の平等」とは、集団内でメンバーが資源獲

---

[23] ここでの分類は、芦部［1993］及び［2002］第2部を参考にした。

[24] R・アレグザンダーによれば「幸福は、（中略）多くのことがらから成り立っている。それは食べること、セックス、親であること、ぬくもり、人を感動させること、所有すること、与えること、もらうこと、愛すること、愛されること、である。それは苦痛が止むこと、快楽が始まることである。それはまた、勝利への道を見つけること、壮麗なアイデアを持つこと、孫を持つことである。ある意味においてこれらはすべて生物学的なものだ。このリストに含まれているもののうち、人間のみならず、少なくとも一種類の人間以外の生物に対して相応の幸福をもたらさないものは、たぶんない。（中略）だから幸福は、それが繁殖を促進する行為によってもたらされるという意味においてのみ、個人にとって目的となる。幸福は繁殖の手段なのである」（Alexander［1979］p.236, 邦訳318頁）。第3章で示したように、個々の人間は自分の目的である「繁殖」を意識しておらず、「部長になること」、「株でもうけること」、「子どもが大学に合格すること」、「彼女ができること」など多様なものを自分の「幸福」として意識しそれを目指して生きている。しかし、そこで述べた通り（第4節(3)）、これらの具体的目的は、それぞれの人の遺伝的資質、経験や教育を経てインプットされた情報などに基づいて、自分が「繁殖」を効果的に達成するための「繁殖戦略」の一環として各人が意識するものであって、それらを「幸福」と意識しそれに向けて活動・努力することを通じて個々の人間は「繁殖」に向けて生きている。よって、アレグザンダーの言うように、「幸福」とは「繁殖の手段」（言い換えれば「至近目的」）と捉えられ、幸福追求権も「繁殖」追求権と捉えられる。実際、幸福追求権は、憲法学上「個人の人格的生存に不可欠な利益を内容とする権利」と定義され（芦部［1993］102頁；［2002］115頁、佐藤［1995］445頁）、人権一般を包括する権利と捉えられるが、これはすなわち、個々の人間が自分の「戦略」に応じて生きていって繁殖を達成するために必要な「利益」を保障する包括的な権利という意味ととれる。

得活動を行う際の具体的な規則（すなわち法）の定立及び適用にあたって[25]、個々のメンバーが基本的に同等の資格と扱いを受けることを定めるものである。そうした規則の決定に聖職者は参加できるが農民はできないとか（あるいは、規則を話し合うための代表者を選ぶ資格が聖職者には認められるが農民にはないとか）、白人には適用されないが黒人には適用される刑罰があるといったように、集団の規則上、一部のメンバーが他のメンバーに比べて差別的な取り扱いを受けたのでは、そこで優遇されている人とそうでない人の間に「繁殖資源獲得活動をする条件の格差」が生じる。（規則決定に大きな権限を持つ人たちが自分たちに都合のいい「繁殖」活動規則を作って、それ以外の人たちの「繁殖及びそのための資源獲得」活動を制約することも含めて。）つまり、それらのメンバーの間に「繁殖資源獲得機会の格差配分」がなされることになる。メンバーの活動にどういうルールが設けられるにしろ、その定立と適用に不公平がないことは、集団のメンバー全員が「自由」に資源獲得活動を行うための重要な要素である。「人種」、「信条」、「性別」、「社会的身分又は門地」に関わりなく、すべてのメンバーが同じように立法（や選挙）に関与する権限を持ち[26]、成立した法がすべてのメンバーに同じように適用されることを保障することで、メンバーの間で繁殖資源獲得機会を偏らせるようなルールの定立・適用を防ぎ、各メンバーに同じように資源獲得活動の機会を保障する（すなわち、各人の活動に応じた「流動的」な「機会配分」体制を基礎づける）のが「法の下の平等」の意義である。

　次いで、②の精神的自由権と③の経済的自由権は、メンバーの「繁殖資源獲得活動の自由」を直接保障するものである。すでに何度も触れたが、各人が一生の間に求める繁殖資源はさまざまであるし、それを獲得するための方法も多様である。従って、具体的にどういう資源を求め、それを得るためにどういう方針を立て、いかなる活動を通じてそれを獲得していくかの「自由」をメンバーに認めることは、メンバーそれぞれの活動に応じた資源確保（すなわち流動的配分）を保障する、きわめて基本的な条件整備を意味する。②の「精神的自

---

[25] 「法の下の平等」の意味については、法の適用における平等を指すとする法適用平等説と、法の適用のみならず内容面での平等も含むという法平等説とがあるが、ここでは憲法学での通説に従い（また「平等」の中身を幅広く説明する趣旨から）後者の立場に依拠した説明をしている。

[26] それを具体的にはっきり明示したのが参政権である。これについては、前章第2節(2)(ⅱ)参照。

由」とは、そうした資源獲得上の方針を各人が自由に立てられることを保障したもので、「思想」「信条」「良心」「信教」などは、自分が生きて「繁殖」活動をしていく上で何を（どういう資源、どういう資源獲得活動、そのためのいかなるノウハウ）を重視するか、何を求め何は求めないかという考え方を表している。それらが「自由」だということは、集団の中で、例えば「農民として生まれた者は一律田畑を大事に思い、農作業に価値を見出せ」というような特定の考え方が強制されるのでなく、自分はお金がなにより大事だと思うからベンチャービジネスで大もうけを狙うという価値観と資源獲得方針を持つ人はそのように、お金よりも安定と地位を自分は重視するから国家公務員になろうと思う人はそのように、お金も地位も欲しいとは思わず自分はひたすら仏の道を究めたいと思う人はそのように思い、生きていくことが認められ、そこに集団からの介入や強制は入らないということである。また、「学問の自由」とは、個々のメンバーが独自に資源獲得方針を考えたり、そのための調査や研究をしたりする際に、（例えばマルクス主義の本には触れてはいけないといった規制はされず）自由にいろいろな考え方を参照し参考にすることを保障したものであるし、同時に、学者や研究者などそれを職業にする人に対しては繁殖資源獲得活動そのものの自由を保障するという側面を持つ。

　他方、③の「経済的自由」は、そうやって各人各様に抱いた資源獲得の方針に基づいて、各人が自由にその獲得「活動」を行うことを保障したものである。中でも、「職業選択の自由（営業の自由を含む）」は、各人にとって主要な繁殖資源獲得手段である「職」の選択・遂行の自由を保障したもので、それを身分などで固定した固定的配分に対して流動的配分を特徴づける最も基本的な自由のひとつである。また、「居住・移転の自由」は、資源獲得活動をするために自分でよいと思う場所に住んだり移動したりする自由を保障したもので、これも、各人が自由に繁殖資源獲得活動を行うための重要な条件整備の意味合いを持つ。さらに、各人が自由な活動により繁殖資源を確保するには、自分の活動から生じた収益を「自分の生存・繁殖のための資源」とできることが重要な前提になるのは先に述べた通りで、それを保障する「財産権（所有権）」が、「経済的自由」の、そして流動的配分体制の根本的な基盤を成している。

　④の人身の自由は、先に述べた「自然権」としての「生命への自由」の意義——集団の中にあってメンバーが他のメンバーによって任意にその生命を脅かされない——を、「人身」に焦点を当てて具体化したものである。「奴隷的拘

束」をはじめとする身体的拘束・抑留は、その人の身柄を拘束して資源獲得活動をできなくする（場合によっては拘束した人が資源獲得のためにその人を利用する）ことであるし、住居への侵入や書類、所持品の捜索・押収というのも、各人が資源獲得活動をする基盤となる場所へ他者が入り込み[27]、その道具・設備や情報を奪うことを意味しており、メンバー間でこうしたことが許されるのでは各人の「繁殖」や「資源獲得」活動は大きく阻害される。まして、これらの「身体的拘束・拘留」、「住居侵入」、「捜索・押収」をする権限を、集団内のあるメンバーは持ちあるメンバーは持っていないということになれば、それはすなわち「繁殖資源獲得機会の格差」がメンバー間に設定されているということである。そうした事態・状況をなくし、集団の全メンバーが自由に繁殖資源獲得活動をできるための、これまた基礎的条件を保障するのが「人身の自由」の意義である[28]。

　もうひとつ重要なのが⑤の婚姻に関する保障で、これも前述のように、配偶者は各人にとって最重要の繁殖資源であり、その獲得機会がいかに「配分」されるかは各人の「繁殖」上の重大事である。この点、身分制などでは、同一身分間に婚姻が制限されたり、個々人の婚姻の選択・決定を（身分の基盤である）「家」が担っていたりして、婚姻は個々人の自由ではない。つまり、メンバーは自由に配偶者獲得活動ができない。これに対し、婚姻を本人同士の合意によって成立させることは、配偶者の獲得を身分や家などの固定的な枠組みから解放して個々人に委ねることを意味しており、これによって出自や性別に関わらずすべてのメンバーが「個人」レベルで配偶者獲得活動を行う、行えるようになる。つまり、婚姻が集団の中で「自由」化されるわけで、こうした形で、財のみならず、配偶者という繁殖資源についても、各メンバーの活動に応じた「流動」的配分を行うのが「合意による婚姻」を保障する意義である。

27　特に、直接的な繁殖行動、すなわち生殖行動は、各人の住居の中で他者の目に触れないようにしてなされるのが普通である。（普通、人間は、摂食は他者と共にする反面、生殖は他者から隠れて行う。）そこへ誰かが踏み込んでくるおそれがあるのでは、人間の生殖行動は著しく阻害される。

28　しかしながら、集団生活を安定させ集団を維持・存立させるために必要な合理的理由がある場合は、メンバーの身体拘束や住居への侵入が認められる。犯罪者の逮捕・拘禁、その調査のための住居捜索はその例である。このように集団の存立と安定のためには各人の繁殖資源獲得活動に限定が加えられるのであって、その活動の自由＝人権保障はあくまで一定の枠内で認められるものである。これについては本文のすぐ後で述べる。また、第7章(iii)参照。

4．市民革命と流動的配分としての人権保障

　このように、自由権は、集団のメンバーに「繁殖とそのための資源獲得」活動の自由とそれに応じた資源確保を保障するもので、集団内での「繁殖資源獲得機会の配分」を流動化する最重要の基盤である。しかし、だからといってそこでの各人の活動は完全に自由になるわけではない。もし各人の資源獲得に対して集団としての規制がまったくなくなり、いかなる資源をどういう方法で獲得するかを各人が完全に好きにできるとなれば、腕力で他人の財や配偶者を奪ってもいいし、敵対する他集団に自集団の情報や弱点を教えて対価を得るのも「自由な資源獲得活動」の一環として許されることになってしまう。そうなれば、集団は無秩序化して集団としての体裁を成さなくなり、各人はいつ隣人から生命や財産を奪われるか分からない、女性はいつ略奪されたり強姦されたりするか分からないということになって、人びとの生存・繁殖と資源確保は常に危険にさらされることになるし、何よりそうした不安定な状態では、集団として「他集団の脅威」への対抗力が大きく低下する。先に述べたように、それぞれが自分の「繁殖」のために生きている人間は、他の人間集団から身を守ってその目的を達成するために集団を作りその中にいるわけだから、「繁殖資源獲得活動の自由」は、あくまで集団が安定的に存立することを前提に、その枠内での「繁殖資源獲得機会の配分」として生じる。各種の自由権はその具体化だから、よってその「自由」は集団の存立と安定を脅かさない範囲に限られる。つまり各人の「自由権」には、集団の存立と安定に基づく制限が不可避的に伴う。それは例えば、先に触れたように（本章注18、28）、「人身の自由」に「犯罪者に対する逮捕・拘禁」という制約がつくことに表れるし、集団を維持したりメンバーみんなが利用する公共財を確保したりするために「納税」という形で各人の財産権への制約が生じることにも表れる。前章で述べた一夫一婦制の強制もその重要な一環である[29]。そして、こうした形で自由権には「集団の存立と安定のため」の制約が実際にあるという事実が、自由権が（「自律性の価値」などに基づく前国家的な価値などではなく）国家集団内の「繁殖資源獲得

---

[29] 上述⑤の点に関して、「合意による婚姻」が保障されることで配偶者の獲得が自由化されると述べたが、しかしそれも完全に自由なのではなく、一人が同時に複数の配偶者を確保することは制限される。これは、前章で説明した通り、配偶者という「集団内に限定的にしか存在しない重要な繁殖資源」については、それをメンバー間に幅広く配分することが集団安定につながることからくる「繁殖資源獲得活動への制限」である。そのため、実際に多くの社会で「一夫多妻制から一夫一婦制への移行」が生じ、配偶者の選択は自由化されてもその数は原則として1人に限定される。

機会の配分」として各人に保障されるものであり、その一パターンである流動的配分の体制的基盤として生じるというここでの主張の裏づけになる[30]。

(3) 人間の本性にかなった「配分」形態としての人権

　自由権に基づき流動的配分を行うこうした社会体制は、各メンバーが集団内で得られる繁殖資源獲得機会（「Ri」）と集団外で獲得が見込める同機会（「Ro」）とを対応させて、「$Ri\ <\ Ro\ -\ C$」の成立を防いでメンバーの安定・固定と集団の安定的存立を図るシステムである。このことは、角度を変えて言えば、このシステムが人間の普遍的「本性」である「利己性」にかなっていることを意味している。第3章にて述べたように、人間は、自分の「繁殖と資源獲得」を志向する生き物であって、そのために自分の能力を使い、活動しようとする。他人の「繁殖」のために能力を使ったり活動したりしようとはしない。（それは自分の繁殖への努力を削って他人の繁殖に貢献する「適応度低下」行為である。）しかし、身分制などの下では、下位サブグループとして生産活動を担う農民は、支配的サブグループたる武士や貴族にその成果を「搾取」されており、いわば「他人のための繁殖資源獲得活動」を行わされている。農民にすれば、これは自らの「本性」に反する行為の強制に他ならない。同様に、高い能力・資質を持つ人にとっても、既存の体制のおかげで身分上認められた資源獲得活動しかできないということは、自分の能力・資質を自分の「繁殖」拡大のために活用することを体制によって強制的に制限されているわけで、これまた自分の「本性」への抑圧を受けている。メンバーへのこうした「本性」の抑圧を集団としてし続けるには、実力差による強い強制力が必要だが、それが緩めば抑圧されている側からの抵抗、反乱、不服従、離脱を招きやすく、そのようなシステムはきわめて不安定であることは先に述べた通りである。これに対し、人権（自由権）を基盤とする流動的配分は「人間の本性との矛盾」を含まず、むしろ、「人間の本性」である各人の「利己性」と合致して、各人が「自分のための繁殖資源獲得活動」を行うことを保障する。「本性」に反する強制は基本的に存在しないから、メンバーの間に抵抗や反乱のモチベーショ

---

[30] この点に関して、人権をあくまで「前-国家的価値」とする立場から、人権に対するこの種の制約を「人権相互の調整」と捉えて「集団の都合」による制約の存在を否定する考え方（人権制約についての「一元的内在制約説」）もあるが、こうした考え方には原理的・解釈的な難点があることは、拙稿［2005-06］にて詳しく論じた。

ンも生じにくく、安定的な集団の存立が見込める。その意味で、この体制は、集団内の誰にとっても利益的な、「人間の本性」に照らして合理的で優れた「配分」システムだと言える。

　もっとも、「誰にとっても利益的」と言っても、身分制などで「搾取」をする側の、その中で繁殖資源獲得機会を優位に確保していた人（上位者）にとっては、流動的配分よりも固定的配分の方が利益的に見えるかもしれない。しかし、ここで重要なのは、当該配分システムと「集団の存立と安定」との関係で、何度も述べてきたように、上位者にとっても、集団を安定的に存立させることが自らの「繁殖とそのための資源獲得」を達成する第一の条件であることから、その面で不安定な固定的配分よりも、より安定的な「流動的配分＝人権保障に基づく配分システム」の方が利益的である。こうして、集団の中でメンバーの繁殖資源獲得機会に極力制約や固定を設けず、各自の自由な活動を保障してすべてのメンバーにその活動に応じた資源獲得を認める流動的配分システムとしての自由権保障体制は、メンバー全員に一定の繁殖資源獲得機会を行き渡らせると共に集団の存立と安定の可能性を高める、上位者、下位者含めて誰にとっても「繁殖」する上で合理的・利益的なシステムだと言える。

(4) その補正としての社会権

　しかし、この配分システムにも、現実には難点が生じる。各人に自由な活動を許すことで、原則的・条件的には全員に繁殖資源獲得機会が行き渡るが、実際に各人が獲得する資源には、個々人の能力や運の差によって大きな格差が生じる。能力や運に恵まれた者は、それを生かしてたくさんの資源を手中にすると同時に、そこで得た財を資本にさらに大規模な資源獲得活動を行ってその拡大を図れる。その一方で、能力や運に恵まれない人は獲得できる資源が減り、生活状態が悪化する。人によっては生存していく上で最低限の資源すら得られない人が出てきかねず、そういう人と能力・運に恵まれた人との格差は拡大する。人権を導入し「自由」経済体制を確立した先進資本主義諸国で、19世紀から20世紀はじめにかけて、資本家層への富の集中、労働者の生活状態の悪化や困窮が生じて大きな社会問題となったのはその表れである[31]。

31　例えば、19世紀半ばのフランスでは、資本主義の発展と資本家の富裕化の裏で、労働者は、非衛生的な環境の中で低賃金・長時間労働を強いられ、子どもを含めて家族全員で働いても生きていくのが難しい状況にあった。多くの男子労働者は「目は落ちくぼんで黄色

こうした格差は、世代を経て富裕層と貧困層の格差として固定化しがちである。豊富な資源を得られた人は、それを教育や生活環境の整備に活用できるから、その子どもも良好な生活条件の下で、程度の高い教育を受けてよい仕事や地位に就き、あるいは親の仕事と経済基盤を受け継いで引き続き多くの資源を確保する。他方、貧困層は教育や生活環境の整備に資源投下する余裕はないから、その子どもも高い教育を受けたり資源獲得効率のいい仕事に就いたりすることが難しくなり、親の代から引き続いて厳しい生活条件の下で資源獲得効率の悪い仕事にいそしむ羽目になる。こうなると、集団のメンバーの間で、保有する資源とその獲得機会の格差はどんどん拡がり、実質的に繁殖資源獲得機会の格差が階層差として「固定」する。それでは、集団の中での同「機会」の「配分」状況が、実質的に固定的配分と変わらなくなるばかりか、一部のメンバーはそれよりひどい状況に陥りかねない。身分制の下では、例えば江戸時代の最「下位」層である「えた」「ひにん」にも一定の生業と生活場所が確保されていたように、個々人の能力や運に関わらず、基本的に（「奴隷」などを別として）すべてのメンバーに一定の「配分」がなされており、その「分」の中で誰もがある程度の生活はできた。しかし、「本人次第」の流動的配分では、上述のように「最低限の繁殖資源確保」すら難しい下層者が発生し、しかもその人たちは通世代的にそこから抜け出せないというきわめて絶望的な状況が生じる。

　このような状況になると、「最低限の繁殖資源確保」ができないメンバーの間に、集団への不服従、抵抗・反乱、集団離脱などが喚起され、集団が不安定化してその中で十分な資源確保をしている「上位」メンバーにもマイナスになることはここまで何度も述べた通りである。実際、19世紀から20世紀初頭のヨーロッパ諸国でも、困窮した労働者の間に労働運動や社会主義運動、共産主義思想が広がり、「革命」や「体制打倒」の動きが起こっている。

　そうした危険性があるのであれば、「自由」で流動的な「機会」配分に若干

くにごり、ほほはこけて血の気なく、顔はやつれ、四肢はひょろながい」といった有様で、女子労働者も「病気は『当たり前』の状態で、婚期を迎える前にやつれて貧血病にとりつかれ、老人のような皮膚になって、生殖能力も失っていた」。実際、労働者の死亡率も高く、1840年のフランス人の平均寿命は20歳だったという（杉原［1992］102-103頁）。これは、一部資本家が富を蓄積し富裕化した反面で、労働力が余り、劣悪な労働条件での労働契約が「契約の自由」により一般化した結果であり、メンバーの繁殖資源獲得活動の「自由」が保障されたことから、「下位者」の生存・繁殖が脅かされる状態が生じた例である。

4．市民革命と流動的配分としての人権保障

の「補正」を施し、「最低限の繁殖資源確保」ができない「下位」者が集団の中で生じないよう、本人の活動・能力に関わりなく、一定の資源確保あるいはそれを補助するための条件を、集団としてすべてのメンバーに保障することが、集団の安定とメンバーの「繁殖」にとってプラスになる。たとえそのために、多くのメンバーが自分の「活動」と資源確保に多少の制約を受けることになっても、である。「人権」という枠の中でこうした「補正」を担う概念として導入されたのが、いわゆる社会権に他ならない。日本国憲法の規定で言えば、「健康で文化的な最低限度の生活を営む権利」（25条）と「ひとしく教育を受ける権利」（26条）、労働基本権（27、28条）がそれにあたる。これらの権利に基づいて生活保護が実施されることで、自分の活動からは生活に必要なお金や財の獲得が難しい人には文字通り「最低限の繁殖資源」の給付がなされる。また、資源獲得状況に関わらずすべてのメンバーの子どもが一定程度の教育を受けられるようにして、将来ある程度の「職」を得るための「機会の配分」が図られる。労働基本権もまた、経済活動が「自由」なためにメンバー間の労働契約に制約がなくなり、その結果、労働者が極端に厳しい条件での労働に甘んじるのを防ぐ機能を果たすもので、これを通じて労働条件や交渉の面で労働者を保護することによって、経営者や資本家と比べて相対的に「下位」の立場にある彼らが少なくとも「最低限の繁殖資源」は確保できるよう、そのための条件整備が図られる。その他、社会保障や公衆衛生に向けた政策を政府が取るのもこうした「補正」の一環である[32]。

　こうした「補正」を行うには、生活保護に給付する資金、義務教育の費用など、さまざまなコストが当然発生するが、その費用は、税などを通じて、自分の活動で十分な資源を確保できている他のメンバーが負担する。これはいわば「他人の繁殖のための資源提供」をするわけだから、その負担をする人にとっ

---

[32] 実際、高福祉国家の典型とされるスウェーデンでも、19世紀後半から20世紀はじめにかけて、農村の貧困、工業化に伴う労働状況の劣悪化といった社会問題が深刻化し、労働争議や組合運動が盛んに行われたのに加えて（主にアメリカへの）大量の移民が発生した。ピーク時の1880年代には1年あたりの平均移民数が3万8000人にのぼり（藤井［2002］29頁）、1851年から1930年の間にアメリカに渡った移民数は112万人を超える。（1850年の同国の人口は約350万人であることから、このときの移民数の大きさが伺える。丸尾・塩野谷編［1999］128頁。）生活の苦しい「下位」層が大量に「集団離脱」を行うこうした深刻な状況が、スウェーデンの社会保障が展開していく重要な契機であった点は、本書の観点から注目に値する。上掲のほか、足立編［2003］第3章、百瀬・熊野・村井編［1998］251-254頁参照。

ては反「本性」的で「繁殖」上マイナスなように見えるが、既述のように、下位者の困窮により集団の安定や秩序が脅かされて自分たちの資源獲得活動の土台が崩されれば彼らにとってもより大きな「損」なので、多少のコスト負担は甘んじて受け、集団秩序を維持した方が結局は彼らの利益になる。

とはいえ、ではどの程度の負担によってどういう形でどのぐらいの「最低限の資源」保障をするのがメンバー各人にとって利益的なのかを一元的に確定するのは難しく、「流動的配分の補正」をどこまで、どういう形でするのかは集団ごとの環境条件、文化的条件、人びとの生活状況などによって変動する。よってその点の具体的「方針」は個々の集団での考え方や政策次第になり、例えばスウェーデンのように、政府の積極的な関与、国民の高負担を通じて年金や医療保障をはじめさまざまな分野で公的に高いレベルの福祉の実現を図る集団（国）も出てくれば、アメリカのように民間医療保険のような私的枠組みを組み込んだ能力主義的・「自助」的要素の強い社会保障制度をとる集団も出てくる[33]。個々の集団の「方針」の優劣は個別具体的に検討するしかないのでこれ以上は踏み込まないが、いずれにしろ、社会権が、「流動的配分の補正」として、「再配分」を通じて「最低限の繁殖資源獲得（生活への扶助・保障や労働条件基準の設定）」と「将来の繁殖資源獲得に向けた基盤（教育）」をすべてのメンバーに保障するものであることはここで指摘できる。つまり、自由権を基盤とした流動的配分体制に一定の制約を設け、「下位」者に「最低限の繁殖資源」そのものの確保を保障することでその抵抗や不服従を防ぎ、集団の存立と安定を維持して、メンバー全員にとっての「繁殖とそのための資源獲得」の効果的実現を図るのが、社会権が持つ「配分」的意義である。その程度については個別の検討の余地が残るものの、自由権に加えてこの社会権が導入されることで、「固定的配分の難点を克服した流動的配分」に、さらにその難点を克服する「最低限の繁殖資源獲得機会の保障」が組み合わされて、社会体制としてより合理的・効果的な「配分」体制ができあがる。

＊

このように、人権保障は、「メンバーへの繁殖資源獲得機会の配分」を、特

---

[33] 足立編［2003］、丸尾・塩野谷編［1999］。もちろんこうした制度は時代や状況に応じて変動し、スウェーデンでも90年代には医療保障の民間委託が進められるなど制度の改革が試みられている。

に規模の大きな集団において達成する優れて合理的な方法である。ということは、人権を保障しそれを通じてメンバーに「繁殖資源獲得機会の流動的配分プラス補正」をすることは、「繁殖」という人間に共通する究極目的を（大規模な）集団生活の中で達成する合理的な手段だということである。「繁殖」達成手段としてのこの合理性から、人権は、我々が日常よく行っているような実践的判断と同じ論理で正当化され、その「正しさ」が示される。人権とは、本書前半で見た諸説で言われるような、「自律」その他の価値に基礎づけられるものでは必ずしもないし、人権を正当化するのに特定の価値観に依拠する必要もない。むしろ、意識的に人びとが持つそうした価値観の相違を超えて、「繁殖」に向かう、集団生活するという「人間の普遍」に基礎づけられ正当化されるものであり、そうであるがゆえに人権は普遍的と言えるのである。

5．「配分」的人権論への疑問

しかし、このように「繁殖資源獲得機会の配分」原理として人権を捉える見方やそれに基づく「普遍性」の論証に対しては、いくつかの点で疑問や反論が生じうる。そのうち代表的なものについて検討を行い、本章での「配分」的人権論への疑問を解消しておこう。

(1) 人権の対象として「集団内のメンバー」が想定されることへの疑問

本章では、「ある集団の中のメンバー」の間での「配分」原理として人権を捉えたが、そもそも人権とは、特定の集団のメンバーだけを対象とするものではない。どの集団に所属していようと、いかなる民族や出自であろうと「すべての人間」が持つのが人権であって、ここでの議論は、その点で、人権についての根本的理解がずれている。本章の議論に対して真っ先に思い浮かぶ反論はこうしたものであろう。

確かに、ここでの人権理解は、集団「内」のメンバーを想定して人権を考えるもので、集団外の人間は念頭に置かれていない。これに対して、人権とは「すべての人が持つもの」であることは本書はじめの人権の定義でも示した通りで、であれば、本章で提示した議論は、人権の説明として大きな難があるように見える。

しかし、そのように見えるのは、「集団に属さない人間」を念頭に置くから

第 6 章　人権は普遍か

で、人間は普遍的に集団生活をする生き物であって、すべての人間はいずれかの集団のメンバーであることを踏まえれば、人権が「集団内の配分」原理であることと「すべての人」が持つものであることとの間に乖離は生じない。「繁殖資源獲得機会の配分」が個々の集団「内」の、その集団のメンバーを対象とした問題であるのは確かだが、その集団のメンバーでない人間も、また別の集団のメンバーなのであって、その人はそちらの集団でその「機会の配分」の対象となるからである。「配分」が集団成立の条件になるのは、「繁殖とそのための資源獲得」を求めるという人間に普遍的な性質から来るもので、特定の集団に限った話ではなく、どの人間集団にも当てはまる。そして、人間が一貫して集団生活をしており、個々の人間は基本的にいずれかの集団に属して生活している以上、すべての人間はその所属集団の中で繁殖資源獲得機会を配分される対象になる。すなわち、すべての人が人権を享受する主体となる[34]。

　実際、法理論上も、「すべての人が持つ」人権を実際に保障すべき義務を負うのは誰かと言えば、それは第一義的に国家であって、人権保障は、国家と国民との関係、すなわち集団内の関係を基本として考えられている。もちろん、現代では、国家の枠を超えた人権保障への取り組みが重要視され、国際人権法が整備され実施されていることも事実だが、しかし、そこでも第一に想定されているのは、国家集団を基本としてそこでの政府や権力者による国民への人権侵害を防ぐことである。(「もともと人権条約の規制対象は、国家の内部における国家と個人の関係である」[35]。) 国際人権法の実施も、各国家における「国内

---

[34] この点に関連して、筆者はそもそも、自然法思想で言われるような、国家のような政治的共同体が設立される以前の「自然状態」において人間がすでに持っていた権利という「自然権」の説明に大きな問題があると考えている。先に第 3 章 (第 6 節) で示したように、人間とは、生物として地球上に誕生した段階から一貫して集団生活をしている生き物である。そしてその場合の「集団」とは、相当程度高度な政治的共同体を意味しており (チンパンジーなどの集団もそうであることが最近の研究から実証されている)、政治的共同体が設立される以前の「自然状態」などは人類史上存在しない。加えて、そうした集団＝政治的共同体の中での生活を通じて、人間はその身体構造や性質を進化させ人間としての特徴を備えた、すなわち人間が人間になったのであるから、そうではない状態 (「自然状態」) を想定して人間がそこでどういう暮らしをしていた、どういう「権利」を持っていたと言うのは、いわば「人間でない人間」を想定してその暮らしや規範を論じることで、実在の人間のあり方を考える上でそうした議論にどういう意味があるのか、筆者にはきわめて疑問である。そうしたことから、「自然状態で人間が持っていた権利」といった非現実的仮想を持ち出すことは、人権の説明や正当化として著しく不適切だと筆者は考える。

[35] 畑・水上編 [2002] 259頁。

5. 「配分」的人権論への疑問

的実施」――個々の国家ベースで、自国が批准・加入した人権条約等を実現する国内立法や同条約の司法的適用を行うこと――が中心であり、国家を超えた国際的な組織や機関による「国際的実施」措置は「国家による国内的実施を促す補助的活動」であるにとどまる[36]。そうしたことからも、人権とは、基本的に、国家という集団内で、権力者や政府がメンバーに自由や利益を保障すること、それらを侵害しないことを想定した概念であり原理であることが分かる。（そうでないと、例えば中国で中国人の「表現の自由」を保障するための法的措置を日本がとらなければならないとか、途上国の人びとの生存権を保障するための公的扶助や生活保護の給付を先進各国が義務として担うといった、国家主権と正面から衝突する話になってしまう。）人権は「すべての人間」が持つ権利であるが、それは、それぞれが所属する集団の中でどのメンバーも「繁殖とそのための資源獲得」活動をする基本的条件を他のメンバーによって制約されたり侵害されたりしないということを表しており、それがどの集団、どの集団メンバーにも当てはまるという意味で「すべての人の権利」なのである。よって、集団内の「繁殖資源獲得機会の配分」として人権を理解するここでの見方は、「すべての人」が持つものだという人権の特徴に照らしておかしなものでは決してない[37]。

---

[36] 畑・水上編［2002］258頁。国際人権法の国際的実施に関わる機関としては、国連の人権委員会・人権小委員会、人権高等弁務官のほか、人権条約により設置される自由権規約委員会、人種差別撤廃委員会、女子差別撤廃委員会などの各委員会、地域的人権条約にもとづく諸機関（ヨーロッパ人権条約に基づく人権委員会、人権裁判所など）がある。しかし、これらの機関が人権保障のために直接手を下す措置はきわめて限られており（その中でヨーロッパ人権条約では、締約国や個人の申立に基づき人権裁判所が事件の審理を行い、拘束力のある決定を出す途が開かれているが、それもきわめて限定的な事例においてであり、且つ当該決定の実行措置も基本的には締約国に委ねられている）、加盟国・締約国における人権実施状況を監視・調査するとか、問題となっている国の政府に向けて対話を図る、勧告を出すといった具合に、国家による取り組みが中核に想定されている。畑・水上編［2002］第14・16章、阿部・今井・藤本［2002］。

[37] このように述べたからといって、筆者が「人権の国際的保障」への取り組みに反対しているかというとそれはまったくの誤解であり、むしろ、その推進を積極的に支持するのが筆者の立場である。本書の議論は、人権が集団内の「配分」原理を基礎とすることを示し、それが、あらゆる集団に妥当する普遍的な正当性を持つことを論証することによって、個々の（国家）集団で人権が保障される「べき」こと、いかなる（文化の）集団でもそれをないがしろにしてはいけないことの理論的根拠づけを行うものである。それはすなわち、各国での人権保障を現実に実現していく手段として国際的な枠組みを発達・展開させることを規範的に裏づける（「是」とする）、そのための理論的支柱の提示になる。集団内の

（2）別の視座による人権の特徴づけに基づく反論

　本章では、集団内の「配分」を、まず人為的に行うかルールを通じて行うかの比較から、大集団における後者の合理性と効率性を示し、その上で、ルール上「配分」を固定的にするか流動的にするかという比較から後者の合理性と正当性を示し、その流動的「配分」体制を支える規範としての人権の正当性を述べた。しかし、他方で、これとは別の視座から人権を特徴づける考え方もある。例えば、人権とは、社会の中での個々の人間の利益保障を「個人の権利」という概念に基づいて行うところにその特徴があるとし、「支配者の義務」を設定しそれを通じて臣民の利益保障を行う考え方と対比的にそれを捉える見方が一部の論者から出されている[38]。こうした見方に立つなら、人権保障を通じて確かに（流動的配分という形で）集団内で効果的な「配分」ができるとしても、それ以外に、支配者にさまざまな義務を設定することでもメンバーへの流動的な「配分」、あるいはもっと望ましい「配分」ができるかもしれず、だとすれば人権は効果的な「配分」を達成する相対的方法のひとつであって普遍性を持つとはいえなくなる。

　こうした考え方は、実は、本書の前半で紹介したリー・クアンユーの主張にもつながる。リーはそこで、人々の権利や自由の尊重ではなく、「良き政府」こそがアジア人の価値観に照らしたときの最重要の目標だと言っていた。この「良き政府」とは、「清廉で公正な政府、能率的な政府、人民の面倒をよく見る政府」、「人民を守るために効果的な働きをする政府」を意味しており、言い換

「配分」原理として、人権保障はどの国家集団でもなされなければならないものであるのだから、文化の相違などを理由にそれを拒否すること、否定することは許されず、どの国家でもそれを「正しく」保障するよう、国際的な枠組みを発展させることはきわめて望ましい、なされる「べき」ことだというのがここでの筆者の論理になる。（これに対して、「人権は人間すべてに認められるべき価値なのだ」という理解では「我々の文化ではそうは考えられない」という反論が成立して、その国際的保障の推進は、観念的に「特定の文化的価値観の押し付け」化することが本書第1章、第2章の議論から分かる。）この点は第7章(i)で改めて述べる。

[38] Donnelly［1982］。そこでドネリーは、欧米以外にイスラム諸国やアジアでも「人間の尊厳」という価値概念が広く見られることを指摘し、そこに価値としての普遍性を認めた上で、イスラムやアジアではそれを「支配者の義務」を通じて実現する考え方が幅広く見られると言い、「個人の権利」を通じてそれを実現しようとする欧米起源の人権概念と対比させている。

5．「配分」的人権論への疑問

えれば、政府に対して「人民の面倒をよく見る」「人民を守るために効果的な働きをする」義務を設定し、政府が「国民の衣食住と健康、秩序維持、人種・言語・宗教による差別がないこと、個人の自由、経済発展、良い教育、道徳的水準、良いインフラと知的生活」などに「配慮」することによって社会の安定と発展を達成するというのがリーの構想である[39]。人権のような「個人の権利」を通じてではなく、支配的サブグループたる政府に「人民への配慮」を「義務」づけることにより「配分」を達成しようとする考え方がここには見てとれる。

この問題を、リー自身が言うように「(アジア人の)価値観」の問題としてしまうと、「個人の権利」を基盤とする人権と、「支配者の義務」を基礎とする「良き政府」とのどちらが望ましいかは、その人の価値観次第となって客観的な判定はできない。事実、リーは自らの「価値観」に基づいて、人権よりも「良き政府」が目指されるべきだと言うのであり、それをリーとは異なる価値観を持つ他人が批判しても、リーの価値観に立てば「良き政府」が目指されるべきことは否定されない。このとき、リーの価値観と批判者の価値観とでいずれが正しいか、優れているかを判定するのはほとんど不可能であることは第1章にて示した通りで、価値論として論じる限り、人権と「良き政府」論とを比較してどちらがよいか、正しいかの判定はできない。

これに対し、本章で述べたように、メンバーの間に「繁殖資源獲得機会を配分する」方法としてどちらが合理的か、効果的かという機能的な比較は可能である。そしてこのとき、「支配者の義務」設定による「配分」にはいくつかの難点が見出せる。まず第一に、それだとなされるべき「配分」の具体的な中身が明確にされにくく、それを担う「支配者(政府)」の恣意や裁量が入る余地が大きい。「支配者」という個人(あるいは「支配的サブグループとしての政府」という少数者)に、こと細かい中身を含んだ「義務」を要求するのは無理があり、その内容はどうしても抽象的なものにならざるをえない。実際、リーの掲げる「政府の役割」も、「人民の面倒をよく見る」、「人民を守るために効果的な働きをする」といったきわめてあいまいな内容で、具体的な指標としてもせいぜい「国民の衣食住と健康への配慮、法治主義の下での秩序と正義、人種・言語・宗教による差別がないこと、個人の自由、経済発展、良い教育、道

---

[39] 前出第1章第3節(2)参照。

第6章　人権は普遍か

徳的水準の高さ、良いインフラと知的生活」など、スローガン的な項目が挙げられるにすぎない[40]。となると、それ以上具体的に、どういう場面で誰のいかなる利益に配慮してどのように「配分」を達成するかはその時々の支配者（支配的サブグループ）にまかされることになるが、そこに恣意や主観が入りがちで、判断ミスや不公平が起こりやすいことは改めて説明するまでもないだろう。そもそも、先に「人為的配分」に関して指摘したように、特に規模の大きな集団では「人為」的な配慮や目配りを行うのに無理があるため、「配分」にあたってそうした「人為」的要素は極力入らない方がよい。これに対して、「権利」に基づく配分では、いみじくも憲法などの人権規定にはっきり表れているように、そこで保障されるべき「配分」の内容が「営業の自由」「表現の自由」「学問の自由」といった形で具体的に、且つ等しくすべてのメンバーを主体として明確に示される。支配者・支配的サブグループの考え方や判断に関わりなく、各メンバーに「配分」される繁殖資源獲得機会の具体的中身は個々の権利として明示される。その意味で、ルールとして設定される「義務」の抽象化が避けられず、「配分」体制に「人為」の要素が入りがちな「支配者の義務」設定よりも、人権の方が、特に規模の大きな集団においては「配分」達成方法として合理的・効果的である。

　加えて第二に、第3章以降本書で一貫して述べているように、人間というのは基本的に自分の「繁殖」に向けて、資源獲得その他の利益に向けて生きる「利己的」な存在であるから、自分の利益拡大を抑制してメンバーに利益の配分を行うといった利己性に反する「義務」を求めてもその実現は難しい。各人は自らを取り巻く状況や自分の立場・能力を踏まえて、既存の環境の中でなるべく多くの「繁殖」上の利益を自分が得られるよう、それを求めて動くのであって、そのため（第5章第1節(2)で書いたように）集団の「支配者」をはじめ「他のメンバーに比べていろいろなアドバンテージを持つ者は、そうでない者を抑えてたくさんの資源を確保しようとする」[41]。もちろん、それが行き過ぎて「下位」者に資源獲得機会が行き渡らなくなれば結局は「支配者」もマイナスを被ることはここまで再三論じてきた通りだが、現実にはそうした「理屈」に思い至らずに支配者が自分の利益拡大に走りがちであることは、人類史上多くの国や集団で権力者の横暴や専制、身内による特権独占や汚職などが頻

40　前出16頁参照。
41　前出167-168頁参照。

繁に見られることからも明らかである。そうであるなら、自己利益の抑制を要求する「義務」を支配者に設定するよりも、自分の利益の主張・要求を「権利」という形で個々のメンバーに認める方が、「配分」達成方法として「人間の本性」にかなって合理的である。

　これらの点を考慮したとき、特に規模の大きな集団では、「支配者の義務」を基盤にした「配分」よりも、「個人の権利」に基づく「配分」の方が合理的で優れた「配分」方法だと言え、その合理性のゆえに人権は、「良き政府」理念のような「支配者の義務」的配分よりも「正しい」と言える。こうした機能的な判定は、これまで価値論的な「正当性」の議論とは区別されてきたが[42]、本書で論じてきたように、「繁殖」という人間に普遍の目的を見出し、それを集団生活の中で実現するための手段として道徳的・社会的な規範や価値を基礎づけることで、規範や価値の「正しさ」の議論は「目的達成に向けた手段的合理性」という機能的な議論に転化される。そして、その点での合理性を判定することにより、規範・価値の「正しさ」は、文化や価値観の相違を超えて客観的に示すことができるようになる。こうした考え方に基づいて集団内での「繁殖資源獲得機会の配分」の合理性を示した上で、そのさらに具体的な方法として、人権保障に基づく「配分」体制が、「人為的配分」よりも合理的な「ルール的配分」であり、「固定的配分」よりも合理的な「流動的配分」であり、また、「支配者の義務に基づく配分」よりも合理的な「権利的配分」であることを示したのが本章の議論である。すなわち、人権は、「繁殖」という人間に普遍の目的を、「集団生活」というこれまた人間に普遍の状況の下で達成する優れて合理的な具体的手段なのであり、この合理性が人権の普遍的な正当性の根拠となる。これが本書における「人権の普遍性」の論証である。

(3) ここでの立論の脱-価値性への疑問

　本書の主張は、人権を特定の価値に依拠して正当化したのではその相対的な正当化にしかならないことを指摘し、そうではなく、「繁殖」という人間に普遍の目的を達成する「手段的合理性」に即して人権を機能的に正当化し、その普遍性を示すという立論になっている。しかし、これに対しては、実は、こうした筆者の立論も暗黙のうちに一定の価値を前提にするもので、必ずしも「脱

---

[42] 本節で名前を挙げたドネリーもこうした区別を認め、人権の機能的な正当化とは別の道徳的な正当化法を模索している。Donnelly [1982] pp.311-313.

-価値」的な議論になってはいないのではないかという疑問が出されるかもしれない。

（ⅰ）「繁殖」の価値的相対性

　例えば、先に阪本の人権正当化論を検討した際（第2章第2節）、人間を「自己愛追求」に向かう存在と捉えそれを全うするための条件として人権を正当化する彼の主張に対して、筆者は、「自己愛追求」を「してはいけない」とは見ない態度を前提とするもので、暗黙のうちに「自己愛追求」を価値的に肯定する考え方に依拠した人権の相対的な正当化のひとつだと主張した。それと同じように、「繁殖」を達成するための方法として人権を考えるここでの筆者の議論は、「繁殖」を「してはいけない」とは見ない態度が前提にあるではないかという指摘が想定できる。筆者は、「人間は『繁殖』に向けて動く」ことを「事実（的に「真」）」だと強調してきたが、仮にそうだとしても、それとは別に「繁殖」を「規範」的にどう評価するか、肯定するか否定するかの議論は成立するから、その点で、人間は「繁殖」に向けて動く性質を持っているけれどもそれを規範的に「よくない」と評価し、それを抑制する規範を設定しようという考え方もありうる。しかしながら、筆者の議論はそこには踏み込まないまま、人間が「繁殖」を達成するための方法として「配分」や人権を論じており、その背後には「繁殖」を価値的に肯定する態度が隠れている。そしてこのとき、まさに筆者が佐藤その他の人権正当化論に対して言ったのと同じように、「繁殖」を価値的に肯定する人や文化は多々存在するだろうがそうでない人だっていてもおかしくないから、「繁殖」は決して人間に普遍的な価値ではなく相対的な価値のひとつということになる。だとすると、「繁殖」を暗黙のうちに価値視する考え方に基づいた筆者の人権正当化論もまた、特定の価値に依拠した人権の相対的な正当化のひとつにすぎない。このような批判が、筆者の主張に対して提起されるかもしれない。

　しかし、こうした批判は筆者の主張にはあてはまらない。というより、筆者の主張に照らして意味をなさない。第3章で詳しく論じたように、筆者が「人間は『繁殖』に向けて動く」、「人間の目的は『繁殖』である」と言うのは、人間の身体や内面の構造と作用に基づいてのことである。個々の人間の意識的な思考や価値観は、内面のメカニズムの一環として各人の中に生じるのであり、経験的なインプットを通じて、非「繁殖」的・反「繁殖」的な行動が導出されたり「繁殖」につながらない目標や価値観が醸成されたりすることは本書での

視点からも決して否定されず、そういうことはおおいにありうる。しかしそれは、人間の内面メカニズムが、「繁殖」をより効果的に達成するために、(固定的で共通の行動パターンが個々の人間に組み込まれるのではなく)「経験のデータ」に基づいて個々具体的な行動や考え方を導出する仕組みになっていることから起こるのであり、それが作用した個別の結果として、ある人の中でそうした行動や価値観は生じている。よって、その行動や価値観だけを見れば非「繁殖」的だったり反「繁殖」的だったりするかもしれないが、それが導出されたことも含めてその人の内面メカニズム全体を見れば、当該メカニズムが「繁殖」に向けた構造を持ちそれに向けて作用していることはまったく否定されない。(実際、「子どもは作らない方針」で暮らしている人も、その内臓は酸素や栄養を吸収して「生存」に向けて作用しているはずだし、ある程度の収入は欲しいとか暑さや寒さを避けたいとか、「子どもを作る」以外の点では「生存」や「資源獲得」を志向した内面的性質を備えているはずである。)このように、人間の身体と内面が「繁殖」に向けたメカニズムになっていることに基づいて、「人間は『繁殖』に向けて生きる」と筆者は言っている。誤解を恐れずに言えば、これはつまり、

　　　人間は「繁殖」に向けて動くように「できている」

と言っているのであり、本人が「繁殖」について意識の上でどういう考え方や価値観を持とうが、「『繁殖』に向けて動く」ことは文字通り「人間の普遍」であって、そうでない人間の「在り方」はない[43]。よって、「『繁殖』を価値と思わない人もいる」ことを根拠に筆者の主張を批判しても、筆者の立場からは「そういう人も含めて人間は『繁殖』に向けて生きている」と言えるのであり、こうした批判は筆者の主張にはあてはまらない。

　これに対してさらに、(前頁本文でも記述したように)

---

[43] ここでは筆者の主張の趣旨を明らかにするためあえて決定論的な言い方をしたが、これが「すべての人が『繁殖』を肯定する価値観を持つ、人間はそういう価値観を持つように決まっている」という意味での文字通りの「決定論」ではない(当然、「人間の個々具体的な行動すべては『繁殖』に向けられている、そう行動するように決まっている」といった意味での「決定論」でもない)ことは、ここまでの説明から明らかであろう。

第6章　人権は普遍か

　仮にそうだとしても、それとは別に「繁殖」を「規範」的にどう評価するか、肯定するか否定するかの議論は成立するから、その点で、人間は「繁殖」に向けて動く性質を持っているけれどもそれを規範的に「よくない」と評価し、それを抑制する規範を設定しようという考え方だってありうる。しかしながら、筆者の議論はそこには踏み込まないまま、人間が「繁殖」を達成するための方法として「配分」や人権を論じており、その背後には「繁殖」を価値的に肯定する態度が隠れている

ことを重視して、筆者の議論を（筆者自身が言うように「脱‐価値」的なものではなく）価値依拠的で相対的な考え方だと言う人がいるかもしれない。しかし、今の筆者の説明を踏まえると、「『繁殖』に向けて動く」ことを規範的にどう評価するか、肯定するか否定するかという議論はナンセンスである。人間は「繁殖」に向けてしか動いていないのだから、それを「よくない」と評価し「反‐繁殖」的な価値や目標に基づく規範を設定するのは、人間に関する議論として意味をなさない。（なにかの主張を言うための思考実験などで仮想する場合はともかく。）それは、例えば、人間に足が二本あることを何かの根拠から規範的に「よくない」と評価し、誰もが一本足で暮らすことを想定した規範（けんけんで歩かない人を罰するなど）を正当化するとか、呼吸の必要性を価値的に否定して（他の価値を守るためには呼吸すべきでないと考えて）沈没した船に取り残されて亡くなった乗客を海底までもぐっていって救わなかった乗組員の罪を問うといった議論がナンセンスなのと同じである。もちろん、何度も言うように、「繁殖」に向けた内面メカニズムが経験的インプットを踏まえて作用した結果として「自分は『繁殖』をよいとは思わない、価値的に否定する」と考える人はいるし、意識の上で各人が持つ目標や価値観として「繁殖を目指すべきか否か」という（規範的）議論は十分成立する。しかし、そこで各人が「繁殖」を価値的・規範的にどう評価するかに関わらず、「（すべての）人間は『繁殖』に向けて生きる」ことが「事実」として指摘できることに基づいて、「メンバーへの繁殖資源獲得機会の配分」や人権が人間に普遍的な「規範」であることを論証したのが本書の議論であって、つまり、

　　「価値的な議論（価値観の議論）と関係なく、それと切り離して一定の規範は事実から導出・正当化できる」

5.「配分」的人権論への疑問

ことを筆者は示したのである。よって、「『繁殖』に関する価値的議論が成立する」こともまた、本書での筆者の立論や主張の内容を反駁するものにはならない[44]。

(ⅱ)「方法論的合理性」の価値的相対性

本書の議論の価値依拠性については、これとは別に、「目的達成のための手段的合理性」に依拠して規範を正当化する、あるいは（第3章で行っているような）科学的な実験・研究やその方法を信頼して経験的な証拠に依拠して人間についての「事実」的テーゼを提示する、その「合理性」への信頼（科学的方法論への信頼を含む）がひとつの価値観なのだという指摘もあるかもしれない。「合理性」が信頼されるようになったのは近代以降の話で、それはいわば近代科学主義に基づく相対的な価値観のひとつにすぎない。科学的・経験的な「合理性」ではなく、非‐合理的な信仰や呪術への信頼に基づいて人びとの生活が営まれていた時代や地域もあった（し今もあるだろう）のだから、「合理性」に依拠した方法をもって規範の普遍的正当化だとする筆者の主張はおかしいという批判が、そうした立場からは想定されうる[45]。

この点、筆者は、近代以前の人間がどれほど非‐合理的に物事を考え暮らしていたのか、十分な知識を持っていないし自分で見たわけでもないのではっきりとは言えない。しかし、たとえ原始古代の社会であっても人びとの考え方には一定の「合理性」はあったはずで、「合理性」は人間に普遍的なモノの考え方だと筆者は思っている。例えば、動物の卵を見つけてある人は生で食べたが

---

[44] 筆者の立論があたかも「繁殖」を価値的に肯定する態度に基づくかのように見えるのは、「事実」から「規範」を導出するというここでの方法に関して、前提となる「事実」には含まれていない「べし」の要素が結論部の規範にはあるわけだから、そうであるなら「べし」の要素が必ず前提部分にあるはずだという「思い込み」のせいである。しかしここでの「べし」は、立論過程で「目的達成のための手段」を考えることから派生するのであり、前提の中に存在するのではない。そうした形で「(『べし』の要素を含まない)事実」から「(それを含む)規範」の導出が可能であることを詳しく示したのが第4章の議論である。

[45] 例えば、「昨晩急にお腹が痛くなった」ことについて、「昨日の昼食は刺身だったが、2ヶ月前に刺身を食べたときも同じようにお腹が痛くなった」から刺身が原因だと考えるように、ある事象の原因や真偽を経験的な証拠に基づく論理的推論によって明らかにしようとする態度がここで想定している「合理性」である。これに対して、「お腹が痛くなったのは神のお怒りのせい」とか「悪霊がとりついたせい」と考えるのが、ここで想定している非‐合理的な信仰や呪術に基づく考え方である。

別の人は火にかけてから食べた、すると翌日一人が腹痛を起こしたがもう一人は何事もなかったといった状況が人間の生活では古今東西を問わずあったと考えられるが、そうしたときに、原始社会の人のほとんどはこれを神や悪霊のせいにして祈りや供物を捧げていたとしても、同様の状況が何十回も繰り返される中で「生食」と「腹痛」の因果関係に目を付ける人は必ず出てきたはずである。（そうでないならその時代に調理やそのノウハウは発達せず、それらは近代科学主義が出てきて以降の現象であるはずだが実際はそうではない。）また、信仰・呪術への信頼の中ですら一定の「合理性」はあったはずで、隣の部族と戦うにあたって月に祈ったら勝てたという場合、次回の戦いのときも人びとは月に勝利を祈る。月をあえて避けて星や雲には祈らないし、仮にそうやって戦いに負けたとすれば「月に勝利を祈らなかったからだ」と人びとは考える。ここには、経験的事象を手がかりに「戦いの勝利」と「月」とに因果的連関を見出す態度があり、「合理性」に基づく思考が働いている。そもそも信仰自体が神や霊と自分たちの幸不幸との間に因果関係を見出すという一種の合理的思考を含んで成り立つのであって、程度の差はあれ人間は「合理性」に基づく思考を古代より一貫して行ってきたと考えられる。その意味で、科学の浸透は近代の現象でも、「合理性」や経験・事実に基づく推論は、特定の時代や文化に固有の価値観と位置づけられるものではなく、人間に普遍的な思考の方法だと筆者は考える。よって、「合理性」に依拠した本書の方法論は、特定の価値に依拠したものではなく、それによる本書の規範正当化も特定の価値に依拠した相対的なものではない。

第7章 「自然主義の人権論」の意義

　以上の本書の議論を総括すれば次のようになる。
　人びとが持つ価値観の基盤を文化に求め、文化による価値や規範の多様性と相対性を言う文化相対主義の立場からは、人権も近代欧米の価値観を基礎とした相対的規範（価値）のひとつであって文化を超えた普遍的妥当性を持つものではないとされる。こうした主張にはいくつかの有力な反論があるものの、そこで言われる「価値（観）の文化的相対性」とそれに基づく「普遍的規範の否定」には十分な有効性が認められる（以上第1章）。そのことを踏まえて、これまで憲法学や法哲学で提示されてきた人権正当化論を検討すると、そのいずれもなんらかの価値に依拠して人権を正当化するという立論になっており、これだと当該価値を支持しない価値観を持つ人や社会に対して人権の正当性が示せなくなって人権の普遍性は否定される（第2章）。
　これに対して、生物学の観点と知見から人間の身体や内面のメカニズムを分析することにより、人間はすべて「『繁殖』に向けて生きる」ことが見出され、また普遍的に「集団生活をする」存在であることが分かる（第3章）。こうした実証的な事実の提示は、従来、規範に関する議論とは峻別され、そうした事実に依拠して規範を導くのは「誤謬」とされてきた。しかし、「前提の中で事実として示された目的を、同じくそこで事実として提示された状況の下で達成するための合理的手段として規範を導く」という論法を用いることで「事実からの規範の導出」は可能になり、道徳的な規範を含めて、人間社会の規範を「繁殖」という人間に普遍の目的を達成するための手段として導き正当化することができるようになる（第4章）。この論法によって、「繁殖」という目的を「集団」生活の中で達成するための、誰にとっても合理的・効果的な方法として「集団内のメンバーへの繁殖資源獲得機会の配分」が導かれる。これは、人間に普遍的な事実（性質と生態）を基礎とした、人間集団を存立させその中で

233

第7章 「自然主義の人権論」の意義

各人が「繁殖」を達成するための基本的・普遍的条件を表しており、「配分」がなされるべきことは文化や時代を超えた普遍的妥当性を持つ（第5章）。そして、人権の保障とは、普遍的規範であるこの「配分」を、優れて合理的・安定的に達成する具体的手段である。それは、集団の中での「配分」を（「人為」ではなく）「ルール」に基づいて行う、特に大集団で安定的な「配分」方法のひとつであり、その中でも特に、身分などを通じた固定的な「配分」ではなく、各人に自由な繁殖資源獲得活動とその収益の確保を認めることで流動的に「配分」を行う方法である。自由権の保障によるこの「流動的配分」は、各メンバーの「資源」獲得を基本的に「本人次第」にするもので、集団内での自分への「配分」枠に不満なメンバーの出現を抑えてメンバーの抵抗や集団離脱を防ぎ、集団を安定的に存立させる効果を持つ。（但し、完全な「本人次第」では、能力や運の不足から最低限の「資源」が得られなくなる「下位」層が生じて集団が不安定化しうることから、それに対して実質的な「配分」保障をするための一定の補正──社会権の保障──を伴う。）それは集団内の位置や立場に関わらず、すべてのメンバーにとって「繁殖」に資する。集団内で「配分」を達成する手段（それはすなわち個々のメンバーにとっての「繁殖」達成の効果的手段を意味する）としてのこの合理性が、人権の正当性の根拠である。これは、特定の価値に依拠しない、人間に関する「事実」に基づく人権の「脱–価値論」的な正当化であり、文化相対主義で言われる「価値（観）の相対性」を認めた上でも成立する「人権の普遍性」の論証である（第6章）。

このようにして、本書では、文化相対主義に基づく人権批判に対して、人権の理解と正当化根拠を「人間が生物として共通に持つ性質」（「人間の自然的本性」）に基礎づけて見直し、それを通じて「人権の普遍性」を示すという議論を行った。「はしがき」で述べたように、この議論は、生物学などの自然科学を通じた「人間の自然」や「人間の普遍」の提示が、人権論のような法学上の問題に大きく関わることとその道筋を示すものだが、こうした議論が有する法学・法理論上の意義や示唆をさらに具体的に述べれば、次のように言える。

(ⅰ) 国際的人権保障に向けた意義

まず最も直接的・現実的な意義として、国際的な人権保障に向けた意義が挙げられる。人権が文化の枠を超えてどの国や地域においても保障されるべきものであることを示した本書の議論は、国際的な人権保障の取り組みを進めることへの理論的な正当化根拠の提示になっている。本書では、人権を、国家集団

という枠組みを基礎にその中で達成されるべき「配分」規範として捉える理解を提示した。これは表層的に見れば国家の枠を超えた国際的な人権保障の否定につながるかのようだが決してそうではない。むしろ、文化や慣習の違いに関わらずどの国家においても人権を保障することが「正しい」こと、人権保障がなされなければならないことを人権そのものの理解に即して示すものである。国際社会の現実の中では、特に第二次大戦以降、人権の国際的保障に向けた様々な取り組みがなされているが、一方で、その理論的な基礎づけはあいまいなままであり、近年ではそれに対する批判や反論が実際にアジア諸国から出されていることは本書でも第1章で取り上げた。文化や価値観の違いを理由にしたこうした人権批判に対抗して、人権保障がどの国においてもなされる「べき」という根拠を理論的に提示したのが本書の議論であり、これによって、どの国に対しても人権保障を求める、各国が共同してそのための国際的な取り組みを進めることが、まさに「正しい」「なすべき」こととして規範的・道徳的に裏づけられる。

(ⅱ) **法哲学的意義**

次いで法哲学的な側面で言えば、ここでの議論は「人権」の普遍性を示すと共に、普遍的規範の存在とその提示方法を示したものであり、「人間社会に普遍的な規範、あるいは『人間の本性』に基づく自然的正義といったものが存在するか」という法哲学の根本課題に、進化生物学とそれに基づく人間理解という、法学的に新しい観点に基づいて答えたものである。普遍的規範や正義を「自然法」として見出す立場とそれを否定する立場との論争、客観主義と主観主義との対立は、法哲学の歴史そのものを構成すると言っても過言ではなく、その中で、個人の価値観や文化の多様性と相対性を乗り越えて普遍的な正義を見出すことができるか否かは、現代の法哲学で特に重要な論争課題である。様々な論者が様々な方法と根拠から様々な主張をしてきたこの問題に、進化生物学の知見と観点を活用して人間観・社会観を根本的に見直すことから答え、「繁殖資源獲得機会の配分（とその具体化としての人権保障）」という、生物としての「人間の自然」に基づく普遍的規範を提示したところに本書の法哲学的意義の第一が認められる。

と同時に、そうした普遍的規範を、「目的達成のための手段的合理性」論法により「事実から規範を導出する」形で脱-価値論的に示した点が、本書の方法論上の大きな特徴である。規範や価値を経験的事実に即して導出・正当化し

第7章 「自然主義の人権論」の意義

ようとする立場は一般にメタ法価値論的自然主義あるいはメタ倫理学的自然主義と呼ばれるが、通常の場合、それは「事実と規範の峻別」に抵触する「誤謬」を含み、規範の正当化として不十分とされることは第4章で述べた通りである。これに対し、本書では、進化生物学的な人間の内面メカニズムの分析と上述の論法を通じて、事実と規範を混同せず、それらの性質の違いを認めた上で事実に基づいて規範を導出・正当化した。「繁殖」という人間に普遍の目的を「集団生活」の下で達成するための「合理的手段」として規範を導くここでの論法が、特定の価値に依拠しないものであることは本文で述べた通りで、こうした形で「自然主義的誤謬」を乗り越え、価値論と切り離しての規範の導出・正当化を示したところに、法哲学上重要な本書のもうひとつの意義がある。

(ⅲ) **実定法学的意義**

これらに加えて、ここでの議論は、実定法上の解釈論への示唆をも含んでいる。本書で提示した、人権を「配分」原理と捉える見方は、憲法学などで従来採られてきた人権の理解——人間の「自律性」を保障するための人権、あるいは国家に先行する「自然権」としての人権といった人権理解——と大きく異なっている。そして、人権に関する実定法の解釈や現実問題への適用は、「人権とはそもそもいかなるものか」という理解と否応なしにつながっており、それによって規定されるから、ここで提示した新しい人権理解に基づいて、憲法などでの人権の解釈論や適用論においても従来とは異なる考え方が導かれる余地が多々ある。それは例えば、近年提唱される「新しい人権」や「第三世代の人権」についてそのうち具体的にいかなるものが「人権」として認められるかを判定する重要な指標になるし[1]、人間以外の他の動物にも権利主体性を認めようとする議論に対して人権の主体を「人間」に限定する重要な論拠となるが、より具体的な問題として、憲法学上の人権制約論及び生存権解釈への示唆につ

---

1 社会状況や時代状況の変化に伴い、「人権」の具体的内容には変化・発展が生じうる。しかしその場合、「人権とはそもそもいかなるものか」という本質的な理解を十分踏まえないと、人権の中身が無限定に拡張されたり(いわゆる「人権のインフレ」)、それに伴って人権保障が「努力目標」化してその「権利」性が弱まったり、といった弊害が生じる。「人権とは何か」という「人権の基礎」理解は、そのように「新しい人権」が提唱され人権の中身の変化・発展が起こっている今日において特にその重要性が高まっているのであり、本書での新しい人権理解の提示を通じて、人権の本質に照らしてこれら「新しい人権」や「第三世代の人権」の中身が再検討されることは、法理論上意義あることと筆者は考える。

いてここで簡単に触れておこう。
① **人権制約論への示唆**　従来の日本の憲法学での人権理解では、「人権は国家に先行する前-国家的価値」と考えられるがゆえに、「国家は人権を制約できない」、「人権への制約は人権相互の調整のみ」といういわゆる一元的内在制約説が人権制約論の通説とされ、「国家や公共の利益」のような「外在」的な人権制約要因は否定される。しかしながら、現実には例えば「外交機密の保持」のために「表現の自由」が制約されるなど、国家の利益に基づく人権への制約が存在し、それは判例や学説の多くでも認められている。「前-国家的」な人権理解と一元的内在制約説では、こうした「国益による人権制約」の説明がつかない[2]。これに対し、本書での人権理解によるなら、人権は集団（国家）内での「配分」原理と捉えられるから、人権保障の前提に国家の存在が位置づけられて、「国家の存立に抵触するような人権の行使は自ずと制約可」と考えられる。これは、人権制約論における内在制約説を排し、人権一般を制約することのできる外在的・一般的原理として「国家の存立の確保」（これが憲法で言う「公共の福祉」の内実と捉えられる）を認めるもので、従来の人権制約論で言えば外在制約説を裏づける考え方になる[3]。憲法学の議論では、この外在制約説は「公共の福祉」の名の下で人権への広範な制約・制限をもたらすもの

---

[2] 一元的内在制約説では、こうした人権制約は、「国民の人権を保障するための機関である国家」の存立と機能を確保するための「人権保障のための人権制約」であって「人権相互の調整」の枠内にあるものと説明される。しかし、こうした説明では、国家を批判する行動など国益と衝突する形での人権行使一般が、「国家を守って国民の人権保障一般を守るため」の「人権相互の調整」として幅広く規制されることになりかねない。とすると同説は、「国家は人権を制約できない」と言って一見人権を厳格に保障する理論のように見えるが、実は、「人権保障」を名目に国家の幅広い利益に基づく人権制約を可能にする、人権保障の不安定化につながる考え方である。外交機密の保持などの面で「国益に基づく人権制約」の必要性は否定できないのだから、むしろここで必要なのは、（仮想的な「前-国家的」人権理解から離れ）いかなる「国益」による人権制約が可能／不可能かという「国益と人権の調整基準」を明確化することだろう。

[3] もっとも、普通、外在制約説と言うときは、「公共の福祉」に基づく外在制約のみが人権制約要因とされる（一元的外在制約説）。これに対して、本書での人権理解では、「国家の存立」という外在制約要因を認めると同時に、「人権相互の調整」の必要性も否定されないから、その意味では、一元的外在制約説とは若干中味が異なり、内在制約・外在制約の二元的制約を認めるのがここでの考え方である。と言うとそれはいわゆる二元的制約説であるかのようにも見えるが、憲法学での二元的制約説では「公共の福祉」に基づく外在制約が経済的自由権と社会権に限定されるから、一般的な外在制約を人権に認めるここでの考え方とはこれまた別物である。

と批判されることが多いが、筆者に言わせれば話はむしろ逆で、これにより「国家の存立に抵触するような人権の行使は制約可」という人権制約原則を導き出すことは、「国家の存立への抵触」に「外在制約」事由が限定されることになる。それ以外の国家や社会全体の各種利益は人権制約要因から除かれて「（広い意味での）国益には反することがあっても国家の存立に抵触しない範囲での人権行使は制約不可」となり、国家と人権との調整基準（人権への外在制約の基準）が明確になる。つまり、従来の外在制約説の難点が克服されて、通説である一元的内在制約説よりも安定的な人権保障につながる人権制約論がここでの人権理解から導かれる[4]。

他方、「国益と人権」ではなく、各種人権の間の「相互の調整」を考える場合に、従来の憲法学では、精神的自由権を経済的自由権に優越させる「二重の基準」論が通説的地位を占めているが、本書の人権理解からはこの考え方も認められなくなる。「二重の基準」の根拠としては、「精神的自由への制限は経済的自由への制限と違って政治過程による是正が難しい」という「民主的政治過程論」がよく挙げられるが、それだけでは「二重の基準」を肯定する十分な理由にならず、その根底には人権を「自律性」に基礎づける考え方が存在することはすでに多くの論者から指摘されている[5]。こうした人権理解に基づいて、精神的自由が経済的自由以上に人間の人格的自律性に深く結びつくことが「二重の基準」の究極的な根拠となっているわけだが、「自律能力基底的人権観」に反対し「配分」原理として人権を捉える本書の立場からは、「二重の基準」は当然支持できない。ここでは人権の中で精神的自由が重く位置づけられる理由はなくなり、むしろ各人にとって繁殖資源獲得に直結する経済的自由権に大きな重みが見出される。

② **生存権解釈への示唆**　　最近の日本では、高齢化や格差の問題などと関連して社会福祉や社会保障が議論の的となっているが、憲法の領域でそれを支える社会権は自由権に比べて一般に権利性が弱く捉えられがちである。それは「生存権の法的性格」の議論に典型的に表れており、そこでは憲法25条の生存権の規定について、「国家に政治的・道徳的義務を課しただけで国民に対して

---

[4] 「配分」的人権論に基づく人権制約論の見直しは、拙稿［2005-06］にて詳しく検討した。
[5] このことは、奥平［1988a］64頁、井上［1991］65-66頁、駒村［1991］第2章などで指摘されている。なお、「二重の基準」論への批判は、井上［1991］、森村［1995］でも提起されており、この問題は憲法学と法哲学にまたがる重要な課題である。

法的権利を与えたものではない」と見るプログラム規定説、「国に立法・予算を通じて生存権を実現すべき法的義務を課す抽象的権利を規定したもの」（これを具体化する立法をまって、その解釈を通じて具体的な権利保障を裁判で争うことができるもので、そうした立法がない場合は裁判上実現できない）と見る抽象的権利説、「国民に具体的権利を保障したもの」（これを具体化する法律がなくても立法不作為による権利侵害を争える）とする具体的権利説の3つの考え方が出される。これらのうち、プログラム規定説と抽象的権利説とが同権の権利性を弱く捉えるものであることは一見して明らかだが、両説は判例や学説の多くで支持されている。しかし、これらの説は、人権を自由権中心に見る理解に基づいて成り立つ考え方と言え、本書で提示した「配分」原理として人権を見る理解に立つならこれら両説は否定され、具体的権利説が支持される。

　この議論は、憲法25条の規定の解釈として論じられているが、その解釈としていずれが「正しい」かを決めるには、それを判定するなんらかの基準が必要である。「人権とはいかなるものか、社会権とはどういうものか」という理解がその重要な指標になることは言うまでもなく、そのときに例えば人権とは「個人の自律を基礎とするもの」（佐藤幸治）とか「個人の自己愛追求のため他者からの不干渉を保障するもの」（阪本昌成）との理解に立つなら、自由権がその中核に置かれるのは当然で、それに比べて社会権が周辺的・二次的に位置づけられるのもおかしくはない[6]。これに対し、本書のように集団内の「配分」

---

[6] 事実、佐藤幸治は生存権について抽象的権利説をとり、阪本昌成はそもそも社会権を人権から除外し「人権ならざる憲法上の権利」と位置づけている（前出第2章第2節(1)参照）。佐藤［1995］621頁、阪本［1993］74頁。その一方で、「自律」基底的人権論に立ちつつ「人間らしい自律した生活を送る」ための前提的な基盤を整備するのが生存権だと捉える考え方もある（西原［2004］194頁）。これによるなら「自律」基底的人権観を取りながら生存権の権利性を強く認めることができるかに見えるが、そうした論理には無理があるように筆者には思える。人間が「自律」的に自由に生きるにはそもそも生存していなければならないのは確かだが、国家による「生存権」の保障はそのために必ずしも必要ではない。そもそも、仕事も収入もなく飢えた状態でも自分の言いたいことは言えるし、身体のあちこちに病気を抱え健康とはほど遠い状態でもキリスト教や仏教を信仰することはできる。その点、むしろ、公務員として安定的な収入を得、健康に暮らしているがそのために選挙で自分の応援する候補者のために選挙演説ができないといった具合に、「生存」のための収入を確保することと引き換えに「自由」が失われる場合もあるのであり、「生存」が「自由」や「自律」の前提と位置づけるのは難しいだろう。よって、「生存権の保障」を「個人の自律」や「自由」の前提に据えることで、「自律」基底的人権観に立ちつつ社会権に自由権と同等の位置づけを与えるという考え方は適当ではない。

第7章 「自然主義の人権論」の意義

原理を基礎として人権を捉えるなら、身分などに基づく固定的配分の難点の克服として自由権に基づく「本人次第」の配分が生じ、その難点の克服として社会権による補正が生じると解されるのは先に述べた通りで、だとすると、社会権の確定的な保障がなければ流動的配分体制での「配分」機能が阻害されるわけだからその社会権の意義は自由権になんら劣ることはなく、両者には「配分」を実現するための並立的で相互補完的な、規範原理として等価の重要性・権利性が認められる。すなわち生存権の権利性は自由権的諸権利よりも「低く」見られるべきではないことになり、これを「プログラム規定」と見たり「抽象的権利」と捉えたりするのではなく、具体的権利説が妥当と考えられる[7]。

---

[7] ここでの筆者の主張には、若干補足が必要であろう。プログラム規定説と抽象的権利説には、当然ながら、解釈論として相応の根拠がある。前者の根拠としては、(a)資本主義経済体制の下では個人の生活に自助の原則が妥当し、生存権を具体的権利とする前提を欠く、(b)憲法の生存権規定は抽象的でその保障手段などについて具体的定めがない、(c)生存権の具体的実現のためには予算措置が必要だが、予算の配分は財政政策の問題として国の裁量に委ねられる、などが挙げられる(佐藤[1995]620頁、中村・永井[1989]57-58頁)。他方、後者の根拠としては、前記(b)と同様に生存権の内容の抽象性・不明確性が指摘されると共に(芦部[2002]244頁)、(d)従って生存権実現のための施策は立法府の判断に委ねられており、具体的な給付請求権はそうした立法によってはじめて生じると考えられる、(e)ここでの権利を具体的権利と見ると立法不作為への司法の違憲判断ができることになるが、具体的事件性や当事者適格などに照らして現行訴訟法上そうした立法の不作為を争う訴訟が可能か、その形態に疑問がある、といった点が挙げられる(浦部[2006]233頁、中村・永井[1989]67-70頁、中村[1976]12-13頁、佐藤[1995]621頁)。しかし、これらの理由はいずれも反論が可能であり、実際、(a)から(c)のそれぞれに対しては、「生存権も資本主義経済体制の要請から生まれたもの」(佐藤同書620頁)、「具体的な保障手段がないことは生存権に限らない」(中村・永井同書68頁)、「予算措置は生存権保障を規定するものではなくむしろこれを指導支配すべきもの」(朝日訴訟第一審判決、中村・永井同書67頁)といった反論があるし、(d)、(e)についても具体的権利説を採る論者から具体的な反論が提示されている。とすると、これらの点は、上記3説のいずれをとるかの根拠になるというより、3説のいずれを取るかによってそれに対する考え方が変わる、その帰結的論点と言うことができるだろう。言い換えれば、プログラム規定説や抽象的権利説のように生存権の権利性を弱く取る考え方が成立するのは、(a)から(e)のような根拠が主張されるその前提に「生存権は、自由権などに比して権利性が弱く見られてもよい」という見方が(人権理解として)あるからであり、本文で述べたように「配分」原理的人権理解に基づいて生存権を含む社会権と自由権とを等価に見るなら、生存権の権利性は弱くとられる「べきでない」という大原則が導かれる。それに従って、生存権の性格の「正しい」解釈として具体的権利説が支持されることになり、その上で、同説に基づいて上の(a)から(e)の論点を解決する解釈論が導かれるのが筋であろう。(d)の三権分立との関係

(ⅳ) 法学と科学を架橋する意義

　進化生物学の観点や知見を法学に取り入れるということは、言い方を換えれば自然科学における人間研究を法学に取り入れるということである。本章 (ⅱ) にて指摘したように、本書の議論は、人権の正当性を、純-規範的な議論の枠を超えて、人間や社会に関する事実的・実証的な研究と結びつけて論じたもので、これはすなわち、「法的価値・規範の正当性」を、（論理的・規範的検討にとどまらず）人間や社会に関する事実に照らして実証的に示す議論のひとつのモデルになっている。この点で「法学と科学を架橋する道筋を示す」ところが、本書の議論のもうひとつの意義になる[8]。

　一般に、法学の研究や理論構築は、我々の意識的な思考の中で、現実の人間の行為や社会現象を概念化し、その概念同士を関連づけ、論理的に一貫する規範的理論の体系や解釈を作るという、きわめて思弁的な作業としてなされる。その場合、生命倫理や新しい医療・産業技術に関わる限られた議論の中で科学的な研究や理論への言及がされることはあっても、法理論そのものに科学的な知見が取り入れられることはこれまで少なかった。しかし、法とは、そもそも人間の行動や社会的事象を対象にそれを規律するもので、その理論構築や研究は、人間の行為を対象とした人間の営為である。そしてその人間について、最

　　や (e) の訴訟形態の問題は確かに慎重に検討されるべき論点だが、生存権実現のための具体的施策は立法に委ねられるにしても、必要な立法の不作為が明白な場合や既存の立法で誰かの生存権の侵害が明らかな場合にそれに対する「違憲」判断ができないのでは、立法部の「違憲」行為に対する司法的救済が「閉ざされる」ことになってしまう。その意味でも、ここで述べた「筋」に基づいて、どういう形、要件であればそうした救済が開かれるか（及びどういう立法が生存権保障として「合憲／違憲」で、その判断の基準はいかなるものか）が考えられるべきであって、実際、具体的権利説を支持する論者からは、その解決の途として、国家賠償請求訴訟による違憲判断の可能性が提示されている。なお、ここでの記述については、文中に挙げたものの他に西原［2004］、菊池［2001］などを参照した。

[8] ここで筆者は進化生物学を科学とする立場に立っているが、その前段階には「進化理論は科学か」という問題がある。これは、そもそも「科学とは何か」、「科学の方法論として信頼がおけるのはどのような方法か」といった科学哲学的課題と結びついた難問で、そう簡単に答えが出せる問題ではない。しかし、ここではそうした検討には踏み込まず、「経験的証拠に基づいて事実の真偽を実証的に明らかにする」という意味で相当程度厳密な方法や議論が近年の進化生物学や進化心理学で実践されていることをもってこれを「科学」と捉え、人間の「事実」に関するそうした実証的探求と法学や倫理学での「規範」的議論とを結びつけることを指して「科学と法学との架橋」と言っている。

第 7 章　「自然主義の人権論」の意義

近では自然科学的な研究が著しく進み、人間の内面の特性や構造に関する新しい知見、人間社会の特性や構造を分析した新しい知見が多々出てきていることは、本書の議論の中でも随時取り上げた通りである。そうであれば、法の研究や法学的な理論構築においても、人間や社会に関する科学的知見を取り入れる余地が多々あるはず、科学的な人間研究を踏まえた学際的な法の研究は、これからの法学の一大課題と言える。本書の議論は、それを実際に試みた萌芽的な一例であり、「法学と科学との架橋」の方向性と可能性を、人権の基礎づけや正当化という問題を通じて具体的に示したところにも重要な意義が見出せる。

*

　これらの点で幅広い意義を含むものではあるが、本書の議論は、ゆめゆめ完成されたものではない。この中で提示した個々の主張や材料はさらなる検証の余地を多々含んでおり、それらをつなぐ論理やそれを踏まえた全体の主張にも、さまざまな批判や反論が可能だろう。その意味で、ここでの主張は至って初歩的な仮説の域を出ないものである。しかし、少なくとも、「人権の正当性・普遍性」、「規範の正当性・普遍性」を、従来にはなかった観点や考え方を含みつつ論じた新しい主張であることは確かで、その点で、さらなる検証を通じて、「人権理解」や「その保障のあり方」、「客観的・普遍的規範や価値規準の提示」、「法学と科学の架橋」の問題を含め、法哲学や憲法学、国際法学の議論の発展に寄与しうるものと筆者は思う。読者諸兄の批判と反論を得られれば幸いである。

参考文献

* 本文中で言及していないものも含む。欧語文献で邦訳がある場合、邦訳のみを参照したものと原書と邦訳の両方を参照したものとがある。後者に該当するものは、本文中の引用箇所に原書と邦訳の両方の頁数を記している。
* これらの文献に加えて、85頁記載のクモの名称など、一般的な事項や知識についてはインターネットのフリー百科事典 Wikipedia を随時参照した。

【邦語文献】

青木保［1987］「文化の否定性――反相対主義時代に見る」『中央公論』1987年11月号
碧海純一［2000］『新版　法哲学概論〔全訂第2版補正版〕』弘文堂
青柳幸一［1996］『個人の尊重と人間の尊厳』尚学社
朝尾直弘［1963］「豊臣政権論」『岩波講座　日本の歴史9　近世〔1〕』岩波書店
――――［1992］「近世の身分とその変容」朝尾直弘編『日本の近世7』中央公論社
――――［1993］「18世紀の社会変動と身分的中間層」辻達也編『日本の近世10』中央公論社
　　＊上記2論文について、本書では『朝尾直弘著作集第7巻』（岩波書店、2004年）を参照した。本文注での頁番号もこちらによる。
芦部信喜［1986］『憲法講義ノートI』有斐閣
――――［1993］『憲法』岩波書店
――――［1994］『憲法学II　人権総論』有斐閣
――――［2002］『憲法　第三版』（高橋和之補訂）岩波書店
足立正樹編著［2003］『各国の社会保障〔第3版〕』法律文化社
安彦一恵・大庭健・溝口宏平編［1992］『道徳の理由―― Why be moral?』昭和堂
阿部浩己・今井直・藤本俊明［2002］『テキストブック国際人権法〔第2版〕』日本評論社
阿部照哉編［1994］『比較憲法入門』有斐閣
網野善彦［1970］「鎌倉末期の諸矛盾」歴史学研究会・日本史研究会編『講座日本史／第3巻　封建社会の展開』東京大学出版会
池田清彦［1997］『さよならダーウィニズム――構造主義進化論講義』講談社
伊勢田哲治［2001］「社会学理論の進化的視点からの拡充をめぐって」『科学哲学』34巻2号
――――［2003］『疑似科学と科学の哲学』名古屋大学出版会
板倉昭二［1997］「他者の心を理解する――その発達と進化」『科学』67巻4号
井上達夫［1983］「正義論」長尾龍一・田中成明編『現代法哲学第1巻　法理論』東京大学出版会
――――［1986］『共生の作法――会話としての正義』創文社
――――［1989］「共同体の要求と法の限界」『千葉大学法学論集』4巻1号
――――［1990］「共同体論――その諸相と射程」日本法哲学会編『法哲学年報1989　現代における〈個人－共同体－国家〉』有斐閣

参考文献

――――［1991］「人権保障の現代的課題」碧海純一編著『現代日本法の特質』放送大学教育振興会
――――［1995］「個人権と共同性――『悩める経済大国』の倫理的再編」加藤寛孝編『自由経済と倫理』成文堂
――――［1998］「人権の普遍性と相対性――問題提起」日本法哲学会編『法哲学年報1997　20世紀の法哲学』有斐閣
――――［2000］「リベラル・デモクラシーと『アジア的価値』」大沼保昭編『東亜の構想――21世紀東アジアの規範秩序を求めて』筑摩書房
入江重吉［2000］『ダーウィニズムの人間論』昭和堂
植松忠博［1997］『士農工商――儒教思想と官僚支配』同文舘
内井惣七［1988］『自由の法則　利害の倫理』ミネルヴァ書房
――――［1996］『進化論と倫理』世界思想社
――――［1998a］「道徳は進化的に安定な戦略か？――大庭健氏の誤読」『科学哲学』31巻1号
――――［1998b］「進化と倫理」進化経済学会編『進化経済学とは何か』有斐閣
――――［1998c］「道徳起源論から進化倫理学へ」『哲学研究』566号、567号、569号（本書では、ウェブ版テキストを参照した。http://www1.kcn.ne.jp/%7Eh-uchii/Ev.Ethics1.html
――――［1999］「進化的に安定な戦略とは」『科学哲学』32巻1号
内野正幸［1989］「『二重の基準』論の位置づけをめぐって」『法律時報』61巻5号
――――［1992］『人権のオモテとウラ――不利な立場の人々の視点』明石書店
――――［1995］「国益は人権の制約を正当化する」長谷部恭男編『リーディングス現代の憲法』日本評論社
――――［2005］『憲法解釈の論点〔第4版〕』日本評論社
浦部法穂［2006］『憲法学教室〔全訂第2版〕』日本評論社
王雲海［2006］『「権力社会」中国と「文化社会」日本』集英社
太田勝造［2000］『社会科学の理論とモデル7　法律』東京大学出版会
太田秀通［1969］「古典古代社会の基本構造と奴隷制」『岩波講座世界歴史2　地中海世界II』岩波書店
――――［1988］「奴隷」『平凡社世界大百科事典』平凡社
大沼保昭［1998］『人権、国家、文明――普遍主義的人権観から文際的人権観へ』筑摩書房
――――［2000］「文際的人権を求めて――東アジア規範秩序の形成と日本の役割」大沼編『東亜の構想――21世紀東アジアの規範秩序を求めて』筑摩書房
大庭健［1997］書評「内井惣七・進化論と倫理」『科学哲学』30巻
――――［1998］「道徳は、内井氏の議論においてはESSである」『科学哲学』31巻2号
――――［1999］「『進化的に安定した戦略』の定義について」『科学哲学』32巻1号
尾形勇・岸本美緒編［1998］『新版世界各国史3　中国史』山川出版社
奥平康弘［1988a］『なぜ「表現の自由」か』東京大学出版会
――――［1988b］「"ヒューマン・ライツ"考」『戦後憲法学の展開　和田英夫教授古稀記念論集』日本評論社
小沢隆一・村田尚紀・笹沼弘志［1996］「憲法学における近代主義」『法の科学』24号
織田輝哉［1991］「秩序問題と進化論」盛山和夫・海野道郎編『秩序問題と社会的ジレンマ』ハーベスト社
粕谷英一［1990］『行動生態学入門』東海大学出版会
勝田有恒・森征一・山内進編著［2004］『概説西洋法制史』ミネルヴァ書房

参考文献

桂木隆夫［1998］『新版　自由社会の法哲学』弘文堂
神野慧一郎［2002］『我々はなぜ道徳的か──ヒュームの洞察』勁草書房
亀田達也・村田光二［2000］『複雑さに挑む社会心理学』有斐閣
辛島昇編［2004］『新版世界各国史7　南アジア史』山川出版社
川北稔［1997］「環太平洋革命の時代」『岩波講座世界史17　環太平洋革命』岩波書店
川本隆史［1997］『ロールズ──正義の原理』講談社
菊池努［1997］「国際関係の争点としての人権問題──アジアの文脈で」渡邉昭夫編『アジアの人権──国際政治の視点から』日本国際問題研究所
菊池馨実［2001］「新しい生存権論」『法学教室』250号
木下康彦・木村靖二・吉田寅編［1995］『詳説世界史研究』山川出版
紀平英作編［1999］『新版世界各国史24　アメリカ史』山川出版
木村雅昭［1981］『インド史の社会構造──カースト制度をめぐる歴史社会学』創文社
清宮四郎［1979］『憲法Ⅰ〔第三版〕』有斐閣
黒田基樹［1997］『戦国大名領国の支配構造』岩田書院
小泉宜右［1975］「内乱期の社会変動」『岩波講座日本歴史6　中世2』岩波書店
小谷汪之［1996］『不可触民とカースト制度の歴史』明石書店
児玉幸多［1963］「身分と家族」『岩波講座日本歴史10　近世2』岩波書店
後藤弘子［2001］「法と生物学の対話」『生物科学』53巻1号
後藤陽一［1975］「近世の身分制と社会」『岩波講座日本歴史9　近世1』岩波書店
小林公［1986］「権利概念に関する一考察」ホセ・ヨンパルト＝三島淑臣編『法の理論7』成文堂
小林直樹［1972］「人権理念の根本的検討──人権の哲学・序説」日本公法学会『公法研究』34号、有斐閣
─────［1998］「人権価値を根底から考える──哲学的人間学の視点から」全国憲法研究会編『憲法問題［9］』三省堂
─────［1999］「法の人間学的考察（Ⅱ）」『法学協会雑誌』116巻1号
─────［2003］『法の人間学的考察』岩波書店
小林良彰［2002］『フランス絶対主義と市民革命』風間書房
駒村圭吾［1991］「表現の自由の『価値』・『機能』・『成立条件』──『優越的地位論』・『思想の自由市場論』の再検討に向けての序論的考察」『慶応義塾大学新聞研究所年報』37号
小谷野勝巳［1981］「現代人権理論の一考察──人権理論をめぐるＨ・Ｌ・Ａ・ハートとＲ・ドゥオーキンの論争を中心に」矢崎光圀編集代表『現代の法哲学　井上茂教授還暦記念』有斐閣
─────［1986］「『平等者として扱かわれることへの権利』について──Ｒ・ドゥオーキンの権利理論に関する覚書」ホセ・ヨンパルト＝三島淑臣編『法の理論7』成文堂
古谷野正伍［1972］「カースト」『ブリタニカ国際大百科事典』TBSブリタニカ
斎藤洋一・大石慎三郎［1995］『身分差別社会の真実』講談社
坂本百大［2000］「事実からのみ当為は導出される──佐藤節子論文『事実から当為は導出されるか』へのコメント」『法の理論20』成文堂
阪本昌成［1993］『憲法理論Ⅱ』成文堂
─────［1994］「プライバシーと自己決定の自由」樋口陽一編『講座憲法学第3巻　権利の保障』日本評論社
─────［1995］『憲法理論Ⅲ』成文堂
佐倉統［1992］「道徳の進化的背景」安彦一恵・大庭健・溝口宏平編『道徳の理由── Why be

245

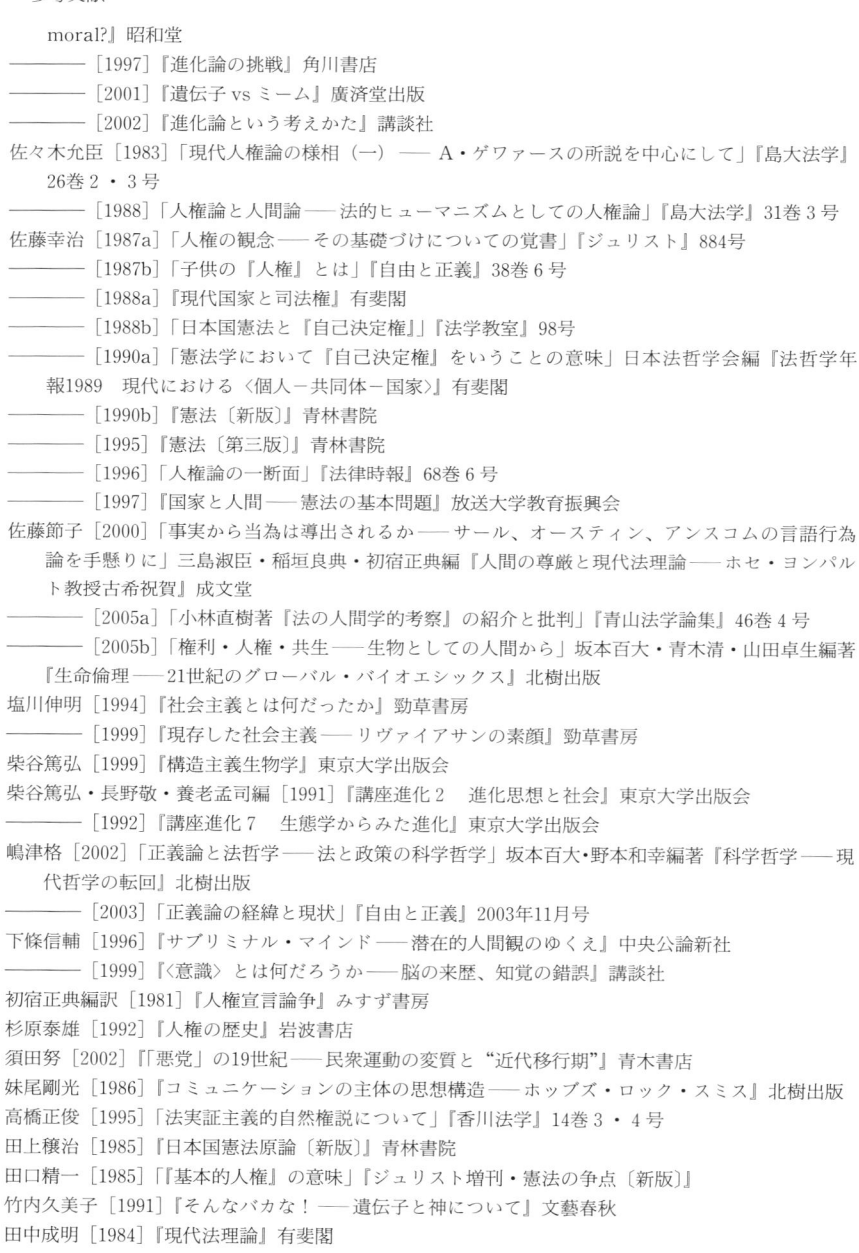

参考文献

moral?』昭和堂
――――［1997］『進化論の挑戦』角川書店
――――［2001］『遺伝子vsミーム』廣済堂出版
――――［2002］『進化論という考えかた』講談社
佐々木允臣［1983］「現代人権論の様相（一）―― A・ゲワァースの所説を中心にして」『島大法学』26巻2・3号
――――［1988］「人権論と人間論 ―― 法的ヒューマニズムとしての人権論」『島大法学』31巻3号
佐藤幸治［1987a］「人権の観念 ―― その基礎づけについての覚書」『ジュリスト』884号
――――［1987b］「子供の『人権』とは」『自由と正義』38巻6号
――――［1988a］『現代国家と司法権』有斐閣
――――［1988b］「日本国憲法と『自己決定権』」『法学教室』98号
――――［1990a］「憲法学において『自己決定権』をいうことの意味」日本法哲学会編『法哲学年報1989 現代における〈個人－共同体－国家〉』有斐閣
――――［1990b］『憲法〔新版〕』青林書院
――――［1995］『憲法〔第三版〕』青林書院
――――［1996］「人権論の一断面」『法律時報』68巻6号
――――［1997］『国家と人間 ―― 憲法の基本問題』放送大学教育振興会
佐藤節子［2000］「事実から当為は導出されるか ―― サール、オースティン、アンスコムの言語行為論を手懸りに」三島淑臣・稲垣良典・初宿正典編『人間の尊厳と現代法理論 ―― ホセ・ヨンパルト教授古希祝賀』成文堂
――――［2005a］「小林直樹著『法の人間学的考察』の紹介と批判」『青山法学論集』46巻4号
――――［2005b］「権利・人権・共生 ―― 生物としての人間から」坂本百大・青木清・山田卓生編著『生命倫理 ―― 21世紀のグローバル・バイオエシックス』北樹出版
塩川伸明［1994］『社会主義とは何だったか』勁草書房
――――［1999］『現存した社会主義 ―― リヴァイアサンの素顔』勁草書房
柴谷篤弘［1999］『構造主義生物学』東京大学出版会
柴谷篤弘・長野敬・養老孟司編［1991］『講座進化2 進化思想と社会』東京大学出版会
――――［1992］『講座進化7 生態学からみた進化』東京大学出版会
嶋津格［2002］「正義論と法哲学 ―― 法と政策の科学哲学」坂本百大・野本和幸編著『科学哲学 ―― 現代哲学の転回』北樹出版
――――［2003］「正義論の経緯と現状」『自由と正義』2003年11月号
下條信輔［1996］『サブリミナル・マインド ―― 潜在的人間観のゆくえ』中央公論新社
――――［1999］『〈意識〉とは何だろうか ―― 脳の来歴、知覚の錯誤』講談社
初宿正典編訳［1981］『人権宣言論争』みすず書房
杉原泰雄［1992］『人権の歴史』岩波書店
須田努［2002］『「悪党」の19世紀 ―― 民衆運動の変質と"近代移行期"』青木書店
妹尾剛光［1986］『コミュニケーションの主体の思想構造 ―― ホッブズ・ロック・スミス』北樹出版
高橋正俊［1995］「法実証主義的自然権説について」『香川法学』14巻3・4号
田上穣治［1985］『日本国憲法原論〔新版〕』青林書院
田口精一［1985］「『基本的人権』の意味」『ジュリスト増刊・憲法の争点〔新版〕』
竹内久美子［1991］『そんなバカな！ ―― 遺伝子と神について』文藝春秋
田中成明［1984］『現代法理論』有斐閣

参考文献

―――――［1994］『法理学講義』有斐閣
田畑茂二郎［1988］『国際化時代の人権問題』岩波書店
―――――［1990］『国際法新講（上・下）』東信堂
玉木秀敏［1993］「正義論の現代的展開」田中成明編『現代理論法学入門』法律文化社
辻村みよ子［1992］『人権の普遍性と歴史性』創文社
―――――［1994a］「人権論の五〇年」『法律時報』66巻6号
―――――［1994b］「人権の観念」樋口陽一編『講座憲法学第3巻　権利の保障』日本評論社
―――――［1999］「人権の観念」高橋和之・大石眞編『ジュリスト増刊　憲法の争点〔第3版〕』有斐閣
土井正興［1988］「スパルタクス」『平凡社世界大百科事典』平凡社
―――――［1994］『スパルタクスとイタリア奴隷戦争』法政大学出版局
戸田山和久［2005］『科学哲学の冒険――サイエンスの目的と方法をさぐる』日本放送出版協会
内藤淳［2003-04］「自然法の自然科学的根拠――近代自然法思想と現代進化生物学における人間観・道徳論(1)～(3・完)」『一橋法学』2巻2号～3巻1号
―――――［2004-05］「メタ倫理学・メタ法価値論と進化生物学――『ヒュームの法則』をめぐって(1)～(3・完)」『一橋法学』3巻2号～4巻1号
―――――［2005］「進化生物学と法」森園成満編『法と身体』国際書院
―――――［2005-06］「国益による人権制約と『人権の基礎』――進化生物学的人間観・人間集団論に基づく人権制約基準の考察(1)～(2・完)」『一橋法学』4巻3号～5巻1号
―――――［2006］「メタ倫理学的自然主義再考――価値論と人間科学」日本法哲学会編『法哲学年報2005　現代日本社会における法の支配』
永井均［2003］『倫理とは何か――猫のアインジヒトの挑戦』産業図書
長尾龍一編著［1987］『現代の法哲学者たち』日本評論社
中村睦男［1976］「生存権の法的性格――堀木訴訟控訴審判決をめぐって」『法律時報』48巻5号
中村睦男・永井憲一［1989］『生存権・教育権』法律文化社
中山竜一［2000］『二十世紀の法思想』岩波書店
奈良本辰也［1963］「近世史概説」『岩波講座日本歴史9　近世〔1〕』岩波書店
西田利貞［1999］『人間性はどこから来たか――サル学からのアプローチ』京都大学出版会
西原博史［2004］「生存権と環境権」山内敏弘編『新現代憲法入門』法律文化社
新田英治［1975］「鎌倉後期の政治過程」『岩波講座日本歴史6　中世2』岩波書店
長谷川晃［1989］「平等・人格・リベラリズム――R・ドゥオーキンの平等論をめぐって」『思想』775号
―――――［1991］『権利・価値・共同体』弘文堂
長谷川寿一［2001］「『である』と『であるべし』の関係」『生物科学』53巻1号
長谷川寿一・長谷川眞理子［2000］『進化と人間行動』東京大学出版会
長谷川寿一・平石界［2000］「進化心理学からみた心の発生」渡辺茂編『心の比較認知科学』ミネルヴァ書房
長谷川眞理子［2001］「進化心理学の展望」『科学哲学』34巻2号
長谷川眞理子・長谷川寿一［2000a］「戦前日本における女子死亡の過剰」『科学』70巻5号
―――――［2000b］「戦後日本の殺人の動向――とくに、嬰児殺しと男性による殺人について」『科学』70巻7号
畑博行・水上千之編［2002］『国際人権法〔論〕〔第3版〕』有信堂高文社

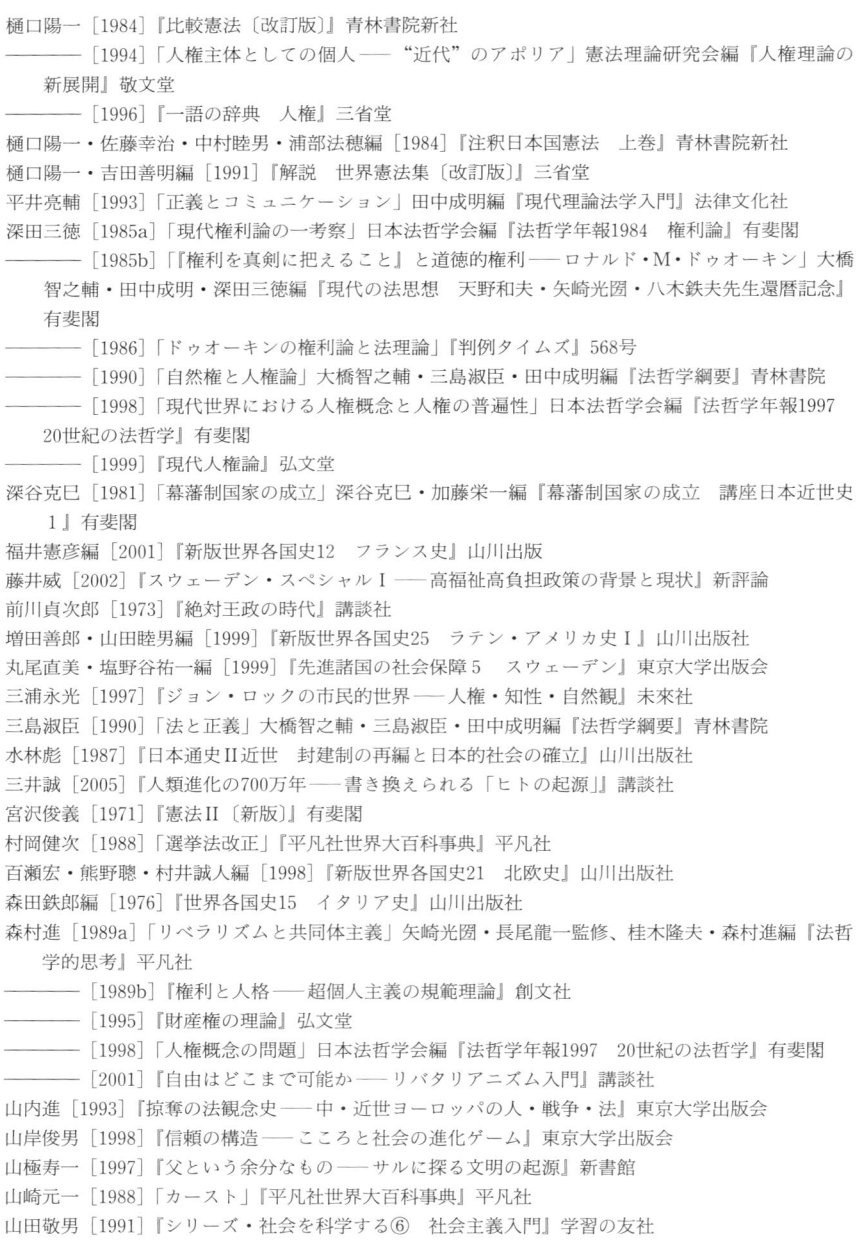

参考文献

樋口陽一［1984］『比較憲法〔改訂版〕』青林書院新社
─── ［1994］「人権主体としての個人──"近代"のアポリア」憲法理論研究会編『人権理論の新展開』敬文堂
─── ［1996］『一語の辞典　人権』三省堂
樋口陽一・佐藤幸治・中村睦男・浦部法穂編［1984］『注釈日本国憲法　上巻』青林書院新社
樋口陽一・吉田善明編［1991］『解説　世界憲法集〔改訂版〕』三省堂
平井亮輔［1993］「正義とコミュニケーション」田中成明編『現代理論法学入門』法律文化社
深田三徳［1985a］「現代権利論の一考察」日本法哲学会編『法哲学年報1984　権利論』有斐閣
─── ［1985b］「『権利を真剣に把えること』と道徳的権利──ロナルド・M・ドゥオーキン」大橋智之輔・田中成明・深田三徳編『現代の法思想　天野和夫・矢崎光圀・八木鉄夫先生還暦記念』有斐閣
─── ［1986］「ドゥオーキンの権利論と法理論」『判例タイムズ』568号
─── ［1990］「自然権と人権論」大橋智之輔・三島淑臣・田中成明編『法哲学綱要』青林書院
─── ［1998］「現代世界における人権概念と人権の普遍性」日本法哲学会編『法哲学年報1997　20世紀の法哲学』有斐閣
─── ［1999］『現代人権論』弘文堂
深谷克巳［1981］「幕藩制国家の成立」深谷克巳・加藤栄一編『幕藩制国家の成立　講座日本近世史1』有斐閣
福井憲彦編［2001］『新版世界各国史12　フランス史』山川出版
藤岡威［2002］『スウェーデン・スペシャルⅠ──高福祉高負担政策の背景と現状』新評論
前川貞次郎［1973］『絶対王政の時代』講談社
増田善郎・山田睦男編［1999］『新版世界各国史25　ラテン・アメリカ史Ⅰ』山川出版社
丸尾直美・塩野谷祐一編［1999］『先進諸国の社会保障5　スウェーデン』東京大学出版会
三浦永光［1997］『ジョン・ロックの市民的世界──人権・知性・自然観』未來社
三島淑臣［1990］「法と正義」大橋智之輔・三島淑臣・田中成明編『法哲学綱要』青林書院
水林彪［1987］『日本通史Ⅱ近世　封建制の再編と日本的社会の確立』山川出版社
三井誠［2005］『人類進化の700万年──書き換えられる「ヒトの起源」』講談社
宮沢俊義［1971］『憲法Ⅱ〔新版〕』有斐閣
村岡健次［1988］「選挙法改正」『平凡社世界大百科事典』平凡社
百瀬宏・熊野聰・村井誠人編［1998］『新版世界各国史21　北欧史』山川出版社
森田鉄郎編［1976］『世界各国史15　イタリア史』山川出版社
森村進［1989a］「リベラリズムと共同体主義」矢崎光圀・長尾龍一監修、桂木隆夫・森村進編『法哲学的思考』平凡社
─── ［1989b］『権利と人格──超個人主義の規範理論』創文社
─── ［1995］『財産権の理論』弘文堂
─── ［1998］「人権概念の問題」日本法哲学会編『法哲学年報1997　20世紀の法哲学』有斐閣
─── ［2001］『自由はどこまで可能か──リバタリアニズム入門』講談社
山内進［1993］『掠奪の法観念史──中・近世ヨーロッパの人・戦争・法』東京大学出版会
山岸俊男［1998］『信頼の構造──こころと社会の進化ゲーム』東京大学出版会
山極寿一［1997］『父という余分なもの──サルに探る文明の起源』新書館
山崎元一［1988］「カースト」『平凡社世界大百科事典』平凡社
山田敬男［1991］『シリーズ・社会を科学する⑥　社会主義入門』学習の友社

参考文献

山田正行 [1994]「政治的リベラリズムは政治的か?」『現代思想』1994年4月号
我妻栄 [1948]「新憲法と基本的人権」我妻『民法研究Ⅷ 憲法と私法』有斐閣(1970年)所収
――― [1974]『法学概論』有斐閣
和田幹彦 [2001]「法律はどこまで生物学で説明できるか?――日本民法 特に家族法を素材とした試論」『生物科学』53巻1号
渡辺康行 [1997a]「人権理論の変容」『岩波講座・現代の法1 現代国家と法』岩波書店
――― [1997b]「討議理論による人権の基礎づけについて――R・アレクシーの議論を素材として」憲法理論研究会編『憲法50年の人権と憲法裁判』敬文堂
リー・クアンユー [1993]「人権外交は間違っている」『諸君』1993年9月号

『科学』67巻4号、「特集:人間のこころの進化」1997年4月、岩波書店
『生物科学』53巻1号、「特集:人間への生物学的アプローチと社会・倫理」2001年7月、農山漁村文化協会
『理論と方法』[1993] 8巻1号(通巻13号)、「特集:アクセルロッド・パラダイムの展開」

【欧語文献】

Alexander, Richard D. [1979], *Darwinism and Human Affairs*, Univ. of Washington Press. リチャード・D・アレグザンダー『ダーウィニズムと人間の諸問題』(山根正気・牧野俊一訳、思索社、1988年)
――― [1986], "Biology and Law," *Ethology and Sociobiology* 7: 167-173.
――― [1987], *The Biology of Moral Systems*, Aldine de Gruyter.
――― [1993], "Biological Considerations in the Analysis of Morality," in Matthew H. Nitecki, Doris V. Nitecki (eds.), *Evolutionary Ethics*, State Univ. of New York Press.
Alexy, Robert [1996], "Discourse Theory and Human Rights," *Ratio Juris* 9: 209-235.
――― [1997],「民主的憲法国家における基本権」(青柳幸一による訳文のみ掲載)、『横浜国際経済法学』5巻2号、193-223頁.
American Anthropological Association [1947], "Statement on Human Rights," *American Anthropologist* 49: 539-543.
Arnhart, Larry [1998], *Darwinian Natural Right: The Biological Ethics of Human Nature*, State Univ. of New York Press.
Aronson, Elliot and Judson Mills [1959], "The Effect of Severity of Initiation on Liking for a Group," *The Journal of Abnormal and Social Psychology* 59: 177-181.
Axelrod, Robert [1984], *The Evolution of Cooperation*, Perseus Books. R・アクセルロッド『つきあい方の科学――バクテリアから国際関係まで』(松田裕之訳、ミネルヴァ書房、1998年、翻訳初版はHBJ出版局より)
Batten, Mary [1992], *Sexual Strategies*, G. P. Putnam's Sons. メアリー・バトン『男と女・愛の進化論――女はとことん男を選ぶ』(青木薫訳、講談社、1995年)
Bisiach, Edoardo and Claudio Luzzatti [1978], "Unilateral Neglect of Representational Space," *Cortex* 14: 129-133.
Boehm, Christopher [1993], "Egalitarian Behavior and Reverse Dominance Hierarchy," *Current Anthropology* 34: 227-254.

参考文献

Boyd, Robert, and Peter J. Richerson [1989], "The Evolution of Indirect Reciprocity," *Social Networks* 11: 213-236.
Boyd, Robert, Herbert Gintis, Samuel Bowles, and Peter J. Richerson [2003], "The Evolution of Altruistic Punishment," *PNAS (Proceedings of the National Academy of Sciences of the U. S. A.)* 100: 3531-3535.
Breuer, Georg [1981], *Der Sogenannte Mensch*, Kösel-Verlag. ゲオルク・ブロイアー『社会生物学論争——生物学は人間をどこまで説明できるか』(垂水雄二訳、どうぶつ社、1988年)
Brown, Andrew [1999], *The Darwin Wars*, Simon Fox Associates. アンドリュー・ブラウン『ダーウィン・ウォーズ』(長野敬・赤松眞紀訳、青土社、2001年)
Browne, Kingsley [1998], *Divided Labours: An Evolutionary View of Women at Work*, Orion Publishing Group. キングズレー・ブラウン『女より男の給料が高いわけ』(竹内久美子訳、新潮社、2003年)
——— [1999], "Law, Biology, Sex, and Politics," in Lawrence A Frolik, Wolfgang Fikentscher and Gerti Dieker (eds.), *Law & Evolutionary Biology*, Gruter Institute.
Cavalieri, Paola and Peter Singer (eds.) [1993], *The Great Ape Project*, St. Martin's Press. パオラ・カヴァリエリ／ピーター・シンガー編『大型類人猿の権利宣言』(山内友三郎・西田利貞訳、昭和堂、2001年)
Changeux, Jean-Pierre (direction), Marc Kirsch (ed.) [1991], *Fondements naturels de l'éthique*, Elsevier Science Publishers. ジャン＝ピエール・シャンジュー監修、マルク・キルシュ編『倫理は自然の中に根拠をもつか』(松浦俊輔訳、産業図書、1995年)
Cosmides, Leda and John Tooby [1992], "Cognitive Adaptations for Social Exchange," in Jerome H. Barkow, Leda Cosmides, John Tooby (eds.), *The Adapted Mind: Evolutionary Psychology and the Generation of Culture*, Oxford Univ. Press.
Daly, Martin and Margo Wilson [1988], *Homicide*, Aldine de Gruyter. マーティン・デイリー、マーゴ・ウィルソン『人が人を殺すとき——進化でその謎をとく』(長谷川眞理子・長谷川寿一訳、新思索社、1999年)
Damasio, Antonio R. [1994], *Descartes' Error: Emotion, Reason, and the Human Brain*, Putnam Pub Group. アントニオ・R・ダマシオ『生存する脳——心と脳と身体の神秘』(田中三彦訳、講談社、2000年)
——— [2003], *Looking for Spinoza: Joy, Sorrow, and the Feeling Brain*, Harcourt. アントニオ・R・ダマシオ『感じる脳』(田中三彦訳、ダイヤモンド社、2005年)
Darwin, Charles [1871], *The Descent of Man*. チャールズ・ダーウィン「人類の起源」、『世界の名著39／ダーウィン』(今西錦司責任編集、池田次郎・伊谷純一郎訳、中央公論社、1967年)
——— [1872], *The Expression of the Emotions in Man and Animals*, Barret. チャールズ・ダーウィン『人及び動物の表情について』(浜中浜太郎訳、岩波書店、1931年)
Dawkins, Richard [1982], *The Extended Phenotype: The Gene as the Unit of Selection*, W. H. Freeman & Company. リチャード・ドーキンス『延長された表現型——自然淘汰の単位としての遺伝子』(日高敏隆・遠藤彰・遠藤知二訳、紀伊國屋書店、1987年)
——— [2006], *The Selfish Gene*, 30th anniversary version, Oxford Univ. Press. リチャード・ドーキンス『利己的な遺伝子』(初版は1976年だが、本書では初版発行30周年を記念して出された〈増補新装版〉を使用。日高敏隆ほか訳、紀伊國屋書店、2006年)
Dennett, Daniel C. [1991], *Consciousness Explained*, Little Brown & Company. ダニエル・C・デ

ネット『解明される意識』(山口泰司訳、青土社、1998年)
—— [1996], *Darwin's Dangerous Idea: Evolution and the Meanings of Life*, Touchstone. ダニエル・C・デネット『ダーウィンの危険な思想——生命の意味と進化』(山口泰司監訳、青土社、2000年)
de Waal, Frans [1982], *Chimpanzee Politics: Power and Sex among Apes*, Jonathan Cape. フランス・ドゥ・ヴァール『政治をするサル——チンパンジーの権力と性』(西田利貞訳、平凡社、1994年、初版は1984年、どうぶつ社)
—— [1996], *Good Natured: The Origins of Right and Wrong in Humans and Other Animals*, Harvard Univ. Press. フランス・ドゥ・ヴァール『利己的なサル、他人を思いやるサル——モラルはなぜ生まれたのか』(西田利貞・藤井留美訳、草思社、1998年)
Diamond, Jared [1997], *Guns, Germs, and Steel: The Fates of Human Societies*, W. W. Norton & Company. ジャレド・ダイアモンド『銃・病原菌・鉄——1万3000年にわたる人類史の謎(上)(下)』(倉骨彰訳、草思社、2000年)
—— [2005], *Collapse: How Societies Choose to Fail or Succeed*, Viking Penguin. ジャレド・ダイアモンド『文明崩壊——滅亡と存続の命運を分けるもの(上)(下)』(楡井浩一訳、草思社、2005年)
Donnelly, Jack [1982], "Human Rights and Human Dignity: An Analytic Critique of Non-Western Conceptions of Human Rights," *The American Political Science Review* 76: 303-316.
Dunbar, Robin I. M. [1997],「言語の起源」(長谷川寿一・平石界による訳文のみ掲載)『科学』67巻4号289-296頁。
Dworkin, Ronald [1977], *Taking Rights Seriously*, Harvard Univ. Press. ロナルド・ドゥウォーキン『権利論』(木下毅・小林公・野坂泰司訳、木鐸社、1986年、増補版2003年)及び『権利論II』(小林公訳、木鐸社、2001年)
—— [1983], "In Defense of Equality," *Social Philosophy & Policy* 1: 24-40.
—— [2000], *Sovereign Virtue: The Theory and Practice of Equality*, Harvard Univ. Press. ロナルド・ドゥウォーキン『平等とは何か』(小林公・大江洋・高橋秀治・高橋文彦訳、木鐸社、2002年)
Festinger, Leon and James M. Carlsmith [1959], "Cognitive Consequences of Forced Compliance," *The Journal of Abnormal and Social Psychology* 58: 203-210.
Fikentscher, Wolfgang and Michael T. McGuire [1994], "A Four-function Theory of Biology for Law," *Rechtstheorie* 25: S. 291-310.
Fisher, Helen E. [1982], *The Sex Contract: The Evolution of Human Behavior*, William Morrow & Company. ヘレン・E・フィッシャー『結婚の起源——男と女の人類学』(伊沢紘生・熊田清子訳、どうぶつ社、1998年)
Flew, Antony [1994], "E. O. Wilson After Twenty Years: Is Human Sociobiology Possible?," *Philosophy of the Social Sciences* 24: 320-335.
Frank, Robert H. [1988], *Passions within Reason: The Strategic Role of the Emotions*, W. W. Norton & Company. R・H・フランク『オデッセウスの鎖——適応プログラムとしての感情』(山岸俊男監訳、サイエンス社、1995年)
Frankena, William K. [1973], *Ethics*, second edition, Prentice Hall. W・K・フランケナ『倫理学 改訂版』(杖下隆英訳、培風館、1975年)
Fried, Morton H. [1967], *The Evolution of Political Society: An Essay in Political Anthropology*,

参考文献

　　　　Random House.
Frolik, Lawrence A., Wolfgang Fikentscher and Gerti Dieker (eds.) [1999], *Law & Evolutionary Biology*, Gruter Institute.
Gallup Jr., Gordon G. [1970], "Chimpanzee: Self-recognition," *Science* 167: 86-87.
Gazzaniga, Michael S. [1985], *The Social Brain*, Basic Books. M・S・ガザニガ『社会的脳——心のネットワークの発見』(杉下守弘・関啓子訳、青土社、1987年)
Gewirth, Alan [1979], "The Basis and Content of Human Rights," *Georgia Law Review* 13: 1143-1170. この論文は、J. R. Pennock and J. W. Chapman (eds.), *Human Rights*, New York Univ. Press, 1981. 及び、Alan Gewirth, *Human Rights: Essays on Justification and Applications*, Univ. of Chicago Press, 1982. に収録されており、本書での引用頁は Gewirth, *Human Rights*. のものである。
───── [1982a], "Addendum: Replies to Some Criticisms," in A. Gewirth, *Human Rights*.
───── [1982b], "Are There Any Absolute Rights?," in A. Gewirth, *Human Rights*.
Ghiglieri, Michael Patrick [1999], *The Dark Side of Man: Tracing the Origins of Male Violence*, Perseus Book Publishing. マイケル・P・ギグリエリ『男はなぜ暴力をふるうのか——進化から見たレイプ・殺人・戦争』(松浦俊輔訳、朝日新聞社、2002年)
Goodall, Jane [1986], *The Chimpanzees of Gombe: Patterns of Behavior*, Harvard Univ. Press. ジェーン・グドール『野生チンパンジーの世界』(杉山幸丸・松沢哲郎監訳、ミネルヴァ書房、1990年)
Grady, Mark F. and Michael T. McGuire [1997], "A Theory of the Origin of Natural Law," *Journal of Contemporary Legal Issues* 8: 87-129.
───── [1999], "The Nature of Constitutions," *Journal of Bioeconomics* 1: 227-240.
Greene, Joshua and Jonathan Haidt [2002], "How (and Where) Does Moral Judgment Work?," *Trends in Cognitive Sciences* 6: 517-523.
Gruter, Margaret [1991], *Law and the Mind: Biological Origins of Human Behavior*, Sage Publications.
Gruter, Margaret and Paul Bohannan (eds.) [1983], *Law, Biology and Culture: The Evolution of Law*, Ross-Erickson, Publishers.
Guth, Werner, Rolf Schmittberger and Bernd Schwarze [1982], "An Experimental Analysis of Ultimatum Bargaining," *Journal of Economic Behavior and Organization* 3: 367-388.
Handwerker, W. Penn [1989], "The Origins and Evolution of Culture," *American Anthropologist* 91: 313-326.
Hare, Robert D. and Michael J. Quinn [1971], "Psychopathy and Autonomic Conditioning," *Journal of Abnormal Psychology* 77: 223-235.
Hart, H. L. A. [1982], "Natural Rights: Bentham and John Stuart Mill," in H. L. A. Hart, *Essays on Bentham*, Oxford Univ. Press. 森村進訳「自然権：ベンサムとジョン・スチュアート・ミル」H・L・A・ハート『権利・功利・自由』(小林公・森村進訳、木鐸社、1987年)
───── [1983a], "Utilitarianism and Natural Rights," in H. L. A. Hart, *Essays in Jurisprudence and Philosophy*, Clarendon Press. 小林公訳「功利主義と自然権」ハート『権利・功利・自由』
───── [1983b], "Between Utility and Rights," in H. L. A. Hart, *Essays in Jurisprudence and Philosophy*, Clarendon Press. 森村進訳「効用と権利の間」ハート『権利・功利・自由』
Helmrich, Herbert [1992], "An Ethological Interpretation of the Sense of Justice on the Basis of

German Law," in R. D. Masters and M. Gruter (eds.), *The Sense of Justice: Biological Foundation of Law*, Sage Publications.

Hinde, Robert A. [2002], *Why Good is Good: The Sources of Morality*, Routledge.

Hobbes, Thomas [1651], *Leviathan*. トマス・ホッブズ『リヴァイアサン』(水田洋訳、岩波書店、1954年 1992年改訳発行)

Hume, David [1740], *A Treaties of Human Nature*, Thomas Longman. ヒューム「人性論」『世界の名著27／ロック・ヒューム』(大槻春彦責任編集、中央公論社、1968年)

Humphrey, Nicholas [1986], *The Inner Eye*, Faber and Faber. ニコラス・ハンフリー『内なる目——意識の進化論』(垂水雄二訳、紀伊國屋書店、1993年)

Johnston, Victor S. [1999], *Why We Feel: The Science of Human Emotions*, Perseus Books Publishing. ビクター・S・ジョンストン『人はなぜ感じるのか？』(長谷川眞理子訳、日経BP社、2001年)

Jones, Owen [1999], "Law, Emotions and Behavioral Biology," in Lawrence A. Frolik, Wolfgang Fikentscher and Gerti Dieker (eds.), *Law & Evolutionary Biology*, Gruter Institute.

Kagan, Jerome [1984], *The Nature of the Child*, tenth anniversary edition, Basic Books.

Kahneman, Daniel, Jack L. Knetsch and Richard H. Thaler [1986], "Fairness and Assumptions of Economics," *Journal of Business* 59: 285-300.

Key, Wilson Bryan [1973], *Subliminal Seduction*, Mediaprobe. ウィルソン・ブライアン・キイ『潜在意識の誘惑』(管啓次郎訳、リブロポート、1992年)

——— [1976], *Media Sexploitation*, Prentice-Hall. ウィルソン・ブライアン・キイ『メディア・セックス』(植島啓司訳、リブロポート、1989年)

——— [1989], *The Age of Manipulation: The Con in Confidence, the Sin in Sincere*, Henry Holt and Company. ウィルソン・ブライアン・キイ『メディア・レイプ』(鈴木晶・入江良平訳、リブロポート、1991年)

Kitcher, Philip [1993], "The Evolution of Human Altruism," *The Journal of Philosophy* 90: 497-516.

Koslowski, Peter, Philipp Kreuzer and Reinhard Löw (eds.) [1984], *Evolution und Freiheit*, S. Hirzel Verlag. ペーター・コスロフスキ、フィリップ・クロイツァー、ラインハルト・レーヴ編『進化と自由』(山脇直司・朝広謙次郎訳、産業図書、1991年)

Krebs, J. R. and N. B. Davies [1981], *An Introduction to Behavioural Ecology*, Blackwell Scientific Publications. J・R・クレブス、N・B・デイビス『行動生態学を学ぶ人に』(城田安幸・上田恵介・山岸哲訳、蒼樹書房、1984年)

Kymlicka, Will [1990], *Contemporary Political Philosophy: An Introduction*, Oxford Univ. Press.

Lepper, Mark R. and David Greene [1978], "Overjustification Research and Beyond: Toward a Means-Ends Analysis of Intrinsic and Extrinsic Motivation," in Mark R. Lepper and David Greene (eds.), *The Hidden Costs of Reward: New Perspectives on the Psychology of Human Motivation*, Lawrence Erlbaum Associates.

Lewontin, Richard C. [1991], *Biology as Ideology: The Doctrine of DNA*, Stoddart Publishing. リチャード・C・レウォンティン『遺伝子という神話』(川口啓明・菊地昌子訳、大月書店、1998年)

Lima-de-Faria, Antonio [1988], *Evolution without Selection: Form and Function by Autoevolution*, Elsevier Science. リマ＝デ＝ファリア『選択なしの進化』(池田清彦監訳、工作舎、1993年)

参考文献

Locke, John [1664], "Essays on the Law of Nature."『世界大思想全集2　ロック「自然法論」』（浜林正夫訳、河出書房新社、1962年）本論文はロックの死後発見され1942年に発表されたものだが、同全集の解説によれば1660〜1664年の間に書かれたものなので、執筆年をとって［1664］とした。

―――― [1689], *An Essay Concerning Human Understanding*. ジョン・ロック『人間知性論(一)〜(四)』（大槻春彦訳、岩波書店、1972年）

―――― [1690], *Two Treaties of Government*. ロック『市民政府論』（鵜飼信成訳、岩波書店、1968年）

MacIntyre, Alasdair [1984], *After Virtue: A Study in Moral Theory*, second edition, Univ. of Notre Dame Press. アラスデア・マッキンタイア『美徳なき時代』（篠崎榮訳、みすず書房、1993年）

Maynard Smith, John [1986], *The Problems of Biology*, Oxford Univ. Press. J・メイナード＝スミス『生物学のすすめ』（木村武二訳、紀伊國屋書店、1990年）

McGuire, Michael T. [1992], "Moralistic Aggression, Processing Mechanisms, and the Brain: The Biological Foundations of the Sense of Justice," in R. D. Masters and M. Gruter (eds.), *The Sense of Justice*, Sage Publications.

Moore, G. E. [1903], *Principia Ethica*, Cambridge Univ. Press. G・E・ムーア『倫理学原理』（深谷昭三訳、三和書房、1973年）

Morgan, Elaine [1982], *The Aquatic Ape: A Theory of Human Evolution*, Stain and Day. エレイン・モーガン『人は海辺で進化した――人類進化の新理論』（望月弘子訳、どうぶつ社、1998年）

―――― [1994], *The Descent of the Child: Human Evolution from a New Perspective*, Souvenir Press. エレイン・モーガン『子宮の中のエイリアン――母と子の関係はどう進化してきたか』（望月弘子訳、どうぶつ社、1998年）

Morris, Desmond [1977], *Manwatching: A Field Guide to Human Behavior*, H. N. Abrams. デズモンド・モリス『マンウォッチング（上）（下）』（藤田統訳、小学館、1991年）

―――― [1994], *The Human Animal: A Personal View of the Human Spicies*, BBC Books. デズモンド・モリス『舞い上がったサル』（中村保男訳、飛鳥新社、1996年）

Nisbett, Richard E. and Timothy DeCamp Wilson [1977], "Telling More Than You Know: Verbal Reports on Mental Precesses," *Psychological Review* 84: 231-259.

Nowak, Martin A. and Karl Sigmund [2005], "Evolution of Indirect Reciprocity," *Nature* 437: 1291-1298.

O'Manique, John [2003], *The Origins of Justice: The Evolution of Morality, Human Rights, and Law*, Univ. of Pennsylvania Press.

Paradis, James and George C. Williams [1989], *Evolution and Ethics: T. H. Huxley's Evolution and Ethics with New Essays on Its Victorian and Sociobiological Context*, Princeton Univ. Press. ジェームズ・パラディス、ジョージ・C・ウィリアムズ『進化と倫理――トマス・ハクスリーの進化思想』（小林傳司・小川眞理子・吉岡英二訳、産業図書、1995年）

Pinker, Steven [1997], *How the Mind Works*, W. W. Norton & Company. スティーブン・ピンカー『心の仕組み――人間関係にどう関わるか（上）〜（下）』（椋田直子・山下篤子訳、日本放送出版協会、2003年）

―――― [2002], *The Blank Slate*, Viking. スティーブン・ピンカー『人間の本性を考える――心は

「空白の石版」か(上)〜(下)』(山下篤子訳、日本放送出版協会、2004年)
Popper, Karl [1976], *Unended Quest: An Intellectual Autobiography*, Fontana. カール・ポパー『果てしなき探求』(森博訳、岩波書店、1978年)
Pöppel, Ernst, Richard Held and Douglas Frost [1973], "Residual Visual Function after Brain Wounds Involving the Central Visual Pathways in Man," *Nature* 243: 295-296.
Putnam, Hilary [2002], *The Collapse of the Fact/Value Dichotomy and Other Essays*, Harvard Univ. Press. ヒラリー・パトナム『事実／価値二分法の崩壊』(藤田晋吾・中村正利訳、法政大学出版局、2006年)
Rawls, John [1971], *A Theory of Justice*, Harvard Univ. Press. ジョン・ロールズ『正義論』(矢島鈞次監訳、紀伊國屋書店、1979年)
――― [1993], "The Law of Peoples," in Stephen Shute and Susan Hurley (eds.), *On Human Rights: The Oxford Amnesty Lectures 1993*, Basic Books. ジョン・ロールズ他著、スティーヴン・シュート／スーザン・ハーリー編『人権について：オックスフォード・アムネスティ・レクチャーズ』(中島吉弘・松田まゆみ共訳、みすず書房、1998年)
Ridley, Matt [1993], *The Red Queen*, Felicity Bryan. マット・リドレー『赤の女王――性とヒトの進化』(長谷川真理子訳、翔泳社、1995年)
――― [1996], *The Origins of Virtue*, Felicity Bryan. マット・リドレー『徳の起源――他人をおもいやる遺伝子』(岸由二監修、古川奈々子訳、翔泳社、2000年)
――― [1999], *Genome: The Autobiography of a Species in 23 Chapters*, Felicity Bryan. マット・リドレー『ゲノムが語る23の物語』(中村桂子・斎藤隆央訳、紀伊國屋書店、2000年)
Rindos, David [1985], "Darwinian Selection, Symbolic Variation, and the Evolution of Culture," *Current Anthropology* 26: 65-88.
――― [1986], "The Evolution of Capacity for Culture: Sociobiology, Structuralism, and Cultural Selectionism," *Current Anthropology* 27: 315-332.
Rousseau, Jean Jacques [1755], *Discours sur l'origine et les fondements de l'inégalité parmi les hommes*. ルソー『人間不平等起源論』(本田喜代治・平岡昇訳、岩波書店、1972年)
Rubin, Paul H. [2002], *Darwinian Politics: The Evolutionary Origin of Freedom*, Rutgers Univ. Press.
Ruse, Michael [1998], *Taking Darwin Seriously*, Prometheus Books, originally published: Blackwell, 1986.
Simon, Herbert A. [1990], "A Mechanism for Social Selection and Successful Altruism," *Science* 250: 1665-1668.
Singer, Peter [1995], *How Are We to Live?: Ethics in an Age of Self-interest*, Prometheus Books. ピーター・シンガー『私たちはどう生きるべきか：私益の時代の倫理』(山内友三郎監訳、法律文化社、1995年)
――― [1999], *A Darwinian Left: Politics, Evolution and Cooperation*, Orion Publishing Group. ピーター・シンガー『現実的な左翼に進化する』(竹内久美子訳、新潮社、2003年)
Strahlendorf, Peter [1992], "Traditional Legal Concepts from an Evolutionary Perspective," in R. D. Masters and M. Gruter (eds.), *The Sense of Justice: Biological Foundation of Law*, Sage Publications.
Tooby, John and Leda Cosmides [1992], "The Psychological Foundations of Culture," in Jerome H. Barkow, L. Cosmides and J. Tooby (eds), *The Adapted Mind: Evolutionary Psychology*

参考文献

and the Generation of Culture, Oxford Univ. Press.
Trivers, Robert L. [1971], "The Evolution of Reciprocal Altruism," The Quarterly Review of Biology 46: 35-57.
Tversky, Amos and Daniel Kahneman [1981], "The Framing of Decisions and the Psychology of Choice," Science 211: 453-458.
Vehrencamp, Sandra L. [1983], "A Model for the Evolution of Despotic versus Egalitarian Societies," Animal Behaviour 31: 667-682.
Wang, X. T. and V. S. Johnston [1995], "Perceived Social Context and Risk Preference: A Re-examination of Framing Effects in a Life-Death Decision Problem," Journal of Behavioral Decision Making 8: 279-293.
Watkins, J. W. N. [1973], Hobbes's System of Ideas, Hutchinson Publishing Group. J・W・N・ワトキンス『ホッブズ──その思想体系』(田中浩・高野清弘訳、未來社、初版1988年、復刊1999年)
Weiner, Jonathan [1994], The Beak of the Finch: A Story of Evolution in Our Time, Alfred A. Knopf. ジョナサン・ワイナー『フィンチの嘴──ガラパゴスで起きている種の変貌』(樋口広芳・黒沢令子訳、早川書房、1995年、ここでは2001年刊行の文庫版を参照した。)
Wilkinson, G. S. [1984], "Reciprocal Food Sharing in the Vampire Bat," Nature 308: 181-184.
Willey, Basil [1964], The English Moralists, Chatto & Windus. バジル・ウィリー『イギリス精神の源流──モラリストの系譜』(樋口欣三・佐藤全弘訳、創元社、1980年)
Williams, G. C. [1957], "Pleiotropy, Natural Selection, and the Evolution of Senescence," Evolution 11: 398-411.
Wilson, Edward O. [1975], Sociobiology: The New Synthesis, Harvard Univ. Press. エドワード・O・ウィルソン『社会生物学1-5』(伊藤嘉昭監修、松沢哲郎訳、思索社、1983-85年)
─── [1978], On Human Nature, Harvard Univ. Press. エドワード・O・ウィルソン『人間の本性について』(岸由二訳、筑摩書房、1997年、初版は1990年、思索社)
Wilson, James Q. [1993], The Moral Sense, Simon & Schuster.
Wilson, William Raft [1979], "Feeling More Than We Can Know: Exposure Effects without Learning," Journal of Personality and Social Psychology 37: 811-821.
Wrangham, Richard W [1983], "Ultimate Factors Determining Social Structure," in Robert A. Hinde (ed.), Primate Social Relationships: An Integrated Approach, Blackwell Scientific Publication.
Wright, Robert [1994], The Moral Animal, Pantheon Books. ロバート・ライト『モラル・アニマル(上)(下)』(竹内久美子監訳、小川敏子訳、講談社、1995年)
Wuketits, Franz M. [1999], Warum uns das Böse fasziniert: Die Natur des Bösen und die Illusionen der Moral, S. Hirzel Verlag. フランツ・M・ヴケティツ『人はなぜ悪にひかれるのか──悪の本性とモラルの幻想』(入江重吉・寺井俊正訳、新思索社、2002年)

あとがき

　本書は、2004年5月に一橋大学大学院法学研究科に提出した私の博士論文「『人権の基礎』の生物学的追究」を元に、そこでのアイデアを発展させ加筆修正したものである。私がそれまでの仕事を辞めて一橋大学の大学院に入ったのは2001年の春で、以来、その博士論文を書き、本書をまとめるにあたってはたくさんの方からご指導とご協力をいただいた。
　まず誰よりも、その間の指導教官であった森村進先生には、個々具体的な指導はもちろんのこと、研究に取り組む上での意識や姿勢といった面で大変な影響を受けた。先生は物静かで口数もあまり多くない方で、私に対してもあれこれ指図することなく、自由に好きなように研究させてくれた。（そうした「自由放任」型指導の理由と効用は、先生の著書『権利と人格』の「序」から伺い知ることができる。）一橋大学への入学前から「研究とは結局のところひとりでするもの」と思っていた私にとって、それはきわめて快適な状況だったが、その一方で、先生のお話や著作、態度や立居振舞には学者としてのあるべき姿が強く表れており、というより、先生ご自身が「学術研究」なるものをそのままヒト化したような方で、先生と接し直接話をすることで、私は、研究とはどういうものでそれに自分はいかに取り組むかということに日常的・感覚的に向き合うことができた。先生は、いつも淡々として喜怒哀楽をほとんど表に出さないにも関わらず、学問的に新しい主張や刺激的な議論、新しい文献や資料などに接するととても嬉しそうにされる。といってもそれは一見しただけでは決して分からないほど微妙な表れ方なのだが、慣れてくるとそういうときに先生を包む空気がほんのりと暖色になるのが分かる。その様子からは、リバタリアンとして個性的な主張を次々と打ち出しておられる先生が、他の人の研究成果や既存の議論をとても大事にし、それらの総体としての学や知が広がるのをなによりの喜びとされているのが伝わってくる。そのように「学術研究」が喜ぶ姿を目の当たりにしながら、私は、研究とは一見個々の研究者の単独の作業でありながらも、本質のところでは、研究者を含めて知に関心を持つすべての人

あとがき

がアイデアを出し合い、調査や発見を積み重ねて相互に刺激し合う蓄積として成り立つ大きな共同作業であることを実感し、そこで他の人の研究や議論に触れるのがとても楽しくなった。残念ながら、私自身の研究のレベルと技術はまだまだ未熟であり、本書での試みがその共同作業にいく分かでもプラスや貢献を生めているかは甚だ疑わしいが、今後も努力を続け、学術的な議論の進展や蓄積に少しでも意味ある研究成果を提示できるようになることが私の願いである。本書はいわばそれに向けた里標であり、ここに至る先生のご指導と存在に深い感謝と尊敬の意を表したい。

それと並んで、同じく一橋大学の山内進先生と青木人志先生には、論文審査や研究報告等の機会を通じて幾多の有益な示唆とアドバイスをいただくと共に、研究の目標や方向性、研究論文をまとめる上での技術といった面でもさまざまな影響を受けた。中でも、ある機会に山内先生からいただいたいくつかのご指摘は、私の研究全体の大きなヒントになり、それらは本書の議論の構成を組み立てた直接の契機と動機にもなっている。著しく僭越であるが、お二人のレベルと技術の研究を目指しつつ、お二人とは違う方向とスタイルの研究をすることが私の意識には常にある。本書は、現段階での私なりのその意識の産物であり、両先生のご指導に心より感謝申し上げたい。

併せて、その間私が所属してきた一橋大学法学研究科における法文化構造論講座のスタッフ・大学院生の方々には、研究報告の機会などを通じてご指導・コメントをいただいたり資料を紹介していただいたりした他、憲法学の浦田一郎先生からは博士論文の審査にあたって有用なコメントと示唆を頂戴した。また、小林直樹先生（東京大学名誉教授）、佐藤節子先生（青山学院大学名誉教授）、内野正幸先生（中央大学教授）には、博士論文その他の私の研究論文に対して具体的で有益なご意見とご批判、関係する文献の提供・紹介をいただき、それらいずれもが本書での議論や検討に結びついている。さらに、2005年度の日本法哲学会での研究報告及び東京法哲学研究会での研究報告では、参加者の方から有益なコメントをたくさん伺うことができ、そのひとつひとつが本書の執筆にあたって大変参考になった。これらの方々にも厚く御礼を申し上げたい。そして、決して忘れてはならない方として、本書の、特に進化生物学に関連する記述に関して原稿段階で目を通してくれて、懇切丁寧で示唆に富んだ数多くのコメントと研究事例の紹介を寄せてくださった進化心理学者の平石界さん（東京大学大学院総合文化研究科助手）がいる。平石さんからのご指摘を通じ

あとがき

て、本書の内容と記述が豊かになったことは疑い得ず、またそこで平石さんの研究者としての意識と見識の高さに触れたことは私にとってとても刺激になった。平石さんと平石さんをご紹介くださった東京大学の長谷川寿一先生には、本当に感謝している。

　以上の皆様の筆者に対するご指導やご協力を通じた、まさに「共同作業」の成果として本書はある。とはいえ、本書の内容と記述には、筆者たる私の未熟さゆえの誤りや不十分・不正確さがいろいろ含まれていると思われ、その責任がすべて私にあることは言うまでもない。それについては読者の批判と意見を是非いただいて、今後の研鑽の糧とできれば幸いである。

　最後になったが、勁草書房編集部の徳田慎一郎さんには、私の博士論文を読んでもらって以来、本書の出版に至るまでさまざまなご尽力をいただいた。学術書の編集に携わるお仕事は、高度の専門性を含んだ論述を読みこなしつつ、多数の読者の嗜好や出版界・研究界の流れを踏まえてそれをシビアに評価するバランス感覚を求められるものと推察する。そうした目線から徳田さんから伺ったご指摘やご示唆は、本書の執筆にとどまらず、私の研究全体にとってありがたく興味深いものであった。本書の完成と出版は徳田さんあってのことであることを改めて強調して、筆者として深く感謝する次第である。

2007年初春

内藤淳

＊　本書の出版にあたっては、一橋大学大学院法学研究科の21世紀COEプログラム「ヨーロッパの革新的研究拠点」における「2006年度若手研究者出版助成」を通じて助成をいただいた。同プログラムのスタッフ・関係者の方々には、2004年に私が研究補助員として関わって以来、一貫してお世話になっている。これについてもこの場を借りて御礼を申し上げたい。

人名索引
＊脚注内での引用文献標記としての記載を除く。

アレグザンダー，リチャード・D（Richard D. Alexander）ii, 136, 137, 140, 141, 142, 143, 211
アレクシー，ロベルト（Robert Alexy）65, 66, 67, 70, 72
ウィルソン，エドワード・O（Edward O. Wilson）i, ii
ゲワース，アラン（Alan Gewirth）9, 32, 45, 46, 47, 48, 49, 50, 51, 52, 63, 70, 71, 72
ジョンストン，ビクター・S（Victor S. Johnston）91, 93, 94, 95, 96, 100, 105, 106
スペンサー，ハーバート（Herbert Spencer）147, 148
ダーウィン，チャールズ（Charles Darwin）84, 93, 141
ダマシオ，アントニオ・R（Antonio R. Damasio）91, 92, 103, 104, 105, 106
ドゥウォーキン，ロナルド（Ronald Dworkin）45, 46, 52, 53, 54, 55, 56, 57, 58, 63, 71, 72
ドーキンス，リチャード（Richard Dawkins）i, ii, 77, 80, 81, 82, 117
トリヴァース，ロバート・L（Robert L. Trivers）ii, 117
ホッブズ，トマス（Thomas Hobbes）154, 155

マッキンタイア，アラスデア（Alasdair MacIntyre）7, 8, 9, 10, 11, 12, 13, 18, 47, 51, 52
ムーア，G・E（George Edward Moore）147
リー・クアンユー（Lee Kuan Yew）15, 16, 17, 19, 36, 224, 225
ロック，ジョン（John Locke）3, 45, 58, 64, 208
ロールズ，ジョン（John Rawls）67, 68, 69, 70, 72

青木保 13
芦部信喜 5, 6
井上達夫 19, 20
内井惣七 46, 148, 151, 152, 153, 155
奥平康弘 32, 33, 47, 49, 52
阪本昌成 5, 6, 37, 38, 39, 40, 41, 42, 43, 44, 45, 46, 50, 52, 71, 72, 147, 228, 239
佐藤幸治 30, 31, 32, 33, 34, 35, 37, 40, 41, 43, 44, 45, 46, 47, 49, 52, 71, 72, 228, 239
西田利貞 137, 138, 139
長谷川眞理子 107
深田三徳 20, 21, 25, 26, 45, 46, 47, 65, 70
宮沢俊義 4, 5, 6, 29, 30, 45
森村進 18, 19, 21, 22, 23, 46, 58, 59, 60, 61, 62, 63, 64, 73

事項索引

あ行

新しい人権　2, 236
アメリカ独立革命　207, 208
アメリカ独立宣言　1, 4
一夫一婦（制）　184, 185, 187, 188, 192, 215
一夫多妻（制）　136, 185, 186, 187, 188, 215
遺伝子の視点　77, 80, 82
営業の自由　213, 226
えた　193, 194, 195, 196, 218
江戸幕府　113, 178, 199, 200, 203, 204, 210

か行

格差原理　68, 69
学習　7, 85, 93, 94, 95, 96, 97, 98, 99, 100, 101, 102, 103, 105, 106, 107, 108, 109, 110, 111, 127, 135, 136
学問の自由　210, 213, 226
カースト　57, 196, 197, 198, 199, 200
鎌倉幕府　176, 177
感情・感覚　91, 93, 95, 97, 98, 100, 101, 103, 105, 106, 107, 110, 116
間接互恵　121, 122, 123, 156, 157, 158
教育を受ける権利　2, 40, 219
共感　116, 152, 153
共産主義　200, 218
共同体主義　v, 7, 11, 13, 17, 18, 19, 21, 23, 134
居住・移転の自由　210, 213
切り札性　3, 4, 46
経済的自由権　210, 212, 237, 238
血縁淘汰　115, 123
言語（げんご）　3, 8, 16, 65, 86, 92, 125, 128, 133, 225

健康で文化的な最低限度の生活　219
言語能力　129, 133
原初状態　67, 68, 69, 70, 71
合意　65, 66, 67, 68, 69, 70, 71, 72, 184, 214
合意による婚姻　211, 214, 215
公共の福祉　237
構成的モデル　55, 57
幸福追求権　210, 211
功利主義　8, 32, 45, 46, 54, 152, 183
国益　237, 238
国際人権法　222, 223
互恵的利他行動　96, 117, 123, 157
婚姻　184, 185, 186, 194, 196, 198, 199, 211, 214, 215
根源的価値　56, 57, 71

さ行

財産権　1, 3, 6, 58, 59, 210, 213, 215
自己意識　61, 112, 127, 128, 129, 133, 160
自己所有権　58, 59, 60, 61, 62, 63, 64, 73
自己複製子　78, 79, 80
事実と規範の二元論　146, 147, 148, 151
自然権　3, 10, 45, 58, 64, 154, 208, 210, 211, 213, 222, 236
自然主義　v, 233, 236
自然主義的誤謬　146, 147, 148, 236
自然状態　4, 154, 222
自然淘汰　iii, 81, 83, 84, 85, 94, 124, 147
自然法　3, 4, 5, 29, 30, 39, 45, 46, 65, 154, 155, 222, 235
思想・良心の自由　3, 6, 210
士農工商　193, 199

市民革命　189, 204, 207, 208, 210
社会契約論　45, 46, 65, 67, 70
社会権　1, 2, 3, 6, 42, 66, 68, 217, 219, 220, 234, 237, 238, 239, 240
社会主義　218
社会進化論　147, 148, 149
社会保障　219, 220, 238
住居等の不可侵　211
自由と安寧への権利　48, 49, 51, 63
狩猟採集社会　187
職業選択の自由　210, 213
植民地　171, 173, 174, 175, 176, 183, 207, 208, 210
所有権（自己所有権を除く）　58, 209, 213
自律能力基底的人権論　33, 34, 36, 37, 41, 45
人格的自律　30, 31, 238
信教の自由　210
人権原理　2, 6, 70
人権制約論　236, 237, 238
人権の普遍性対相対性論争　iv, 15
人権の弁証法的正当化　47, 48, 49
人身の自由　58, 59, 62, 210, 213, 214, 215
人道主義的考慮　59, 60, 62, 63, 73
正義　14, 16, 17, 55, 67, 68, 69, 225, 235
『正義論』　67
制限選挙　189
精神的自由権　210, 212, 238
生存権　2, 3, 6, 39, 50, 58, 59, 60, 62, 67, 223, 236, 238, 239, 240, 241
生命・自由・財産への権利　208, 210
世界人権宣言　iv, 14
選挙権　184, 188, 189
専制　37, 176, 177, 183, 187, 226
ソマティック・マーカー仮説　105

た行

第三世代の人権　2, 236
対話的方法　45, 46, 65, 70

他集団の脅威　142, 164, 168, 182, 187, 201, 206, 215
他集団への対抗　143, 144, 163, 169, 170, 171, 182, 188
力の均衡仮説　141
適応行動導出メカニズム　111, 126
適応度　96, 117, 166, 171, 186, 188, 216
道徳感情　118, 120, 122, 136, 153
道徳規則　25, 156, 159, 160
道徳規範　24, 145, 162, 163
道徳的直観　59, 60, 61, 62, 63, 64, 73
特権　199, 207, 208, 210, 226
突然変異　83, 95, 108
奴隷制　173, 174, 175, 183, 199
奴隷的拘束からの自由　211

な行

内心の自由　210
「二重の基準」論　238
人間本性（人間の本性）　7, 8, 39, 45, 46, 76, 133, 155, 216, 217, 227, 235
認識的価値　146

は行

配偶者防衛　186
繁殖資源獲得機会の格差　174, 182, 195, 196, 199, 207, 212, 214, 218
繁殖資源獲得機会の配分　163, 172, 178, 181, 191, 196, 200, 209, 210, 215, 220, 221, 222, 223, 227, 230, 233, 235
等しい配慮と尊重を受ける権利　53, 54, 55, 56, 57, 63
ひにん　193, 194, 195, 196, 218
表現の自由　210, 223, 226, 237
平等主義　13, 45, 55, 56, 58
評判の利益　158
（社会）福祉　47, 220, 238
福祉国家　2, 219
普通選挙　189

事項索引

不法な逮捕・抑留・拘禁からの自由　211
フランス革命　175,207,208
フランス人権宣言　1,4
プログラム規定説　239,240
文化相対主義　v,7,12,13,14,15,17,18,19,20,21,22,23,24,25,26,27,29,34,35,41,45,72,73,75,129,134,233,234
封建（制）　199,207,208
北条得宗家　176,177,183
法の下の平等　210,211,212
捕食者回避（捕食回避）　137,138,139,140

ま行

身分制　32,192,193,194,195,197,198,199,200,204,207,208,209,214,216,217,218

ら行

利己的（な）遺伝子　i,77,81
「理性」的思考　100,103,104,105,107,108,135,136
理想的討議　65,66,67,70
リバタリアニズム　45,58
類的権利　48
労働基本権　2,3,6,219

著者略歴

1968年茨城県生まれ．大阪大学大学院法学研究科博士前期課程修了．国際交流基金職員を経て，一橋大学大学院法学研究科博士後期課程修了．博士（法学）．一橋大学国際共同研究センター非常勤研究員．『法と身体』（共著，国際書院，2005年），「自然法の自然科学的根拠(1)～(3・完)」『一橋法学』2巻2号～3巻1号（2003～2004年）ほか．

自然主義の人権論　人間の本性に基づく規範

2007年4月10日　第1版第1刷発行
2007年6月25日　第1版第2刷発行

著 者　内　藤　　　淳

発行者　井　村　寿　人

発行所　株式会社　勁　草　書　房
112-0005　東京都文京区水道2-1-1　振替 00150-2-175253
（編集）電話 03-3815-5277／FAX 03-3814-6968
（営業）電話 03-3814-6861／FAX 03-3814-6854

三協美術印刷・鈴木製本

©NAITO Atsushi　2007

ISBN978-4-326-10171-9　　Printed in Japan

JCLS　＜㈱日本著作出版権管理システム委託出版物＞
本書の無断複写は著作権法上での例外を除き禁じられています．複写される場合は，そのつど事前に㈱日本著作出版権管理システム（電話 03-3817-5670、FAX03-3815-8199）の許諾を得てください．

＊落丁本・乱丁本はお取替いたします．

http://www.keisoshobo.co.jp

中金　聡	政治の生理学	必要悪のアートと論理	四六判	三四六五円 3512O-6
J・ウルフ 森村進他訳	ノージック	所有・正義・最小国家	四六判	三三六〇円 15294-0
D・フリードマン 森村進他訳	自由のためのメカニズム	アナルコ・キャピタリズムへの道案内	A5判	四六二〇円 10146-7
M・ロスバード 森村進他訳	自由の倫理学	リバタリアニズムの理論体系	A5判	五六七〇円 10145-0
D・パーフィット 森村　進訳	理由と人格	非人格性の倫理へ	A5判	九九七五円 10120-7

＊表示価格は二〇〇七年六月現在。消費税は含まれておりません。
＊ISBNコードは一三桁表示です。

勁草書房